U0510518

教育部人文社会科学重点研究基地成果
中国语言文学国家双一流建设学科成果

汉语方言语法研究丛书

顾问　邢福义　张振兴

主编　汪国胜

罗田方言语法研究

徐　英◎著

中国社会科学出版社

图书在版编目（CIP）数据

罗田方言语法研究/徐英著 . —北京：中国社会科学出版社，2022.4
（汉语方言语法研究丛书）
ISBN 978 – 7 – 5203 – 9876 – 3

Ⅰ.①罗…　Ⅱ.①徐…　Ⅲ.①西南官话—语法—方言研究—罗田县
Ⅳ.①H172.3

中国版本图书馆 CIP 数据核字（2022）第 040790 号

出 版 人	赵剑英	
责任编辑	张　林	
特约编辑	王文琴	
责任校对	季　静	
责任印制	戴　宽	

出　　版	中国社会科学出版社	
社　　址	北京鼓楼西大街甲 158 号	
邮　　编	100720	
网　　址	http://www.csspw.cn	
发 行 部	010 – 84083685	
门 市 部	010 – 84029450	
经　　销	新华书店及其他书店	

印刷装订	北京君升印刷有限公司	
版　　次	2022 年 4 月第 1 版	
印　　次	2022 年 4 月第 1 次印刷	

开　　本	710×1000　1/16	
印　　张	19.5	
字　　数	313 千字	
定　　价	116.00 元	

凡购买中国社会科学出版社图书，如有质量问题请与本社营销中心联系调换
电话：010 – 84083683
版权所有　侵权必究

总　　序

20 世纪 80 年代以来，随着汉语方言研究的拓展和深化，方言语法的研究越来越受到学界的关注和重视。这一方面是因为方言语法客观上存在着不同程度的不容小视的差异，另一方面，共同语（普通话）语法和历史语法的深入研究需要方言语法研究的支持。

过去人们一般认为，跟方言语音和词汇比较而言，方言语法的差异很小。这是一种误解，让人忽略了对方言语法事实的细致观察。实际上，在南方方言，语法上的差异还是不小的，至少不像过去人们想象的那么小。当然，这些差异大多是表现在一些细节上，但就是这样一些细节，从一个侧面鲜明地映射出方言的特点和个性。比如湖北大冶方言的情意变调①，青海西宁方言的左向否定②，南方方言的是非型正反问句③，等等，这些方言语法的特异表现，既显示出汉语方言语法的丰富性和复杂性，也可以提升我们对整体汉语语法的全面认识。

共同语语法和方言语法都是对历史语法的继承和发展，它们密切联系，又相互区别。作为整体汉语语法的一个方面，无论是共同语语法还是历史语法，有的问题光从本身来看，可能看不清楚，如果能将视线投向方言，则可从方言中获得启发，找到问题解决的线索和证据。朱德熙和邢福义等先生关于汉语方言语法的许多研究就是明证。④ 可见方言语法对于共同语语法和历史语法研究的重要价值。

---

① 汪国胜：《大冶话的情意变调》，《中国语文》1996 年第 5 期。
② 汪国胜：《从语法角度看〈现代汉语方言大词典〉》，《方言》2003 年第 4 期。
③ 汪国胜、李嵬：《汉语方言的是非型正反问句》，《方言》2019 年第 1 期。
④ 朱德熙：《从历史和方言看状态形容词的名词化》，《方言》1993 年第 2 期；邢福义：《"起去"的普方古检视》，《方言》2002 年第 2 期。

本《丛书》由教育部人文社会科学重点研究基地华中师范大学"语言与语言教育研究中心"筹划实施并组织编纂，主要收录两方面的成果：一是单点方言语法的专题研究（甲类），如《武汉方言语法研究》；二是方言语法的专题比较研究（乙类），如《汉语方言疑问范畴比较研究》。其中有的是国家或教育部社科基金项目的结项成果，有的是作者多年潜心研究的学术结晶，有的是博士学位论文。就两类成果而言，应该说，当前更需要的是甲类成果。只有把单点方言语法研究的工作做扎实了，调查的方言点足够多了，考察足够深了，有了更多的甲类成果的积累，才能更好地开展广泛的方言语法的比较研究，才能逐步揭示汉语方言语法及整体汉语语法的基本面貌。

出版本《丛书》，一方面是想较为集中地反映汉语方言语法的研究成果，助推方言语法研究，另一方面，也是想为将来汉语方言语法的系统描写做点基础性的工作。《丛书》能够顺利面世，得力于中国社会科学出版社张林编辑的全心支持，在此表示衷心的感谢。《丛书》难免存在这样那样的问题，盼能得到读者朋友的批评指正。

汪国胜

2021 年 5 月 1 日

目　　录

第一章　绪论

第一节　罗田人文地理

罗田县，隶属黄冈市，位于湖北省东北部、大别山南麓，地处东经115°06′—115°46′，北纬30°35′—31°16′之间，东连英山，南倚浠水，西靠团风、麻城市，北与安徽省金寨县接壤。县境南北长105公里，东西宽54.7公里，版图面积2144平方公里，截至2021年，罗田县下辖10镇，1乡，总人口59万人。大别山主峰天堂寨雄踞境内，扼吴楚，分江淮，自古为中原战略要地。地势北高南低，形成自北向南的山脉走向，东北部崇山峻岭，群山环抱，多是海拔1000米以上的高山。

一　历史沿革

罗田在新石器时代即有人类居住。夏、商、周，属扬州地。西周，属弦子国。春秋战国时属楚，曾置鸠兹邑于县境内九资河镇。秦时先属九江郡，后属衡山郡。汉高祖六年（前201），蕲春县建立，为蕲春县地，隶荆州江夏郡。东汉，隶属蕲春侯国。三国时，先属魏，隶于豫州之安丰郡；后属吴，隶于扬州之蕲春郡。西晋，先为高陵县，属武昌郡，后属豫州之安丰郡。东晋为安丰县，隶于豫州之弋阳郡。南北朝，刘宋初年隶豫州弋阳郡，后于境内分立东安、义安、直水等蛮县，属郢州西阳郡，后改为义安县，隶于郢州齐安郡。梁武帝普通四年（523）六月，始设罗田县，附于义城郡，县治于今石桥铺附近的魁山。据方志学家王葆心考证，"罗田"之名因安置当时雄踞此地的巴水蛮巨族田氏于罗州（当时罗田属罗州）而得。隋代，罗田改属蕲春郡。唐代，罗田县并入兰溪县，属淮南蕲春郡。五代，时为蕲水县地，初属扬吴，继属南唐，再归后周。宋，属蕲春郡，元祐八年（1093）划出蕲水县之石桥镇复立罗田县，县治仍于魁山。宋嘉熙元年（1237），兵乱县废又入蕲水。咸淳元年（1265）划出县东的直河乡成立英山县，罗田县仍属淮南西路蕲春郡。元初，曾撤销罗田县，以英山县领属。至元十二年（1275）从蕲水分出再置，从此稳定未变，属河南江北行省蕲州路。元大德八年（1304），知县周广将县治由魁山迁至官渡河（即县城凤山镇）。明朝，罗田初属湖广布政使司的蕲州府，后改属黄州府。清初依明制，后改称湖北省黄州府。民国时，先后属湖北省的江汉道，第三行、第二行政督察区。抗战期间，曾一度属鄂东行署。1949 年 3 月 27 日，罗田县全境解放，成立人民政府后即归湖北省黄冈地（专）区管辖。1952 年，分割县境东北部滕家堡、簸行地、僧塔寺 3 个区及麻城县东南部分区域建胜利县，黄冈县划出三里畈、项家河（今大崎乡）两个区，浠水县划出三港、感兴、严坳、学堂 4 个乡入罗田。1955 年，胜利县撤销，原划出的区域归回罗田。1995 年 12 月，撤销黄冈地区行政公署，设立黄冈市，罗田隶属黄冈市。

二 人口迁徙①

据方志学家王葆心考证及有关文献资料记载，今天的罗田人多是由江西人迁入，江西人迁往罗田大致是宋绍兴三年至宋乾道九年（1133—1173），其原因一来是种茶、贩茶，二来是逃荒度日。宋朝初年，罗田盛产茶叶，朝廷于罗田石桥镇（今石桥铺）设置茶场，制造贡茶。据沈括《梦溪笔谈》记载：公元 1061 年，仅石桥铺茶场生产贡茶 55 万斤。可见当时罗田产茶之盛。但到了绍兴元年（1131），因叛军李成所部窜至罗田，烧杀掳掠，再加之土豪张昂趁机作乱，滥杀无辜，原来住在罗田的土著人所存无几，县城及村庄俱废，十室九空，茶山荒芜，无人采种。绍兴三年（1133）三月，任江州（今江西九江）兼治江安抚司公事的孙佑，经奏请朝廷，以江西人迁入圻黄一带荒芜之地。自此以

---

① 本节部分内容以《从罗田方言语法特征看江淮官话黄孝片与赣语的关系》为题，发表在萧红主编《中国语言地理》2017 年第一辑第 150—152 页，崇文书局出版。

后，大批江西人进入罗田，从事种茶贩茶生产活动，在罗田安居乐业，繁衍生息。这是有据可考的江西人首次大批迁居罗田。宋乾道四年至乾道九年（1168—1173），江西隆昌（今南昌）一带水旱灾情严重，饥民倾家外出逃荒。朝廷遂委派大理寺主簿薛季宣来淮西，会同郡县官员办理赈济灾民事务，并于归州（今新州县）以东设置二十二个"官庄"，用以安置江西灾民。罗田原已有江西人定居，灾民便"逐熟投主"，多愿到罗田落户。故来罗田的灾民较他县多许多。乾道八年（1172）后，薛季宣移官齐安郡（今黄冈县以北），留江南转运使幕僚张唐卿在罗田县城（今魁山下的旧县城）继续完成安置灾民及开荒垦田工作。安置任务落实后，张唐卿与罗田县令沈景阳同登县城外的雪崖山，寻幽觅胜，并摩崖刻石，其字迹至今犹可辨认。笔者徐氏家谱也记载：我祖省十公于宋理宗（1205—1264）时由豫章（今江西省南昌市）迁蕲（今浠水县），行省十伯仁游学湖广蕲水而居。

除了南宋时期的两次大规模迁入外，另一次大规模的移民是明初的洪武大移民，在明朝初期洪武年间，主要是受兵灾荼毒，湖北曾是元末红巾军大起义的发源地之一。中华民国二十五年《喻氏宗谱》卷一载："徐寿辉之乱，楚地榛莽千里，虚无人迹。洪武初，诏豫章各大姓从黄占籍。"同治《汉川县志》："（元末）川沔一带，烟火寂然，至明初仍是土旷赋悬，听客户插草立界。"大明初立，为巩固政权，朝廷在政治上采取一项重要措施。从洪武三年（1370）起，以垦荒为由，江西饶州、江州等大户被赶往江北，进行强制性的大规模移民，谓之"洪武赶散"。

经过这三次大规模迁移，罗田县的江西人据说基本上达到了八成，这也是为什么罗田人都到江西寻祖的最根本原因。因此，虽然罗田方言属于江淮方言，但还保留了许多赣方言的遗迹，"人口的迁徙在促使文化发展的同时，也使语言发生很大的变化。方言是语言逐渐分化的结果，而语言的分化往往是从移民开始的。"① 新的覆盖式移民语言逐渐与罗田原住民的语言发生同化，使得罗田方言发生了巨大的变化，与赣语结下了不解之缘。

---

① 周振鹤、游汝杰：《方言与中国文化》，上海人民出版社 2006 年版，第 12 页。

三 罗田方言语音①

罗田县有蒙古族、回族、藏族、维吾尔族、苗族、彝族、壮族、布依族、朝鲜族、满族、侗族、瑶族、白族、土家族、哈尼族、傣族、黎族、畲族、高山族、水族、纳西族、土族、撒拉族、仡佬族、锡伯族、阿昌族、羌族、塔吉克族、京族等少数民族，但人数不过几千人，并未形成通行的少数民族语言。因此，当地人主要是讲本地方言。

罗田县位于湖北省东部、大别山南麓，受地理位置和交通的制约，罗田整个辖区语音不完全一致。靠近麻城县的如胜利、河铺、九资河等地，普通话中声母 [x] 与合口呼韵母（不含 [uo]）相拼的字，该区一般读为 [f] 与合口呼韵母相拼，如：湖音扶、黄音房、话音伐、或音 [fɛ²¹³]；同时该区的儿化音浊化较多，如凳儿 [dər]、刀儿 [daur]。县城凤山镇及周边地区语音基本相同，该区无 [x]、[f] 相混现象；匡河、白莲等地的调值与罗田县县域中心凤山镇等地区有所不同，与邻县英山方言接近；县城西向的三里畈、大崎等乡镇口音接近团风，这可能与该地区是 1954 年才划归到罗田，之前行政隶属于团风有关。城关至北风、大河岸、白庙河、九资河等义水河流域口音相近。相对而言，罗田的开放度不如邻近的黄冈市区、麻城市和浠水县高，人口流动性不大，主要以本地人为主。因此，保留了比较纯正的方言乡土味。

（一）声母（**24 个，含零声母**）

p 八兵病	pʰ 派片爬	m 麦明木	f 飞副蜂	
t 多东毒	tʰ 讨天甜			l 脑老蓝
ts 资贼争	tsʰ 刺祠初		s 丝三事	
tʂ 张竹纸	tʂʰ 抽船车	ȵ 女	ʂ 双手十	ʐ 人育扰
tɕ 酒静加	tɕʰ 清全轻	ȵ 年泥牛	ɕ 想谢县	
k 高共哥	kʰ 开哭看	ŋ 熬安硬	x 好灰活	
∅ 味问温				

① 本小节内容参考国家语言工程采录展示平台，赵爱武负责《湖北方言调查罗田》音系说明部分。

1. t 组与北京话的 [t], [tʰ] 同；例如：多/东 [t], 讨/天 [tʰ]。

2. 北京话读 [n], [l] 声母的字到方言中都合流了。泥母遇到洪音时读边音，例如：脑/南 [l]；遇到细音时，与舌面前鼻音 [ȵ] 相拼，例如：年/泥 [ȵ]。

3. ts 组与普通话的 [ts], [tsʰ], [s] 同。例如：资 [ts] /草 [tsʰ] /三 [s] 等。

4. 北京话的 tʂ 组分化为两种，一部分与普通话同，但发音部位靠后；另一部分与 ts 组混，常见 tʂ 组读如 ts 组，平翘舌不分，例如：楚/初等的声母均读为 [tsʰ]。

5. 北京话的 tɕ 组分化为两种，一部分与普通话同，另一部分与 tʂ 组混，常见 tɕ 组读如 tʂ 组。例如：权/区/群/缺的声母均读 [tʂʰ]。

6. [x] 发音部位比 [k] / [kʰ] / [ŋ] 偏后，其后如果是个后元音，[x] 的实际音值与小舌音 [χ] 相似。

7. 有 [ȵ], [ŋ], [ɳ] 三个鼻音，其中舌尖后鼻音 [ɳ] 只拼"女 [ɳʮ]"字。

(二) 韵母 (40 个，不含儿化韵)

ɿ 师丝柿事

ʅ 试十直尺　　　　i 米赔对一　　　　u 苦五骨谷　　　　y 猪雨出局

ɚ 二

a 茶鸭法八　　　　ia 假牙家夏　　　　ua 瓦刮话挂　　　　ya 抓刷要

o 歌坐活壳　　　　io 药学脚雀　　　　　　　　　　　　　

e 北色白德　　　　ie 写接贴节　　　　ue 国获或　　　　　ye 靴热月缺

ai 开排鞋介　　　　uai 乖外快坏

ei 飞碑肥杯　　　　uei 贵鬼回为　　　　　　　　　　　　yei 追瑞赘炊

au 宝饱烧刀　　　　iau 笑桥要条

əu 豆走六绿　　　　iəu 油刘秋又

an 南山半短　　　　ian 盐年减嫌　　　　uan 穿官欢碗　　　yan 权船员圈

en 深寸灯争　　　　in 心新病星　　　　uen 滚横问温　　　yen 春云任准

aŋ 糖床桑港　　　　iaŋ 响讲良样　　　　uaŋ 王光荒矿　　　yaŋ 双床霜让

oŋ 东红鹏共　　　　ioŋ 兄穷熊用

n̩ 尔

1. ［i］在 ts 前读如［ɿ］，tʂ 组后读如［ʅ］，比较靠后。在 t 组、tɕ 组、p 组、零声母后读标准元音［i］。

2. ［e］/［uo］在 k 组、t 组、ts 组后均读如［o］，靠近［u］。例如：歌［e］读［o］，托［uo］读［o］，坐［uo］读［o］。

3. 出现了典型的圆唇舌尖元音［ʯ］及以［ʯ］起首的圆唇韵母。

4. ［iŋ］读为［in］，鼻音韵尾脱落。例如：病/星等的韵母读为［in］。

5. ［eŋ］在 t 组、ts 组、tʂ 组后读为［en］，后鼻音韵尾前化。例如：灯/升/争/的韵母读为［en］。

6. ［uan］在 t 组、ts 组后读为［an］，［u］介音脱落。例如：短/酸/等的韵母读为［an］。

7. ［n̩］自称音节，代表例字仅有"尔［n̩］"字。

（三）声调（6个）

阴平 21 东该天春　　　阳平 42 门龙糖红　　　上声 45 懂古老有

阳去 33 动罪卖白　　　阴去 25 冻怪寸去　　　入声 213 谷拍切敌

1. 阴平低沉，统一记为［21］。

2. 阳平高降，记为［42］。

3. 上声高平，听感上略升，绝对音高介于［44］和［55］之间，记为［45］。

4. 阴去起点接近于 2，直线上升，升到最高点 5，统一记为［25］。

5. 阳去平缓，记为［33］。

6. 全浊上声字读阳去调，记为［33］。

7. 入声以升为主，统一记为［213］。

8. 部分全浊入声字今读阳去调，记为［33］。

（四）比较特殊的音变现象

1. 儿尾独立成音节与儿化现象并存。方言儿化韵的词以名词为主，尤其是人名、物名，常以儿化称之。例如：妹儿 miɚ³³、壶儿 xuɚ⁴²、盘儿 pʰɚ⁴²、竿儿 kɚ²¹ 等。另有部分量词等其他词类，如：（一）点儿 tiɚ⁴⁵。

2. 轻声。罗田方言词语中，轻声音节一般读起来短而轻，有的调型明显，有的不明显，可记为零。名词后缀常读轻声，如：石头 ʂʅ³³·

tʰəu、箱子 ɕiaŋ²¹・tsʅ、谷子 ku²¹³・tsʅ；双音节词的后一音节常读轻声，如：东西 toŋ²¹・ɕi、豆腐 təu³³・fu、暖和 lan⁴⁵・xo；名词和代词后表示方位的音节多读轻声，如：里头 li⁴⁵ tʰəu、地上 ti³³・saŋ、水里 ʂʅ⁴⁵・li；重叠词的后一音节或叠词后缀读轻声，打一下儿 ta⁴⁵i²¹³・xɚ；转下儿 tʂʅan²⁵・xɚ。

（五）存在较有特色的文白异读

1. 见系开口二等字文读声母为 ts 组，韵母为齐齿呼；白读声母为 k 组，韵母为开口呼，如架 tɕia²⁵/ka²⁵、敲 tɕʰiau²¹/kʰau²¹、间 tɕian²¹/kan²¹。

2. 蟹摄一等和止摄的帮组字、蟹止两摄合口端系字韵母文读为 uei、ei，白读为 i，如嘴 tsuei³³/tɕi³³、背 pei²⁵/pi²⁵。

3. 部分端组字声母文读为 t、tʰ，白读为 n，如捅 toŋ³³/noŋ³³，隶 ti²¹³/ni²¹³、吐 tu³³/niəu³³。

4. 止摄合口三等知章组、见系字韵母文读为 ɥei、uei，白读为 ʮ，白读韵母与遇摄合口三等知章组、见系字合流，如水 ʂɥei⁴⁵/ʂʮ⁴⁵、吹 tʂʰɥei²¹/tʂʰʮ²¹。

第二节 研究现状

罗田地处鄂东地区，其方言属于广义的北方方言，是湖北省"楚语区"中的一员。罗田距阳新、大冶（赣语区）不远，与浠水、麻城、安徽金寨县（江淮官话区）毗连，与省会城市武汉（西南官话区）相距120 公里，因受周边方言的影响，再加上是历史上人口迁移的重要集散地，罗田方言有自己的独特之处。所以，罗田及黄冈市包括孝感市的方言归属就存在争议。赵元任等（1948）将包括罗田在内的黄冈、鄂州、孝感等地方言放在一起统称"楚语"；袁家骅（1989）将黄冈方言划归西南官话区；而学术界最具倾向性的做法是将其划归为江淮官话区（中国社科院和澳大利亚人文学院《中国语言地图集》，1987、1989）。其实，处于几大方言过渡地带的黄冈方言除了跟江淮官话一样有入声调之外，它也有自己独有的特点。比如 ʮ 类韵母，罗田话"猪"读"［tʂʮ²¹］"，象棋子中的"车"也读"［tʂʮ²¹］"。所以，詹伯慧（1981）认为湖北鄂东一带的楚语，跟汉口一带的西南官话固然大不相同，跟东面的江淮官话又难以归到一起。① 汪平为汪化云《鄂东方言研究》（2004）作序说道："困难的是，从面积看，似还不足以跟江淮官话、西南官话平行，单独成为官话大区中的一种官话。归入江淮官话，只能是一种无奈的处理。"② 以上是赵元任、詹伯慧、汪化云就整个黄冈市而论，并未将罗田方言作为单点去深入考察。因此，罗田方言的归属就更难定论。

60 年代，赵元任先生《湖北方言调查报告》仅对罗田方言进行了初步的语音描写，之后只有一两篇零星的论文对罗田方言的近代音和语法的个别现象进行了初步探讨。虽然当前方言学界对鄂东方言语音、词汇和语法总体上有所研究，同时也对鄂东的一些地县市方言，如英山方言、浠水方言、麻城方言等都展开过具体的研究，但一直缺乏对罗田方言的系统研究，这是现今湖北方言研究蓬勃发展中的一种缺憾和瑕疵。近年来，一些研究黄冈或鄂东方言的成果相继出现，在这些成果中或直接或间接地反映出罗田方言的一些特点。比较有代表的如汪化云的《黄孝方言语法研究》《鄂东方言研究》，陈淑梅的《鄂东方言语法研究》，杨凯的《鄂东方言词汇研究》等。固然，罗田方言是鄂东方言一个组成部分，但是对于深入研究罗田方言还是不够。李军（2012）《明代湖北罗田方言语音的若干特征》分析归纳了明代湖北罗田医学家万全医籍歌括用韵的 12 韵部系统及其特殊押韵现象，对近 500 年来罗田方言语音的演变规律与特征进行了初步讨论。刘铮（2011）硕士学位论文《明〈万密斋医学全书〉中诗词用韵研究与现代罗田方言》整理了明代医书中的诗文用韵材料，探讨明代万历年间罗田的方言特点，以及它的历史流变。这两篇文章都是从语音角度对罗田方言近 500 年的语音发展演变进行了初步的研究。

就罗田方言语法研究来看，成果很少，只有少数学者从不同方面有所触及。目前已有的语法研究有：张志华的《湖北罗田方言中"差"的重叠形式》《罗田方言表主观大量的形容词"厚"》《湖北罗田方言的体标记连用格式》《湖北罗田方言的能可义"倒"字句》，这些研究从

① 詹伯慧：《浠水方言纪要》，日本东京龙溪书舍 1981 年版，第 9 页。
② 汪化云：《鄂东方言研究》，巴蜀书社 2004 年版，第 2 页。

句法形式、句法意义、句法功能等方面，对罗田方言中的单音节形容词"差""厚""倒"及其句式进行初步的探讨，并对体标记连用进行了有趣的探索。王清（2007）硕士学位论文《罗田方言的进行体和持续体》一文中，在对罗田方言"进行体"和"持续体"进行了比较全面描写的基础上，对由"发自""在"及"在的"构成的进行体和由"倒"构成的持续体分别进行了分析和研究。另外，《罗田县志》（1998、2012）中《方言卷》从语音、词汇、语法等方面对罗田方言进行了简要的描写。

　　总之，罗田方言研究还不够充足、系统，目前的研究还很零星分散，前辈学者也只是在共时平面进行描写，目前并没有系统描写、深入解释罗田方言语法的著作。从罗田方言在湖北境内江淮官话中的地位来看，罗田方言处于江淮官话的西端，与西南官话、赣语紧邻，因而方言内部许多问题都比较复杂，既有罗田方言特有的语言现象，也有与其他方言如赣方言、西南官话等一致或交叉的语法特征。研究罗田方言特有的语言现象，比较罗田方言与其他方言相交叉的语法现象，将有助于我们进一步认识罗田方言和湖北境内的其他方言乃至整个江淮官话，为方言语法研究提供语料。且相对于方言的词汇和语音研究而言，方言语法研究长期处于半停滞的状态，一直没有引起足够的重视，其研究成果在现代汉语语法研究中所占的比重也是寥寥可数。因此，针对这种现状，邵敬敏等（2005）、项梦冰等（1992）、陆俭明（2004）谈到汉语方言语法研究需要调查者熟悉该方言，有真切、敏锐的语感，呼吁语言学工作者对自己的方言语法进行研究。笔者是土生土长的罗田人，对方言研究具有浓厚的兴趣，在当地进行方言语法研究，具有天时地利人和的优势，同时也思能为家乡语言文化的传承略尽绵薄之力。

第三节　研究价值

　　理论价值：罗田方言虽然在整个系统上仍属"官话"系统，但又有不少异于其他方言的语言特色，这些语言特点体现了浓厚的地方色彩。罗田方言不但与以北京为代表的华北地区"官话"语音有较大差异，而且与湖北地区最通行的西南官话（以武汉话为代表）语音迥然不同。因此研究罗田方言这样的"楚语"语法，对于具体描写分析罗田方言语法的特殊面貌，以及促进整个鄂东地区方言语法研究都具有一定的意义和价值。

方言分区是人为的，各家为研究方便可以有各家的做法，但必须充分尊重方言事实。我们同意詹伯慧先生的看法，认为黄冈方言与西南官话大不相同。"江淮官话黄孝片"的说法虽代表了学术界倾向性的意见，但还需进一步的商榷。因此，深入研究探讨罗田方言语法的现状，也能为科学合理地对湖北的汉语方言分区提供可靠依据。

实际价值：随着普通话的推广，网络电视的快速发展，以及大批当地居民外出务工和青年学子外出求学定居，罗田话的使用范围越来越狭窄，地方方言特色也在慢慢地消退、萎缩，抢救地方方言亟待进行。在罗田这个具有代表性的楚语区进行方言调查研究，不仅是对当地语言文化保存和传承，也是对国家语言文化遗产的一种传承和保护，笔者作为本地人，同时也是一位语言研究者，理应为罗田语言文化的传承作出应有的贡献。

第四节　研究方法、语料来源

一　研究方法

李小凡在《苏州方言语法研究》中说："方言与方言之间、方言与普通话之间，语法系统上总存在着差异，我们不能用普通话的语法系统去认同方言的语法现象，也不应该轻视方言语法规律，视之为个别现象。我们最终需要有一部不仅能解释普通话的语法现象，也能解释各方言语法现象的现代汉语普遍语法。普遍语法的建立必须将普通话语法研究和各方言的语法研究作为系统的工程来做。"① 因此，他把苏州方言语法体系的描写作为一个长期的任务，所出版《苏州方言语法研究》涉及的远非该方言语法系统的全貌，而只是其中若干个子系统。本书目前也无法做到将整个罗田方言语法系统描写详尽，只能是作为今后毕生追求的目标。因此，本书效仿汪国胜《大冶方言语法》研究思路，着眼于本方言的特殊语法现象进行研究，希望对罗田方言的特殊句法现象

---

① 李小凡：《苏州方言语法研究》，北京大学出版社 1998 年版，第 3—4 页。

深入认识后，慢慢扩大到词法，从一个方言点，到方言片，甚至于扩大到整个南部方言，由点到面，将之串联起来进行深入挖掘研究。在此，我们采用的方法如下：

（一）坚持描写与解释相结合

汉语方言研究一直以来都重视描写的方法，忠实地记录某一方言的语音、词汇及语法系统，这是方言研究中非常重要的基础工作。本书首先注重方言事实的描写，在进行田野调查的同时，充分利用网络音频、视频资料，多方位地考察罗田方言，特别注意日常生活中活生生的口语。除了作出客观、准确的描写外，本书还注重解释，还会对其中与普通话及其他方言的差异进行比较，并力图解释其差异产生的原因和机制。

（二）坚持横向区域比较和纵向历史比较

朱德熙先生曾说："特点因比较而显，没有比较就没有特点。"① 我们在考察罗田方言语法现象时，进一步观察同类现象在普通话、其他的江淮官话、有亲缘关系的赣语，甚至整个南部方言中的情况，进而对这种现象的来龙去脉提出自己的看法。同时，也要将此类现象同中古汉语、近代汉语的事实进行比较。汉语方言和普通话的源头都是古代汉语，古代汉语有丰富的文献资料，是研究汉语方言重要的参照，如罗田方言中的"VP－Neg?"反复疑问句的用法应是中古汉语疑问句用法的遗留，通过对汉语的历史比较，能得出比较满意的解释。这样，研究的视野更开阔，结论也会更可靠。

（三）坚持句式语法与词汇语义法相结合

本书研究内容是句法，注重从句式整体上来研究罗田方言中各种特殊句法现象，如副词"把"在不同的无宾把字句中蕴含有不同的意义，本书通过仔细考察"把"字句的主观性句式语义特点，将这个有不同意义的副词"把"归结为句式语义所赋予的，而不是"把"字的"因句显类"。虽说句式语法不是构成句式词语的简单相加，但也必须以各个构成部分为基础，特别是主要动词的语义特征，如双宾句式因动词有不同的语义特征，而赋予双宾句不同的句式意义，不同语义特征的动词

---

① 朱德熙：《汉语方言的两种反复问句》，《中国语文》1985 年第 1 期。

对双宾句选择不同语序有限制作用。因而，我们在讨论罗田方言句法时，常将两者结合在一起进行深入挖掘分析，关注动词意义和句式结构意义之间的互动作用。

二　语料来源

（一）语料来源途径

语料主要来自调查，调查一般来自以下三种途径。（1）集中调查法。如集中调查某一句法现象时，笔者会在家乡请家族的长者或其他被调查者围绕这个语法点为自己提供例句。（2）随机录音法。从 2013 年起，笔者每次回老家和父母、同学、朋友聊天的过程中，都随时进行录音，有意识地录下当地人聊天的实况，掌握一些活生生的语料。（3）内省法。笔者是土生土长的罗田人，从出生到上大学之前一直都是讲罗田话，即使在高中语文课堂上，教师也是用方言授课。罗田人对当地话的认同感非常强，根据语言来确立亲密程度。对于不讲罗田方言的话语者，他们时常被嘲弄，甚至被欺负，这就是当地典型的欺生现象。笔者的罗田话还是很纯正、地道的，方言语感比较可靠，可以用内省法，自己想，自己记，最大限度地搜集自己掌握的方言例子，跟普通话进行对比，发现有特色的可以先行记录分析，之后再与方言合作人进行求证、补充。

以上这三个途径是本书研究的主要语料来源，为了行文方便，行文中的例句就不再一一标注出处。书中的例句尽量用第一、第二种方法，若为笔者自造的，必须经过另外一位土生土长的罗田人（童金舟，1962 年出生）确认。

另外，用来比较的普通话及古代汉语语料有的是来自原书，有的是采用北京大学汉语语言学研究中心（CCL）语料库，引用他人的例句会随文进行标注。

（二）方言合作人信息

本书语料主要来自调查，调查地点为湖北罗田县凤山镇和骆驼坳镇，方言合作人主要选取世居罗田凤山镇及附近的中老年居民，表 1 - 1 是方言合作人的相关信息。

表 1 – 1　　　　　　　　　方言合作人信息简表

姓名	性别	年龄	文化	籍贯	职业
童金舟	男	58	中专	罗田凤山镇	公务员
徐楚平	男	68	小学	罗田骆驼坳镇	企业退休人员
徐敬中	男	73	小学	罗田骆驼坳镇	退休教师、家谱编撰者
林志斌	男	60	小学	罗田凤山镇	厨师
徐继生	男	71	小学	罗田骆驼坳镇	退休村干部
张　兵	男	44	初中	罗田骆驼坳镇	农民
瞿友慧	女	41	中专	罗田凤山镇	医护人员

第二章　是非选择疑问句

　　汉语疑问句因其自身结构、语义语用功能等方面具有不同于其他句类的特点，一直是学界研究热点。吕叔湘先生（1942）早在《中国文法要略》中就注意到了，专门用一章来探讨疑问句的特点，他将疑问句分为两类，一是特指问，一是是非问。20世纪五六十年代，黄伯荣先生（1957）将疑问句分为四种，即是非问、特指问、选择问、正反问，分析比较了它们在结构上的特点，另外又分析了"表示猜想的疑问句"以及"表示反诘的疑问句"，这个小册子反映了当时汉语学界的普遍认识。1985年，朱德熙先生在《中国语文》上发表了《汉语方言里的两种反复问句》之后，引发了若干讨论汉语方言反复问句的文章，形成了一次冲击波，汉语方言的反复问句逐渐成为人们关注的焦点。对反复问句的定义、结构、生成及其在汉语方言里的分布，国内外学者都展开了热烈的讨论，初步达成了一些共识，但还存在一些分歧：一是"K – VP"句型是不是反复问句；二是"K – VP"与"VP – Neg – VP"两种句式是否能存在于同一种方言中。对于第二点，朱德熙（1985）曾审慎地指出，这两种方式在方言里互相排斥，不能在同一种方言里并存。但随后王世华（1985）、施其生（1990）、刘丹青（1991）发现，在苏州、汕头和扬州方言里，这两种句式是并存的。

　　朱德熙先生（1991）在进一步比较汉语各方言的反复问句之后，又发表了《"V – Neg – VO"与"VO – Neg – V"两种反复问句在汉语方言里的分布》。他认为，就扬州话和苏州话而论，可以找到证据说明这两种句型不属于同一个层次（stratum），即"K – VP"句型是固有的，而"VP – Neg – VP"相对则是一种创新（innovation）；只有汕头话情形特殊，虽然难以确定两种句型中哪一种更古老，但是朱先生仍然认为二者属于不同的时代层次。同时他把反复问句按不同的层次排列成下面图式：

$$\text{反复问句：} \begin{cases} \text{K} - \text{VP} \\ \text{VP} - \text{Neg} - \text{VP} \end{cases} \quad \begin{cases} \text{V（O）}- \text{Neg} - \text{V} \\ \text{V} - \text{Neg} - \text{V（O）} \end{cases}$$

$$\begin{cases} \text{V} - \text{Neg} - \text{V（O）} \\ \text{VV（O）（紧缩式）} \end{cases} \quad \begin{cases} \text{V} - \text{Ø} - \text{V（O）} \\ \text{VV（O）} \end{cases}$$

朱先生指出：（1）"V - Neg - VO"与"VO - Neg - V"这两种不同的语序代表了方言的不同句法类型，前者主要见于南方方言，后者主要见于北方方言。（2）某些方言中，"V - Neg - VO"经常紧缩为"VV（O）"，它的实际情况是：A. 省略式 V - Ø - V（O），B. 融合式 VV（O）。（3）反复问句中的各种各样形式形成不同层次，如上图。这一研究就不仅解释了反复问句的动态变化层次，而且具有方言类型学的意义。邵敬敏（2007）考察汉语各大方言区中的反复问句及其变式，从横向地域的毗邻与隔离、纵向历史的传承与分合这两个方面分析，认为"VP - Neg - VP"、"VP - Neg"和"K - VP"及其变式的分布在类型学上存在着"并存消长"的总特点，并具有"对立互补"和"重叠交叉"的属性。

现代汉语疑问句的分类，根据不同的标准可能有不同分法。范继淹（1982）指出：现代汉语是非问句是选择问句的一种特殊形式，认为除了特指问句之外其他的问句都是一种选择问句，是非问句也是是非选择问句，把用"吗"提问和用"V 不（没）V"的各种形式提问都归为一类，这样就把是非问跟选择问（包括正反问）沟通起来了。之后，邵敬敏（1996）认为，疑问系统可以称之为"选择系统"，作为选择，可以有两种，一种为是非选择，一种为特指选择，根本区别就在于要求回答时，前者为肯定或否定，后者为针对性回答。而是非选择包括"单项是非选择"与"双项是非选择"，这就把通常分属两大类的"是非问"与"正反问"在语义表达层面上打通了。实质上，无论是是非问还是正反问，它们都要求在回答时作出肯定或否定（即正面或反面）的明确选择，所以，是非问和正反问在意义上是相通的。

因而，邵敬敏（1996）将疑问系统称之为"选择系统"，其内部小类关系如下：

$$
疑问句\begin{cases} 是非选择问 \begin{cases} 单项是非选择问（是非问句） \\ 双项是非选择问（正反问句） \end{cases} \\ 特指选择问 \begin{cases} 有定特指选择问（选择问句） \\ 无定特指选择问（特指问句） \end{cases} \end{cases}
$$

罗田方言的疑问句系统与普通话相比有同有异，尤其是是非问和正反问与普通话的差异较大，因此，我们采用邵敬敏先生的分类术语"是非选择问"来统指"是非问"与"正反问"。但是，我们也必须承认，这两种疑问句在句法结构形式上仍存在着明显的区别：正反问是用肯定否定相叠的形式来表疑问；而是非问则有两种形式，一是采用表疑问的上扬语调，二是句尾带上疑问语气词"吗"或"吧"。[①] 相对而言，罗田方言由于没有专门表示是非问的语气词，是非问并不是很发达，与此相应的是，正反问句特别常用。正反问、选择问都是选择问句，区别在于一般的选择问要对方在 A 与 B 里选择一项作为回答，正反问句则是让人在 A 与非 A 里选择一项作为回答。罗田方言的正反问丰富多样，根据否定词及其位置的不同，我们将罗田方言的正反问分为三种类型，即"VP – Neg"式、"VP – Neg – VP"式和"VV（O）"式。因此下文前四小节我们将从四个方面分别论述罗田方言的是非选择问句系统，分别是是非问句、"VP – Neg"式问句、"VP – Neg – VP"式问句、"VV（O）"式问句。第五小节将整体考察罗田方言是非选择问句系统，其后进行小结。

---

① 邵敬敏、王鹏翔：《陕北方言的正反是非问句——一个类型学的过渡格式研究》，《方言》2003 年第 1 期。

第一节　罗田方言的是非问句①

是非问，就是提出一个问题，要求作出肯定或者否定回答的问句。邵敬敏（2007：215）认为，"是非问句的疑问信息是由疑问语调或者疑问语气词来承担的"②。因而，从形式上看，罗田方言是非问句有以下两类：语调是非问，语气词是非问。

一　语调是非问

在语言表达形式上，不出现任何疑问词或疑问语气词，只是用高扬的语调来承载疑问信息。可以分为三类。

（一）求证型

罗田方言里选用语调型是非问句，并不要求答话者给予答案，只是在彰显问话者的主观态度和心理情绪，这种疑问句疑问程度很低。如：

（1）他明昼走？么这快呀，不多住几天他明天走吗？为什么这么快走，怎么不多住几天。

（2）你硬要去？我说了那个场儿不好玩，去了莫怪我你非要去？我说了那个地方不好玩，去了不要责怪我。

（3）你女儿不在？我找她有点儿事。

如例（1）问话者明明知道"他"明天要走，却仍然问"他明昼走？"，"么这快呀，不多住几天"，表明问话者主观上不同意的态度，希望"他"多住几天的心理期待；例（2）问话者知道对方要去，但是还要求证"硬要去？"，"我说了那个场儿不好玩，去了莫怪我"则表明问话者反对的态度和不满的心理情绪，因而具有否定的倾向。这种语调是非问只是用疑问形式将自己已经掌握的情况或者已认识到的事实真相说出来，以此要求交际的对方附和或者诱导对方作出进一步的解释或说明。如例（3）说话者明知道交际对方的女儿不在，但还是求证"你女儿不在？"，诱导对方说出他女儿去哪里了，什么时候回来等信息。

---

① 本节内容以《湖北罗田方言中的是非问句》为题发表于《现代语文·语言研究》2015 年第 3 期。

② 邵敬敏：《现代汉语通论》（第二版），上海教育出版社 2007 年版，第 215 页。

（二）问候型

不求对方回答，没有一点怀疑的问句，只是一种问候、寒暄用语。前提是已经确认了事实，发话者只是把事实讲出来与答话者套近乎，表示礼貌客套。

（4）你来了？坐下儿，我倒茶你喝你来了？坐一会儿，我倒茶给你喝。

（5）你吃了？有吃在我屋的吃你吃了吗？没有吃在我家吃一点。

（6）你上街去？带着好吃的回来唄你要上街去？带着好吃的回来唄。

（7）你到畈里去？么这忙呢，不歇下儿你到田畈里去？为什么这么忙呢，不休息一会儿。

例（4）—（7）都是日常交际中一种问候、寒暄招呼类用语，发话者用"语调型是非问"作为一种发问手段，表示礼貌客套，如例（4）已经确认交际对象来了的事实真相，但是还问"你来了"表示对对方的重视，所以，马上就说"倒茶你喝"，让交际对象感受到尊重，发话者也显得礼貌周到。罗田人很讲究礼节，注重礼性，崇尚文明，所以，这类问候型的语调是非问在罗田方言口语交际中经常使用。

（三）求答型

在交谈过程中，由于发话者没有听清楚交际对方的话，要求对方回答证实。这跟一般语调是非问不同，属于"回声求答型"。如：

（8）甲：我明昼明天回去，还有好多事情回去要做。

乙：明昼回去？如果是的我俩个一路走明天回去，如果是这样，我们俩一起回去。

（9）甲：我等下儿去看电影，帮我看下儿细伢儿我等一会儿去看电影，你帮我照顾一下小孩子。

乙：看细伢儿？你说的是不是真的照顾小孩子，你讲的是真话吗？

（10）甲：我花了 3200 块钱买了个进口电视机。

乙：你说 3200 买个进口电视机？这便宜，是的话我也买一个这么便宜，是真的话我也买一个。

口语交谈过程因为有噪音干扰，或者是听话者注意力不集中，造成听话者没有听清楚，所以要用回声求答型是非问句来确认事实。

罗田方言里语调型是非问一般都是在一定的语言环境中使用，对话语环境依赖性强，都是以问话人已知某种信息为前提，所以，刘月华

（1988）认为，这种类型的问句不是一种可以自由出现的句子。

二 语气词是非问

语气词是非问是在陈述句末尾加上疑问语气词构成的。根据语气词的不同可以分为以下三类：

（一）"吵"字是非问

罗田方言中"吵"字是非问句相当于普通话里的"吧"字是非问句，疑问程度低的是非问一般都用"吵"来煞尾。如：

（11）你嗟住院下报销了吵_{你们住院费都报销了吧}？政府出的钱还不少嘞。

（12）你身体还好吵？几大时候儿有看到你_{好长时间没有见到你}。

（13）你正昼今天不走吵？我两个晚上一地儿_{一起喝点酒}。

（14）你有打他吵_{你没有打他吧}？他么哭哭啼啼的，脸一肿着_{他怎么哭哭啼啼的，脸一直都肿着}。

从以上诸例（11）—（14）可以看出，罗田方言里"吵"字是非问疑问程度很低，一般都是一种揣度语气，发话人有很强的心理期望或倾向，只是还不十分肯定，发问的目的是期待对方证实或者是询问对方的看法，期待肯定的答复，表达上显得委婉、客气。这些"吵"字是非问都可以转换成普通话中的"吧"煞尾的是非问，但是，罗田方言里一般不用"吧"，用"吵"字是非问更地道。

（二）"哈"字是非问

"哈"相当于普通话中"是吗"，希望交际对方对发话者的猜测或者已知信息作出肯定的回答，具有求证表义特征，主要用在已然体是非问句中。

（15）你有喜_{怀孕}了哈？

（16）你来了三年了哈？

（17）她离了婚哈？好伤心啊。

（18）你屋的有大蒸笼哈？借我用下儿。

肯定答语用"嗯""是的"或者是问句中的谓词结构；否定答语用"冇"，如果句中是"有"字句，就用"冇得"来回答。例如："你有喜了哈？"肯定回答是"嗯""是的"或者"有喜了"，否定的回答是

"冇得"。"她离了婚哈?"肯定回答是"嗯""是的"或者"离了",否定的回答是"冇(啊)"。

（三）"啊"字是非问

"啊"相当于普通话中表达是非问的语气词"吗",它因前一个音节尾音的不同而变化。如:

（19）你走哇? 慢点呀。

（20）他在开会呀? 那我等下儿他我等他一会儿。

（21）你要吃呀? 肚子真大饭量真大。

（22）你还睏_{睡觉}啦? 都几点了。

"哇""呀""啦"受前一个音节尾音的音变而来,相当于普通话中是非问语气词"吗"。从上例可以看出,这类疑问句的疑问程度稍高,但是,比特指问的疑问程度稍低,是一种有所倾向,有所推测的疑问句。这种句式的句末"啊"可以省掉,变换成语调型是非问,意义不变。

罗田方言里是非问句就只有这两类,没有普通话中所谓典型的"吗"类、"吧"类是非问句。王力认为:"吗"是从"无"演变而来的,"吧"也是近代汉语新兴的语气词,是非常后起的。[①] 这些后起的是非问句还未在罗田方言中留下印迹。受用途越来越大的普通话语气词"啊"的影响,罗田方言也有"啊"字是非问,这类是非问和语调型是非问在意义表达上没有区别,只是语气稍显缓和,可以说是语调是非问的又一变体。"唦"字是非问、"哈"字是非问是罗田方言中比较地道的语气词是非问。

无论是受语境制约的语调是非问,还是不受语境制约的语气词是非问,相对于正反问而言,在罗田方言中并不发达,使用频率也不高。

第二节　罗田方言"VP – Neg"式正反问

一　罗田方言"VP – Neg（prt）?"及相关句式共时比较分析

"VP – Neg（prt）?"是罗田方言一种常用的正反问句格式,其中

---

① 王力:《汉语史稿》（修订本）,中华书局 1980 年版,第 452、458 页。

VP 为谓词性词语。"Neg"为否定词，prt 为语气词。按是否带语气词分为两类："VP – Neg?"式与"VP – Neg – prt?"式。

（一）"VP – Neg?"式①

罗田方言的"VP – Neg?"式主要有两种："VP – 冇?"和"VP – 不?"。

1. "VP – 冇?"式

"冇"在罗田方言里读作［mau³³］，即普通话中的"没有"，"VP – 冇?"相当于普通话中的"VP – 没（有）?"，例如：

（1）单纯动词谓语句：他来冇？→他来了没（有）？

（2）动宾谓语句：你写作业冇？→你写作业没（有）？

（3）动补谓语句，可分为五类：

a. 带结果补语：你衣服洗干净冇？→你衣服洗干净没（有）？

b. 带程度补语：细伢儿喫吃饱冇？→细伢儿吃饱没（有）？

c. 带状态补语：雨下大冇？→雨下大没（有）？

d. 带趋向补语：你睏着冇你睡着没有？→你睏着没（有）？

e. 带数量补语：他割了一亩田谷冇？→他割了一亩田谷没（有）？

（4）双宾语句：爸爸把给钱你冇？→爸爸把钱你没（有）？

（5）兼语句：大伯叫你喝酒冇？→大伯叫你喝酒没（有）？

（6）连动句：小四出去打工冇？→小四出去打工没（有）？

（7）主谓谓语句：他身体好冇？→他身体好没（有）？

（8）把字句：你把钱还他冇？→你把钱还他没（有）？

（9）被动句（罗田方言常用"把""尽"字）：你尽他打冇？→你尽他打没（有）？

从结构形式上考察，罗田方言的"VP – 冇?"句式相当于普通话中"VP – 没（有）?"，这种"VP – 冇?"格式"冇"后都可以补出"VP"来，转换成"V – 冇 – V?"格式，意义不变。如：

（10）他来冇？→他来冇来？

（11）你写作业冇？→你写冇写作业？

（12）动补谓语句，可分为五类：

---

① 本小节曾以《湖北罗田方言的"VP – Neg"式正反问句》为题在《天中学刊》2015年第 3 期上发表。

    a. 你衣服洗干净冇？→你衣服洗冇洗干净？

    b. 细伢儿喫饱冇？→细伢儿喫冇喫饱？

    c. 雨下大冇？→雨下冇下大？

    d. 你睏着冇？→你睏冇睏着？

    e. 他割了一亩田谷冇？→他割冇割了一亩田谷？

（13）爸爸把钱你冇？→爸爸把冇把钱你？

（14）大伯叫你喝酒冇？→大伯叫冇叫你喝酒？

（15）小四出去打工冇？→小四出冇出去打工？

（16）他身体好冇？→他身体好冇好？

（17）你把钱还他冇？→你把钱还冇还他？

（18）你尽他打冇？→你尽他打冇打？

但是罗田方言的"VP－冇？"式一般不带"得""能"等动补结构，如：

    ＊这件衣服洗得干净冇？   ＊你能走冇？

    ＊他画得完冇？   ＊他能当官冇？

这可能是因为"冇"一般用作已然态的询问，问的是动作行为是否已经发生，客观情况的状态是否有所改变。而"这件衣服洗得干净""他画得完"这种事情是能力问题，是一般事实，不是已然发生的，所以在罗田方言中不能说。"你能走冇？"｜"他能当官冇"询问的是意愿能力问题，也同样不能说。而在上文所举例中，（10）、（11）、（12）a、（12）d、（12）e、（13）、（14）、（15）等诸例都是询问动作行为是否已经发生，（12）b、（12）c、（16）等诸例询问的是客观情况是否已经发生变化。不管是询问动作行为是否已经发生，还是询问客观情况是否已经发生变化，罗田方言的"VP－冇？"式都是用在已然态的询问。

有趣的是，除了黄冈地区地级市黄冈市用"VP－没（有）？"来表示正反问外，其他各县市如英山、浠水、武穴、红安、麻城、黄梅、团风等地方言都是用"VP－冇？"来询问已然发生的动作行为或事实性质，这可能因各县级市地理位置偏远，受外界的干扰少，所以存古较多。而黄冈市用"VP－没（有）？"来表示正反问，这一方面可能与黄冈市作为地级行政区域，交通便利，与外界交互频繁，受共同语影响显著有关；另一方面可能与黄冈市区推广普通话的力度大于各县市有关，这样黄冈市方言向普通话靠拢的速度自然就快于黄冈地区各个下级县市。黄冈市人放弃了相对土俗的"VP－冇？"正反询问方式，接受了强势共同语（普通话）的"VP－没（有）？"的正反询问方式。目前共同语里强势的"VP－没（有）"语言形式正向黄冈地区周边渗透，并逐渐向偏远地区延伸，因而在新派罗田方言中"VP－没（有）？"这种正反询问方式也偶尔会出现在年轻人的口语交际中。

2."VP－不？"式

这种形式列出一个谓项"VP"和一个否定副词"不"来表示正反询问，相当于共同语里的"V 不 V？"，其中句末否定词"不"后面也能补出谓项或者是谓项的一部分，补出后的句式与原句句意一样。如：

（19）单纯动词谓语句：小毛去不？ →小毛去不去？

（20）动宾谓语句：你伢儿写作业不？ →你伢儿写作业不写你的小孩儿写不写作业？

（21）动补谓语句，可分为六类：

a. 带结果补语：细伢儿喫得饱不？ →细伢儿喫得饱不饱小孩子能不能吃饱？

b. 带可能补语：你衣服洗得干净不？ →你衣服洗得干净不干净？

c. 带程度补语：病得狠不？ →病得狠不狠厉害不厉害？

d. 带状态补语：灯亮不？ →灯亮不亮？

e. 带趋向补语：瞓着倒不？ →瞓不瞓着倒能不能睡下？

f. 带数量补语：他割一亩田谷不？ →他割一亩田谷不割他能不能割一亩田的谷？

（22）双宾语句：爸爸把钱你不？ →爸爸把钱你不把爸爸给不给你钱？

（23）兼语句：大伯叫你喝酒不？ →大伯叫你喝酒不叫大伯叫不叫你喝酒？

（24）连动句：小四出去打工不？ →小四出去打工不出去？

（25）主谓谓语句：他身体好不？ →他身体好不好？

（26）把字句：你把钱还他不？ →你把钱还他不把？

（27）被动句：你尽他打不？ →你尽他打不尽他打？

从结构形式上考察，罗田方言的"VP－不？"句式相当于普通话中"V 不 V"式，罗田方言的"VP－冇？"式不能带"得""能"等动补结构，但"VP－不？"句式则能，如：

（28）这件衣服洗得干净不_{这件衣服能不能洗干净？}

（29）你能走不_{你能不能走？}

（30）你画得不_{你能不能画？}

（31）他能当官不_{你能不能当官？}

之所以会出现这种情况，是因为在罗田方言里"VP－Neg？"句式蕴含有丰富的体貌特征。"VP－冇？"与"VP－不？"所表示的体貌特征不同，如前文所言，"VP－冇？"询问的是已然态，一般是对已然的事实进行询问。由"不"构成的正反问"VP－不？"在罗田方言里一般用于未然体中，询问的是是否将要发生某种情况、出现某种趋向，或者询问一种主观态度与能力。将要发生的某种情况、趋向，以及主观态度与能力都是不可预期的，也都是未发生的。如上例（19）、（20）、（21）f、（22）、（23）、（24）、（25）、（26）是询问的主观态度，（21）b 是询问的主观能力，（21）a、（21）c、（21）d、（21）e、（25）是询问的一种趋势或情况。

3. 关于"VP 不？"式与"VP 冇？"式

日常交际中，罗田方言的正反问句"VP－Neg？"可以分为"VP 不？"和"VP 冇？"两种句式，由于其中"不""冇"并未虚化，它们仍然保留否定词的特点，如上文所述蕴含着丰富的体貌意义，因此二者在罗田方言里使用时必须严格区分。

关于"V 不？"和"V 没有？"的区别，邵敬敏（1996）早已论及："V 没有？"问的是客观情况，是一种已然体，表示过去或现在已经发生了的动作行为，而"V 不？"问的是主观态度，是一种未然体，时间可指现在或将来，有时也可以询问过去已经发生了的动作行为。^① 邵敬敏、王鹏翔（2003）认为，这一规律同样也适合于陕北方言，他们从四个方面对陕北方言的正反句中的"VP 不？"和"VP 没？"式进行比较：（1）实现与未实现；（2）主观愿望或能力与客观效果或结果；（3）静态与动态；（4）惯常性、相对永久性的恒态活动与偶然的或一次性的暂时活动。综合二者的观点，具体而言，罗田方言的正反问句

---

① 邵敬敏：《现代汉语疑问句研究》，华东师范大学出版社 1996 年版，第 111 页。

"VP 不?"和"VP 冇?"式也可从四个方面进行比较:

第一,"VP 不?"是对未然态的询问,询问的是没有实现的动作行为或者客观事实,"VP 冇?"一般是对于已然态的询问,询问的是已经实现了动作行为或者形成的客观事实。例如:

　　A. 你嗟<small>你们</small>十一来三峡旅游不?

　　B. 你嗟<small>你们</small>十一来三峡旅游冇?

"旅游不?"询问没有实现的动作行为,"旅游冇?"询问动作行为是否实现。

　　A. 明昼唱歌小红儿去不?

　　B. 上次的唱歌小红儿去冇?

A 句对未然态的情况进行询问,B 句是对已然态的情况进行询问。

第二,"VP 不?"是对主观愿望或能力的询问,"VP 冇?"则是对客观的成效或结果的询问,如:

　　A. 姐姐走不?

　　B. 姐姐走冇?

A 句问的是"姐姐"的意愿,着眼于当事人的主观态度;B 句不是询问"姐姐"的主观态度或者是个人意愿,只是对"姐姐走没走"这一客观结果来进行询问。

　　A. 你会写字不?

　＊B. 你会写字冇?

A 句询问是否具备"写字"的能力;B 句罗田方言里一般不会说,因为"会"问的是能力,而不是客观结果。

第三,"VP 不?"询问的是习惯性、恒久性的动作行为,静态的居多。"VP 冇?"则多用来询问偶发性的、暂态性的活动,动态的居多。邵敬敏、王鹏翔(2003)认为,前者判断性较强,带有探求结论、断言的意味,后者陈述性较强,倾向于纯事实或事件的描述,如:

　　A. 早餐店的门开了不?

　　B. 早餐店的门开了冇?

A 句是询问早餐店门"开"这一状态,是静态的;B 句是询问早餐店门是否"开"了,问的是变化,是动态的。

　　A. 舅舅喝酒不?

B. 舅舅喝酒冇？

A 句着眼于询问"舅舅"平常的习惯或者爱好，是一种经常状态，恒态的；B 句则是着眼于询问"舅舅"偶然的一次活动，是偶然暂态活动，也是动态的。

A. 铁树开花不？

B. 铁树开花冇？

A 句询问铁树的一贯性特征，B 句询问铁树开花这一事物的暂态特征是否出现。李宇明（1998）考察汉语中"不"的否定域，认为它主要用于常然和未然域，并以英语中经常用相同的时态表达经常性或习惯性的动作，将然和假然的动作为例证，认为常然与未然的语法特点很接近，因此可以归入较为广泛的"未然"语法范畴。换言之，"VP 不？"所包含的常然与未然的时体特征是兼容的，都可归入"未然"的语法范畴之中。

第四，我们还发现，"VP 不？"是询问的边界交叉，无法分出个体数量特征的无界的、连续量的性状或行为，"VP 冇？"则是询问的边界明确，常具有起始点和终始点，可以独立分散出个体数量特征的有界的、离散量的性状或行为。如：

A. 电灯亮不？

B. 电灯亮冇？

A 句"VP 不？"询问"亮不亮"是在一定时间区持续的、无界的连续量以及没有起点和终点的性状；B 句"VP 冇？"询问"亮冇亮"同样是从整体上观察一个行为，拥有起点和终点，从未亮到亮，界限分明。

A. 你奶喫饭不？

B. 你奶喫饭冇？

A 句"VP 不？"询问"喫饭不喫"是在一定时间区持续的、无界的连续量活动，没有起点和终点；B 句"VP 冇？"询问"喫饭冇喫"是从整体上观察一个行为，拥有起点和终点，且这行为是一个边界分明的单位，具有离散性的特征。

正因为在罗田方言中"VP 不？"与"VP 冇？"句式有以上四点区别，因而由动词"是""在""有"所构成的正反问句，它们就分别形成了"是…不""在…不""有…冇（得）"这三种固定格式。其中，"是…不"这种格式跟普通话基本相同，且没有"是…没（冇）？"格式；"有…冇（得）"和"在…不"这两种格式则与普通话有所不同。例如：

＊A. 你有车不？

B. 你有车冇（得）？

＊A. 你老娘在屋里冇？

B. 你老娘在屋里不？

罗田方言中，动词"有"和"在"的否定式为"冇得"和"不在"，一般不用"不有"和"冇在"这类格式，因而"你有车冇？""你老娘在屋里不？"的问句形式成立，句末否定词"冇"和"不"不能互换。这是因为带"是"的动词句一般表示一种惯常性的动作行为或者判断性的言语行为，带"在"的动词句一般表示静态的动作行为，所以它们和"不"能搭配使用，而不跟"冇"搭配使用；带"有"的动词句一般表示存现、动态的、有界的，跟"冇"搭配使用，不跟"不"搭配使用。而普通话中并非如此，普通话"有"字句的正反问句，除了用句末否定词"没"来询问外，还可以用"不"来询问，现代汉语语料中就有此例句：

（32）这个有名字不？（《曹禺选集》[①]）

（33）你有事不？（《新儿女英雄传》[②]）

（34）算算你命里还有儿子不？（《原野》[③]）

同样，普通话里动词"在"的否定式可以说"在…不"和"在…没有"，如"你在做作业不？"跟"你在做作业没有？"这两种句式都可以并存使用。

综上所述，"VP 不？"与"VP 冇？"所询问的时体特征不同，前者询问的是未然的，后者所询问的是已然的；询问主客观属性也不同，前者询问人的意愿、能力，是主观的，后者多从动作变化客观结果来考虑，是客观的；询问的性状也不同，前者所询问的是做某事的可能性、

---

①　出自《曹禺选集》，人民文学出版社 1978 年版，第 304 页。

②　出自《新儿女英雄传（袁静等）》，人民文学出版社 1978 年版，第 119 页。

③　出自《原野（曹禺）》，文化生活出版社 1950 年版，第 105 页。

惯常性，是静态的，后者所询问是动作行为的实现或完成，是动态的；询问动作变化的界限也不同，前者是一种无界的、连续量询问，后者是边界分明的客观描述。

（二）"VP – Neg – prt？"式①

"VP – Neg – prt？"式是句末语气词"prt"与"VP – Neg"式相结合的一种正反问句。罗田方言"VP – Neg"式正反问句与其特有的句末语气词合意演变，表达的形式和意义也不相同，大致分为以下两种情况。

1. "VP 冇 + prt？"式

a. "VP 嚜？"式

罗田方言轻读的"嚜"［·mɔ］，意义相当于普通话中的"没"或"没有"，即询问动作行为是否发生变化或事实性质是否存在改变，这种句式都可以对译为带疑问语气词"吗"的是非问句。答句为肯定形式"VP 了/嗯"，或否定形式"冇 VP/冇哦"。如：

（35）走了嚜走了没（有）？ →走了吗？ 答：走了/嗯；冇走/冇哦

（36）作业写了嚜作业写了没（有）？ →作业写了吗？ 答：写了/嗯；冇写/冇哦

（37）好了嚜好了没（有）？ →好了吗？ 答：好了/嗯；冇好/冇哦

（38）会开完了嚜开完会了没（有）？ →会开完了吗？ 答：（开）完了/嗯；冇（开）完/冇哦

例（35）—（38）的答句不能用"是"或者"不是"来回答。当VP是一个动补结构时，答句的"V"可以省略，如例（38）。"嚜"可以替换成"冇"，替换后意义没有变化，但相对于"VP 冇？"式，语气更加亲切、和缓。

b. "VP 吗？"式

这种句式意义比较复杂，不是询问动作行为是否发生变化或事实性质是否存在改变，而是求证，可以对译为普通话中带疑问语气词"吗"的是非问句。答句为肯定形式"VP 了/嗯"，或否定形式"冇 VP/不晓

---

① 本节部分内容以《罗田方言句末语气词"嚜"和"吗"》为题发表于《华中学术》第33辑（2021年第1期）。

得"。如：

（39）从这儿去医院，晓吗_{晓得没有}？→晓得吗？答：晓得了/嗯；不晓得

（40）三乘五等于十五，懂吗_{懂得没有}？→懂得吗？答：懂了/嗯；冇懂/不晓得

（41）大毛去年找了个媳妇，成吗_{成了没有}？→成了吗？答：成了/嗯；冇成/不晓得

（42）你爸爸喊你做事，做完吗_{做完了没有}？→做完了吗？答：做完了/嗯；冇做完/不晓得

"吗"在此一般可以读为拖音，语感上不止一个音节长度，我们暂且记为"吗"。此类问句的答句也不能用"是"或者"不是"来回答。从例（39）—（42），我们看出，句末语气词"吗"出现是有条件限制的，一般先陈述一个事实，然后用"VP 吗？"对前一个小句的事实进行求证。

2. "VP 不 + prt？"式

a. "VP 呗？"式

罗田方言里，"呗"读作〔·pe〕，应为"不"和语气词"欸"的合音，类似于普通话里的"吧"。这种句式都可以转换成带疑问语气词"吧"的是非问句。如：

（43）今天我在屋的，你来呗？→今天我在屋的，你来吧？

（44）老二走了，我嗟_{我们}走呗？→老二走了，我嗟_{我们}走吧？

（45）我想逛街，你也去呗？→我想逛街，你也去吧？

"VP 呗？"与一般正反问句不同，它不是表示信疑参半的问句，而是建立在某种已知事实或已有观点基础上表示肯定倾向的询问句。如上三例，疑问语气很弱，说话人已有明显肯定倾向，希望听话人听从建议，故这类句式不能出现加强疑问的语气副词"到底""究竟"等来寻根问底，当句子中有"不晓得""算不倒"之类词语时，也不能采用此式。例如：

＊（46）今天我在屋的，不晓得你来呗？

＊（47）老二走了，算不倒我嗟走呗？

＊（48）我想逛街，你究竟也去呗？

b. "VP 啵？"式

罗田东部地区，靠近邻县英山的匡河镇、白莲乡经常使用"VP

啵?"式正反问句。"啵"读作〔·po〕，应为"不"和"哦"的合音，此地的"VP啵?"与罗田其他大部分地区所使用的"VP呗?"的功能意义相当，只是读音有别，语气较轻、和缓，常蕴含有"请求、商量"等言外之意，但比祈使句的语气更加委婉、含蓄，祈求中带有商量口气。如：

（49）老大也送礼了，我嗟送啵?

（50）十点了，电视机关着啵?

（51）走啵? 天都黑了。

c. "VP掰?"式

罗田方言里，"掰"读作〔·pai〕，应为"不"和语气词"哎"的合音，其预期倾向、语用意义和"VP不""VP呗"都有所不同。例如：

（52）你去逛街不? →你去不去逛街?

（53）你去逛街呗? →你去逛街吧?

（54）去逛街掰? →我们一起去逛街吧?

例（52）说话人表达正反问，态度平和，是一种比较客观的正反询问句；例（53）表达的是准是非问，采用的是征询、探究的语气，说话人心理偏向肯定；例（54）表达一种祈使语气，疑问语气减弱，语义信度增大，语气缓和，容易使对方接受，具有明显的肯定倾向，说话人有提出建议和对已知情况的认定、证实之上进行邀约同行，故例（54）可说成"我们一起逛街吧"。因此"掰"经常用在带祈使语气的正反问句中。故上述三种句式的疑信度大致可以排列如下：

"VP掰?"的信度 > "VP呗?"的信度 > "VP不?"的信度

根据李国敏、张林林（2000）文：在赣语中，南昌话反复问句也是靠其特有的句末语气词来完成，采用"VP+语气词"的形式，如"你去啵?"（你去不去?）、"你喫不篩?"（你吃不吃），这和罗田方言的反复问句表达形式是一致的。与罗田县人大部分来自江西移民的历史是吻合的。湖北罗田县与江西鄱阳县瓦屑坝，这原本并不相邻的两个地方因为史上的几次移民而紧紧地联系在一起，无论是宋朝时期的"莳民"入迁和饥民投靠，还是明朝初期的"洪武赶散"，鄱阳县瓦屑坝都被绝大多数罗田人认定为自己的根。因此，罗田方言的"VP – Neg –

prt?"反复问句形式与赣语相同，这不足为奇。根据这一线索，我们试分析比较九江话和罗田话的"VP – Neg – prt?"的形式。如下表：

表2 – 1　　　罗田方言与九江方言的"VP – Neg – prt?"形式

罗田话		九江话①	
例句	合音	例句	合音
老王到了广州去了掰［·pai］?（老王到广州去了没有?）	"不"与"哎"	老王到了广州去了白［·pai］老王到广州去了没有?	"不"与"哎"
老王，走啵走不走?	"不"与"哦"	老王，走啵走不走?	"不"与"哦"
老王走嘞［·mɔ］老王走没走?	"冇"与"哦"	老王走咩［·mei］老王走没走?	"冇"与"欸"
你们走呗［·pe］你们走不走?	"不"与"欸"	你们走陪［·pei］你们走不走?	"不"与"欸"

从表2 – 1可以看出：罗田话的"VP – Neg – prt"表示正反问句的形式与九江话惊人的一致，句末语气词发音基本相同，表示的意义也是一致的，只是语气词用字不一，这也只是由于行文作者的用字习惯不同。再次说明罗田话与江西话具有较多相同的语法点。因而，罗田方言和江西赣方言可能是源与流的关系。正如李葆嘉（2004）所言："中古以后形成的汉语方言，不是以严格的语言特征为标准的结构语言学概念，而是以可追溯的文化渊源为内涵的人文历史地理语言学概念，汉语方言的划分必须以汉人移民的周边化轨迹和互动语言的汉语化程度作为基本依据。汉语方言的属性是语言的文化历史属性，汉语方言的界定是文化历史的民系界定，一个妥帖的方言划分系统就是一部历时的人口迁移史在语言演变史上的投影。"②

二　罗田方言"VP – Neg（prt）?"相关句式的历史层次考察

从语义功能来考察，我们发现罗田方言"VP – 不?"式正反问句的问话和答语跟普通话的是非问句基本对应。几乎普通话里的所有是非

---

① 九江话的例句都来自李国敏、张林林《九江话里的反复问句》一文，《江西教育学院学报》（社会科学）2000年第4期。

② 李葆嘉：《汉语方言格局历史演变论略》，《吉林师范大学学报》（人文社会科学版）2004年第3期。

问，罗田方言都可以用正反问的形式表达，而且罗田方言正反问的格式十分特殊，为什么会出现这种情况？这恐怕与正反问句"VP – Neg（prt）？"式的历史发展有关。

虽然学界各家对正反问句的来源时间有分歧，但梅祖麟（1978）、张敏（1990）、刘子瑜（1998）等都认为，反复问句是由语义正反相对的并列选择问句经删除脱落语气词、关联词或重复成分等发展而来，都认为它与语义正反相对的并列选择问句密切相关。也就是说，正反问句来源于自甲骨卜辞中就已经出现的语义正反相对的并列选择问句。据有关学者研究，"VP – Neg（prt）？"式正反问句早在先秦时期就已存在，这类正反问句由在句子末尾缀否定副词"不""否""非""未"或"无"构成，其中是以"VP 不"形式为最常见。

先秦文献中的"VP – Neg（prt）？"式正反问中的否定词主要有"不""否"，也有少量的否定词"非"，如：

（55）公孙丑问曰："夫子加齐之卿相，得行道焉，虽由此霸王，不异矣。如此，则动心否乎？"孟子曰："否。我四十不动心。"（《孟子·公孙丑上》）

（56）我，田忌之人也，吾三战而三胜，声威天下，欲为大事，亦吉否？（《战国策·齐策一》）

（57）齐多知，而解此环不？（《战国策·齐策六》）

（58）此夫鲁国之巧伪人孔丘非邪？（《庄子·盗跖》）

入汉，"VP 不（否）"式多见，"VP 非"式有少许用例，"未""无"开始进入"VP – Neg（prt）？"格式，如：

（59）即有水旱，其忧不细，公卿有可以防其未然救其已然者不？（《汉书·于定国传》）

（60）或曰："天道无亲，常与善人。"若伯夷、叔齐，可谓善人者非邪？积仁洁行，如此而饿死。（《史记·伯夷列传》）

（61）上乃曰："君除吏已尽未？"（《史记·魏其武安侯列传》）

（62）问："儿死未"？（《汉书·外戚传》）

（63）须菩提白佛言："若有菩萨有时还其功德，若复从他方佛刹来，若供养佛，乃有从彼来生是间者无？"佛言："有。"（《道行般若经·不可计品》）

魏晋六朝承继了此前的"VP 不""VP 否""VP 未""VP 无"等形式，同时也有"VP 非"少数用例，如：

（64）（夫人）复问："前草今者在不？"（《贤愚经·降六师缘品第十四》）

（65）庄帝曰："后怀孕未十月，今始九月，可尔以不？"（《洛阳伽蓝记·城西》）

（66）未知是否？淇水又南迳射犬城东，即郑公孙射犬城也。（《水经注·淇水》）

（67）问："刘氏应王，继国家后，我审有名姓否？"（《魏书·列传第十六》）

（68）言出子口，入于吾耳，可以言未？（《后汉书·刘表传》）

（69）有一穿珠师，偶到道宕，见于弥勒，甚怀敬慕，即问："大德，为得食未？"答言："未得。"（《贤愚经·波婆离品第五十》）

（70）（海神）问估客曰："世间可畏，有过我者无？"贤者对曰："更有可畏，剧汝数倍。"（《贤愚经·海神难问船人品第五》）

（71）不知彼有法无？（吴支谦译《佛说义足经》）（引自吴福祥：1997）

（72）既而母谓武子曰："如此衣形者，是汝所拟者非邪？"武子曰："是也。"（《世说新语·贤媛》）

（73）遥光府佐司马端为掌书记，曹虎谓之曰："君是贼非？"端曰："仆荷始安厚恩，今死甘心。"（《南齐书·萧瑶光传》）

但"VP 非"在后世文献中并未使用开来。"VP – Neg（prt）？"式反复问句是此期使用的主要句式。

唐五代时期，此期的正反问句仍以"VP – Neg？"式为主，"VP – Neg – prt？"式基本消失，否定词 Neg 有"否""不""未""无"，其中"否""不"居多，"未"仍少见，"无"在唐代大量进入"VP – Neg？"句式。如：

（74）军中有火石否？（《敦煌变文·李陵》）

（75）能禅师已后，有传授人不？（《神会语录》）

（76）子命尽未？（《敦煌变文·搜神》）

（77）还称得长老意无？（《祖堂集》）

"否""不""未"在唐代与前代无异，"无"在此期语法功能扩大，它还可以脱离动词"有"义相对的语境，用于句末构成正反问句。如：

（78）晚来天欲雪，能饮一杯无？（《白居易·问刘十九》）

（79）江州司马平安否？惠远东林住得无？（《杨巨源诗》）

早在后汉时期，"VP – Neg（prt）?"式中的"Neg"已经出现了虚化的端倪，但不多见，六朝时期也不多见，唐五代时期则显著增多，并由此"VP 无"式中因否定词"无"虚化而发展了一批非正反问句"VP 摩（磨）"，这是此期又一个新的变化。如：

（80）你见适来有个跛脚沙弥摩？（《祖堂集》）

（81）损失酬高价，求嗔得也摩？《王梵志·借物莫交索》

（82）南斋宿雨后，仍许重来麽？《贾岛·王侍御南原庄》

到了宋代，"VP – Neg?"式（否定词为"不""否""未""无"）仍有使用，依然是此期主要的正反问句表达形式，相对而言使用频率有所降低。据刘坚等人汇编的《近代汉语语法资料汇编》（宋代）记载的资料以及刘子瑜（2011）考察来看，还有一些此类格式正反问句的用法：

（83）不知曾见此文否？（《乙卯入国奏请》①）

（84）国相又曰："使副们来时黄河冻未？"（《碧岩》）

（85）如公读论语，还当文义晓得了未？（《朱子语类》卷一一四）

（86）其被发人又问云："白实有文字照验无？"（《乙卯入国奏请》）

（87）每诵其疏一段竟，又问云："王安石是如此也无？"（《朱子语类》卷一三〇）

（88）庆曰："有国书无？"若水曰："有国书。"（《碧岩》）

（89）莫依傍他底说，只问取自家是真实见得不曾？（《朱子语类》卷一一六）

较之前代，此期的"VP – Neg?"式逐渐减少，这与"VP – Neg?"

---

① 《乙卯入国奏请》《碧岩》例句均出自刘坚等人汇编的《近代汉语语法资料汇编》（宋代）。

式反复句转化为是非问句有密切关系。此时，虽然前代的"不""否""未""无"仍在使用，但为数不多。自宋始"不曾"进入"VP－Neg？"式正反问格式，据刘子瑜（2011）考察《朱子语类》中唯见1类，如例（89）。

元明之际，"VP－Neg？"式正反问格式中的否定词已为"不曾""未曾"所代替，成为此期常见的正反问句的表达方式，前代的"不""否""未""无"仿古时偶有使用，属古汉语遗留，数量不多。如：

（90）孩儿，羊肚肠有了不曾？（《新校元刊杂剧三十种》）

（91）大尹道："那计氏也曾对着你说要寻死不曾？"（《醒世姻缘传》第一十回）

（92）四府问道："前日巡道老爷曾打你的脚来不曾？"（《醒世姻缘传》第十二回）

（93）注子里有酒没？（《水浒传》第二十四回）

明清时期，据石毓智、李讷（2000）考察，15世纪前后句法结构发生变化（原为名词性否定标记的"没"扩展到对动词的否定上，动补结构的进一步发展，动词跟其后数量成分的融合）促使"没（没有）"的使用范围进一步扩大，加上此期"过""了"等体标记的成熟与"不曾（未曾）"难以共存，最后"没（没有）"取代了"不曾（未曾）"而成为唯一的有界性VP的否定，所以"没有""没"又替代"不曾"进入"VP－Neg？"式格式，成为已然体正反问句的主要形式。

（94）你灌了他些姜汤儿没有？（《金瓶梅》第十九回）

（95）晁夫人……说道："叫我费了这们一场的事，也不知果然度脱了没有？"（《醒世姻缘传》第三十回）

（96）十五的月例香供银子可得了没有？（《红楼梦》第七回）

（97）你听见了没有？（《红楼梦》第二十八回）

三 罗田方言"VP－Neg（prt）？"句式的来源及特征界定

前文已从历时层面考察了汉语正反问"VP－Neg（prt）？"式从先秦到明清的发展演变过程，从中我们可以看出，汉语"VP－Neg（prt）？"式发展轨迹主要有三：一是先秦至唐宋，正反问句主要形式是"VP－Neg（prt）？"式，唐以后，"VP－Neg－prt？"式消失，"VP－

Neg？"式为主要正反问形式，宋元以后"VP‐Neg？"式正反问使用频率降低，不再是正反问的主要表达形式；二是"VP‐Neg？"式正反问句的否定词发展过程经历了几次词汇更替，先秦文献中的"VP‐Neg（prt）？"式主要是由否定词"不""否"与"VP"构成，也有少量的由否定词"非"与"VP"构成，汉代"末""无"进入"VP‐Neg（prt）？"格式，唐五代"摩"进入"VP‐Neg？"格式，宋元时期"不曾"进入"VP‐Neg？"格式，明清时期"没有"进入"VP‐Neg？"格式；三是"VP‐Neg？"式正反问句发生语法化，六朝至唐，正反问句"VP‐Neg？"中的否定词"Neg"发生虚化，这一语法化造成"VP‐Neg？"式正反问句的质变——向是非问句转化，由此使得唐五代出现大量的"VP摩？"是非问句，这也是后代"VP吗？"是非问句的来源。

而罗田方言中没有语气词"吗"以及是非问"VP吗？"句，几乎所有的是非问句都可以用正反问句"VP不？"式或"VP冇？"式来表达。因而，我们大致可以推测，罗田方言中的"VP‐Neg（prt）？"从汉语正反问句历史发展的层次来看，应属于古汉语"VP‐Neg？"式正反问发展的存续，同古汉语和近代汉语具有一脉相承的关系。其中，罗田方言"VP不？"应该是从先秦一直遗留到宋元时的"VP‐Neg？"式主要表达方式；罗田方言"VP冇？"也应该是汉末出现的"VP无？"式的遗留，其中"冇"是个俗字，来源于"无"。

"无"的上古音是明母平声鱼部，《广韵》中的音韵地位为微母平声虞韵。[①] 俞光中、植田均在《近代汉语语法研究》中说："'无'是微母字，隋代以后，轻唇微母字由重唇明母分化出来（唐守温字母已有轻唇音），可是口语中许多常用字仍用重唇音。"[②] 钱大昕《十驾斋养新录》卷五："无"又转如"毛"。据《后汉书·冯衍传》载："饥者毛食"。唐李贤注所加案语云：《衍集》"毛"字作"无"，今俗语犹然者，或古亦通乎？汉书功臣侯表序"靡有孑遗耗矣"注：孟康曰"耗"音"毛"。颜师古曰：今俗语犹谓"无"为"耗"，钱大昕按：今江西湖南方音读"无"如"冒"，即"毛"之去声。

---

① 据唐作藩《上古音手册》，江苏人民出版社1982年版，第137页；丁声树、李荣《古今字音对照手册》，中华书局1981年版，第75页。

② 俞光中、植田均：《近代汉语语法研究》，学林出版社1999年版，第324页。

又据宋人朱弁《曲洧旧闻》载："东坡尝与刘贡父言：'某与舍弟习制科时，日享三白，食之甚美，不复信世间有八珍也。'贡父问三白。答曰：'一撮盐、一楪生萝卜、一盌饭，乃三白也。'贡父大笑。久之，以简招坡，过其家吃皛饭。坡不省忆尝对贡父三白之说也，谓人云，贡父读书多，必有出处。比至赴食，见案上所设惟盐、萝卜、饭而已，乃始悟贡父以三白相戏笑，投匕箸食之幾尽，将上马云：'明日可见过，当具毳饭奉待。'贡父虽恐其为戏，但不知毳饭所设何物。如期而往，谈论过食。时贡父饥甚，索食。坡云：'少待'。如此者再三，坡答如初。贡父曰：'饥不可忍矣。'坡徐曰：'盐也毛，萝卜也毛，饭也毛，非毳而何。'贡父捧腹曰：'固知君必报东门之役。然虑不及此也。'坡乃命进食，抵暮而去。世俗呼无为模，又语讹模为毛，常同音故。坡以此报之宜乎，贡父思虑不到也。"① 明人方以智《通雅》说："江楚广东呼'无'为'毛'。"今梅县客家话"VP－Neg?"的主要形式是"VP毛"②；今广州话表示"没有"义仍说"无［mou］"，字作"冇"③。据此我们可以推论，罗田方言俗字"冇"应是古汉语的"无"，罗田方言正反问"VP冇?"应从古汉语的"VP无?"发展而来。

"VP不?""VP无?"是古汉语最常见的正反问句。"VP不?"句式中的"不"与谓词之间的宾语结构过长而相隔较远，致使正反义对举语义不明确，同时，因受"VP乎/耶"句末是非语气词形式类化的影响，"不"久处句末，易读轻声，正因这些原因相互交错，导致在六朝时就开始"VP不?"中的"不"就慢慢虚化为疑问语气词，"VP不?"就逐渐转化成是非问句；"VP无?"在唐五代有相当一部分已转化为是非问句，吴福祥（1997）认为："VP无?"中的"无"已不再表示否定，实际上它就是"麼"的前身，否则晚唐五代的《祖堂集》里不会突然出现200余例的"VP摩?"。那么，罗田方言的正反问"VP不?""VP冇?"句末否定词"不""冇"是否也应认为已经虚化为疑问语气词，转化成了是非问

---

①　江苏广陵古籍刻印社《笔记小说大观》1983—1984年版，第八册第136页。

②　石佩璇：《早期客家话文献〈客话读本〉的反复问句及其历时演变》，《方言》2018年第3期。

③　徐时仪：《否定词"没""没有"的来源和语法化过程》，《湖州师范学院学报》2003年第1期。

句？答案是否定的，我们有充分的理由认为罗田方言的"VP 不？""VP 冇？"是古代汉语包括近代汉语的一种正反问"VP – Neg"格式的遗留，"不""冇"没有虚化为疑问语气词。原因有四：

其一，"不"和"冇"无论是语音形式，还是语义都可以分得清清楚楚。罗田方言的"VP 不？"式中"不"与"VP 冇？"式中的"冇"都有明确的读音，且未轻读。同时他们都有明显的词汇意义，"VP 不？"式中"不"具有提问性，"不"相当于"不 VP"，具有替代性和述谓性；"VP 冇？"中的"冇"相当于普通话中的"没""没有"，"冇"也具有替代性和述谓性。

其二，如前文所述，"VP 不？"式否定词"不"后可以补出"VP"，"VP 冇？"式否定词"冇"后也可以补出"VP"来，二者转换成"V – Neg – V？"格式，意义不变。

其三，"不"和"冇"表达否定的语义明确，其煞尾的否定作用依然很强，在句子中起着举足轻重的作用。

其四，普通话可以说："你武汉人吗？"｜"明天中秋节吗？"，罗田方言不能说"你武汉人不（冇）？"｜"明天中秋节不（冇）？"，只能采用提升语调说："你武汉人？"｜"明昼中秋节？"

以上论述显示，罗田方言的"VP – Neg"无论从形式上，还是从意义上都属于正反问句，而从罗田方言的疑问句系统来考察，我们发现罗田方言里缺少一个用类似于"吧""吗"等语气词煞尾的是非疑问句，这个空位恰好由"VP – Neg"式正反问句填补了。另外，"VP – Neg"式中谓语结构形式都很简单，句末否定词与谓语成分相隔不远，其否定辖域不易失控，称代性可以在"VP – Neg"式上得到还原，这种特点一直保留在反复问句的整个历时发展阶段。而在方言日常口语交际中，语句都是简短明了的，结构形式简单的"VP – Neg"式正反问恰好适用于方言口语这种交际的需求，因此，在罗田方言口语中长期保留下来。事实上，这种"VP – Neg"正反问格式在很多方言中存在，根据黄伯荣（1996）"VP – Neg"式在各大方言中的分布来看，"VP 不？"式存在的范围最广，不管是在各大官话中，还是在湘方言中、闽方言中，都是一种普遍存在的反复疑问句形式。其次是"VP 无？"式，在杭州话、闽南话、福建莆田话、下江话及广东话中也是一种重要的反复疑问句表达形式，再次是"VP 未？"式在浙江京华话、闽南话、福建莆田话等东南方言中也经常被使用；相比而言，"VP 否？"式、"VP 非？"式在现代方言中存留较少。赵新（1994）考察指出，在相当多的方言中，存在"VP – Neg"式正反问句，且这些正反问句没有分化出"VP 吗？"是非问句。如此而言，这种特殊的反复问句不是罗田方言独有的。

第三节　罗田方言的"V – Neg – VP？"式正反问

朱德熙先生（1991）考察得出："K – VP？"分布在江苏吴语、江淮官话、云南话和闽南话里，"V – Neg – V（O）？"分布在西南官话（湖北、四川、贵州）、吴语、闽语和客家话里，"V – Neg – V（O）？"式紧缩式"VV（O）？"见于闽语（福州）、吴语（绍兴、嵊县）和客家话（连城）。朱文的这一观点被很多学者质疑，他们认为其文有很多以偏概全的东西。罗田方言虽属江淮官话，但是没有"K – VP？"式正反问形式，相反"V – Neg – V（O）？"式正反问却是其另一常用格式，显示了罗田方言这样的"楚语"在江淮官话中独特性。

一　"V – Neg – VP？"及相关句式共时比较分析

由于动词和否定词的不同，罗田方言"V – Neg – V（O）"这一常用的正反问句形式演变出一系列不同的问句格式。可以出现在"Neg"位置的否定词，主要有"不"和"冇"。"不"和"冇"有对立关系，前文已详述，这两种不同的否定词使"V – Neg – V（O）"式正反问具有不同的表意功能。因此，下文将分成"不"和"冇"两大类考察罗田方言里的"V – Neg – VP"式正反问[①]。

（一）"V – 不 – VP？"式

罗田方言里这种形式除了两种特殊的正反问形式外，还有 8 种演变格式，主要用在未然体中。

---

①　"V – Neg – VP"式作主语或者定语时，并不承载任何疑问信息，只是将肯定或否定两种可能性作为一种话题或情况客观地反映出来，因而不算是疑问句，更算不上正反问句。而作宾语的正反问在罗田方言中也不多见，下文将分谓语部分、状语部分、补语部分对罗田方言里的两大类正反问进行探讨。

1. 谓语部分

A. "V – 不 – V?"

句式中谓语是单音节动词或形容词时，正反问句用"V – 不 – V?"式。这一句式是用来询问还未发生、即将发生的事或者事物的性状，也可以用来询问人的意愿或能力。如：

（1）我明天去旅游，你去不去？

（2）你还走不走？你不走的话我先走。

（3）那些东西你要不要？不要我把拿来丢它_{不要的话我拿去丢掉}。

（4）这棵树重不重？重的话我两个一起驮_{我们两人一起背}。

（5）你看这条裤子大不大？我觉得有点松，想调换一下。

在这类谓语是动词的正反问句中，句尾可以加上一个轻声的"的[·di]"，构成"V – 不 – V 的"。如例（1）、（2）、（3）还可以说成"你去不去的？""还走不走的？"和"那些东西你还要不要的？"等，加了"的"后语气比原句缓和。但谓语是形容词时，则不能加"的"，如例（4）"*这棵树重不重的？"、例（5）"*你看这条裤子大不大的？"都不成立。"的"在此是语气词，起缓和语气的作用。句中谓语如果是动词，询问的是发出动作的意愿或能力，具有主观性，可以加上"的"来缓和语气；句中谓语是形容词时，询问的是事物的性状，是客观存在的，与主观起缓和语气词的"的"语义上不相匹配。

B. "V – 不 – VO?"

"O"表示动作所带的宾语。当句中是单音节动词带宾语时，动词肯定与否定重叠，后加宾语构成正反问句。用于询问尚未发生、即将发生或者惯常性的动作或事情。如：

（6）十点了，你回不回家_{睡觉}睡觉？

（7）路好远，你坐不坐车回去？

（8）你细姨儿马上来了，你等不等她？

（9）你每天晚上喝不喝酒？

（10）小峰马上要考试了，他每天早上读不读书？

例（6）—（8）询问的是尚未发生或即将发生的动作或事情，例（9）—（10）询问的是惯常性的动作行为。

C. "A – 不 – AB？"

当句中谓语部分的动词、形容词是双音节 AB 时，其正反问形式为"A – 不 – AB"，某类名词也可以套用"你说/你想 + 代词 + A 不 AB？"等格式形成正反问。将双音节词拆开，把前一个音节进行肯定否定形式的重叠，用于询问尚未发生的动作行为、事物的性状或者是人物的品性。如：

（11）你快说，你支不支持我？

（12）你的作业明天拿不拿去？

（13）明昼我歇得在，你过不过来玩儿_{明天我休息，你来不来玩}？

（14）我穿这个衣服好不好看？

（15）你细伢儿读书聪不聪明？我的伢儿么简蠢的_{我的小孩怎么这样笨}。

（16）尽这样做，你说他傻不傻瓜_{一直这样做，你说他是不是傻瓜}？

（17）叫他做事就跑了，你看他滑不滑头？

例（11）—（13）询问的是尚未发生的动作事件，例（14）—（15）询问的是事物的性状，例（16）—（17）询问的是人物的品性。一般来说，在罗田方言里，几乎所有的双音节动词或者一般形容词都可以拆开，在中间加上否定词"不"构成正反问句。如上例中的"支不支持、拿不拿去、过不过来、好不好看、聪不聪明"等。我们认为，这与罗田方言整个问句系统的特征有关。如前文所述，罗田方言是非问十分不发达，而正反问却丰富常用。根据语言经济原则，将整个双音节重复当然不如重复前一个音节方便，再加上谓语是动宾结构时，有"V – 不 – VO"式这种正反问句形式，因此很容易推导出"A – 不 – AB"这一形式。另外，这种格式与汉语长期形成的四字格韵律特征相吻合，读起来也朗朗上口，符合方言口语交际快捷方便之需。

形容词进入"V – 不 – V？""A – 不 – AB？"式要受到限制，状态形容词、非谓语形容词都不能以此形式出现，只有一般形容词（跟非谓语形容词相对）中的单音节性质形容词才能进入此格式。如：

（18）a. 快不快？　　　（19）a. 明不明白？

　　　*b. 很不很快？　　　　*b. 非常明不明白？

（20）a. 绿不绿？　　　（21）a. 小不小？

　　　*b. 绿不绿油油？　　　*b. 小不小小儿的？

（22）＊a. 大不大型？　　　　　（23）＊a. 慢不慢性？

　　　＊b. 大型不大型？　　　　　　　＊b. 慢性不慢性？

例（18）a—（21）a 中单音节性质形容词可以进入此格式；例（18）b、（19）b 中形容词前有其他修饰成分不能进入此类格式，例（20）b、（21）b 中状态形容词也不能进入此类格式，这是因为"修饰成分＋形容词"、状态形容词都是表示一定程度的量，所以不能再进入"V－不－V？"、"A－不－AB？"式进行程度询问；例（22）、（23）中非谓语形容词只有区别作用，不能以肯否定相叠的形式出现，也不能进入"V－不－V？""A－不－AB？"格式。

罗田方言里某些名词也能进入"A－不－AB？"这一格式，能进入这类格式的名词要受到很大的限制，就已经观察到的语言事实来看，大多含有贬义，最重要的是它们既具有体词性，也具有谓词性，常见的有"混蛋""流氓""傻瓜""草包"等，且一般用在"人称代词＋看/说/想＋A－不－AB？"等格式中。但据吕文蓓（2009）考察，她认为普通话中名词不能进入"A－不－AB？"式，只能进入"AB－不－AB？"式，并列举了两例：

（24）两年受贿5000万，你说混蛋不混蛋？（新华网）

（25）你看他傻瓜不傻瓜？（《赵树理文集》第一卷）

我们推测，普通话中名词不能进入"A 不 AB？"格式，一方面，与共同语长期以来形成的强势"VO－不－V？""VO－不－VO？"格式有关；另一方面，也可能是目前调查广度和深度不够，存在一些未发现的名词构成的"A 不 AB？"式疑问句形式。

2. 状语部分

A. 介词正反问句

一些介词也可以进入"X－不－X？"这个格式，如：

（26）你跟不跟他过日子？他是个好人呢。

（27）你在不在屋里喫饭？说好了我好煮饭说定了我知道怎么做饭。

（28）我明昼儿在屋的我明天在家，你从不从这儿走？

（29）这儿归不归他管这儿是不是归他管？

（30）分红连不连她也算上分红是不是要算上她？

不过，并不是所有的介词都能进入这个格式，例如"自""于"就不能进入。赵金冠（2006）认为，"介不介"格式其实是由介宾短语加动词组成"X 不 X"式省略而造成的。我们认为，言之有理，如上面的例子在罗田话中可以转换成：

（31）你跟他不跟他过日子？他是个好人呢。

（32）你在屋里不在屋里喫饭？说好了我好煮饭。

（33）我明昼儿在屋的，你从这儿不从这儿走？

能进入"X 不 X"式的介词一般都是由同形的动词虚化而来的，它们的动词特征还没完全消失，动作意味还存留，如"跟、在、到、比、靠、用、和"等词，现代汉语中纯介词"于、自"就不能进入此类格式。

B. 副词正反问句

罗田方言还有一种比较特殊的正反问句形式，那就是处于某些状语位置的副词也可以肯定否定重叠构成正反问句。例如：

（34）你快不快点走？我都急死了。

（35）多不多炒点菜要不要多炒点菜？今天来客了。

（36）门好不好开？它有点坏了。

（37）正朝不晓得白不白跑一趟今天不知道会不会白跑一趟？社保总是找不到人。

（38）你赶不赶急走你着不着急走？不赶不着急的话帮我做点事。

可以重叠的副词并不是很多，这类格式明显是由"V 不 VP"格式类推而来。处于谓语位置的动词或形容词肯否定重叠构成的"V – Neg – VP"格式在罗田方言疑问系统中势力十分强大，由于类推作用，很容易影响到其他位置，如状语位置、补语位置，从而产生了这种格式的正反问句。

C. "M – 不 – MVP?"

"M"代表能愿动词，如"能、会、可以、应该、肯、愿意"等，此句式用来询问行为或状态的可能性、必要性和意愿性。如：

（39）你能不能不干这么丢人的事情？

（40）你可不可以借点钱我你可不可以借点钱给我？我忘记带了。

（41）王胜会不会教书啊？伢儿放他那儿我有点儿不放心嘞。

（42）你肯不肯把屋借得我用下儿你愿不愿意把房子借我住一下？恶的做

屋没场儿住_{我家做房子没地方住}。

（43）他愿不愿意到这个场儿_{地方}上班？工资不是很高哦。

（44）我该不该把钱借他_{我应该不应该把钱给他}？好麻烦啊！

以上例句中，例（39）—（41）是询问可能性，例（42）、（43）是询问意愿性，例（44）是询问必要性。

3. 补语部分

A. "V 得 – A – 不 – A？"

"A"是这里作补语的形容词，这一句式是用来询问事情的性状。如：

（45）他跑得快不快？跑得快的话就去参加比赛。

（46）你数学学得好不好？我伢儿数学不好，你帮忙补下儿课，要不要得_{可不可以}？

（47）我今天在屋的搞了一天的卫生，你瞄下儿_{你瞧一瞧}，到处搞得干不干净？

（48）我帮你女儿化了一个妆，你看打扮得漂不漂亮？

这类格式的疑问焦点在补语位置，要求就补语部分回答，在罗田方言中不能用"能愿结构＋补语"来替换。

表示可能和表示状态的动补结构可以形成正反问句①。动补结构形成正反问句有甲乙两式：（甲式）并列该结构的肯定式和否定式，即"V 得 A（B）V 不 A（B）？"；（乙式）补语部分肯定否定重叠，即"V 得 A 不 A（B）？"。普通话表示可能的动补结构只能采用甲式，如"看得见看不见，洗得干净洗不干净"，表示状态的动补结构只能采用乙式，如"飞得高不高，洗得干（净）不干净"。也就是说，普通话中由表示可能的动补结构与表示状态的动补结构形成的正反问句不同形。罗田方言中表示可能的动补结构与表示状态的动补结构的正反问句也不同形，但与普通话不同，罗田方言前者采用的是新形式"V – 不 – V 得 – 补语？"（看不看得见，洗不洗得干净），后者也采用的是乙式"V 得 A 不 A（B）？"式。

邵敬敏（2007）认为：用"V – Neg – V 得 C？"来提问，主要是吴

① 朱德熙：《语法讲义》，商务印书馆 2002 年版，第 132—134、203 页。

方言、湘方言、粤方言和客家方言的特色。① 但从我们对罗田方言正反疑问句的考察来看，罗田方言也存在这种格式的正反问句，且使用频率很高。另外，属于西南官话的武汉方言、杭州方言、四川方言②也有这样的说法。可见，这种框架的正反问句在具有某些过渡型方言特点的江淮官话、西南官话中也存在，很难说只是东南方言的特色。我们认为，这类格式估计是仿照"V – Neg – VO?"而成，即用"V – Neg – VO?"作为疑问焦点，随之而来的是宾语"O"用补语"得 C"来替换，这样就构成了"V – Neg – V 得 C?"格式。

B. 动补结构的正反问句

罗田方言中有些"能愿动词 + 谓词性短语"的结构与一些动补结构之间有同义关系。因此，有时询问可能性、能力或可否等，一般不用能愿动词结构，而是用动补结构，通过动词重叠加上后边补语位置某些成分的变化来表达。尤其在罗田方言口语中，这种表达更加普遍。下面将这些动补结构正反问句以形式为标准分成四类加以描写。

（a）"V – 不 – V 得?"

"V – 不 – V 得?"是用来询问可否的问句。询问主客观条件是否容许实现某种动作。如：

（49）不让我出去玩，那电视看不看得呢那么电视能不能看呢？

（50）这茶我喝不喝得这杯茶我能不能喝？别个有喝吵别人没有喝吧？

（51）这是哪个的凳儿，我坐不坐得这是谁的凳子，我能不能坐？

（52）这些话说不说得？怕她受不了这些话能不能说？我怕她承受不起。

（53）你走不走得？看你脚肿这大你能不能走，你的脚都肿这么大了。

以上例句在罗田方言中都可以转换成"能不能 VP"式，如例（49）可以转换为"那电视能不能看?"，例（50）可以转换成"这茶我能不能喝?"等。但是，转换后"能不能 VP"式正反问在罗田方言的问句系统中显得比较文气，套用罗田方言话就是"蹩古"。

---

① 邵敬敏、周娟：《汉语方言正反问的类型学比较》，《暨南学报》（哲学社会科学版）2007 年第 2 期。

② 武汉方言参看赵葵欣《武汉方言语法研究》，武汉大学出版社 2012 年版，第 155—167 页；杭州方言、四川方言参照黄伯荣《汉语方言语法类编》，青岛出版社 1996 年版，第 701、699 页。

（b）"V－不－V 得了？"

用来询问可能性、能力，询问主客观条件是否容许实现动作的结果或趋势。如：

（54）这么小的床，睡不睡得了三个人能不能睡下三个人？

（55）这碗饭你伢儿吃不吃得了你的孩子能不能吃完这碗饭？免得浪费了。

（56）这一土车砖简重这一独轮车的砖这样重，你搬不搬得了？

（57）你这房子的装修，一个月搞不搞得了一个月能不能搞完？

（58）他病还没好，明天的学还上不上得了明天能不能上学？

这是罗田话比较地道的表达，在普通话里只能用能愿动词，比如例（58）的普通话格式是"他病没好，明天能不能上学？"，但在罗田方言中则一般不会这么讲。

（c）"V－不－V（得）倒？"

用来询问是否会做某事，助词"得"可以省略。如：

（59）你伢儿都毕业了吧，赚不赚（得）倒钱能否赚得到钱？

（60）我看你从细时候小时候长大，你记不记（得）倒我你记不记得我？

（61）你开不开（得）倒车你会不会开车？开倒车的话开我的车去会开车的话开我的车去。

（62）你打不打（得）倒麻将你会不会打麻将？我这儿少一个角人。

（63）这个题好难，你做不做（得）倒你会不会做？

这类格式正反问句在罗田方言里可以用"会不会 VP"来替换，比如例（62）、（63）也可以说成"你会不会打麻将？我这儿少一个角。""这个题好难，你会不会做？"等。但是，转换后的能愿结构说法同样显得比较文气，不如"V－不－V（得）倒？"地道。

（d）"V－不－V 得－补语？"

这种句式用来询问可能性或结果。如：

（64）裤子脚上的泥巴迹儿洗不洗得干净裤腿上的泥巴痕迹能不能洗干净？

（65）你这重，爬不爬得上去能不能爬上去？

（66）这作业你明天交不交得出来这个作业你明天能不能做完？

（67）这老远，你看不看得清楚他这么远，你能不能看见他？

（68）这难的题你做不做得出来？

此句式在罗田方言中一般也可以用"能不能 VP"替换，比如例（64）、（65）可以替换成"这裤子脚上的泥巴迹儿能不能洗干净？""你这重，能不能爬上去？"。这种"能不能 VP"的说法只在新派罗田方言中偶见使用。

4. 其他特殊的"X－不－X？"正反问句

A. 是不是（在）［tsai⁴²］V（倒）（在）［·tsai］

"是不是（在）V（倒）（在）"有四种变式：是不是在 VP，是不是在 VP 在，是不是 V 倒在，是不是在 V 倒在。这类格式用来询问正在进行的动作，也可以用来询问持续的状态。例如：

（69）a. 你爸爸说了半天，你是不是在听啊？

　　　b. 你爸爸说了半天，你是不是在听在？

　　　c. 你爸爸说了半天，你是不是听倒在？

　　　d. 你爸爸说了半天，你是不是在听倒在？

（70）a. 锅里面是不是在煮粥？好香啊。

　　　b. 锅里面是不是在煮粥在？好香啊。

　　　c. 锅里面是不是煮倒粥倒在？好香啊。

　　　d. 锅里面是不是在煮倒粥倒在？好香啊。

罗田方言"是不是（在）V（倒）（在）"句式前一个句中"在"是进行体标记，后一个句尾"在"是持续体标记，"倒"也是持续体貌标记。显然这种句式是询问动作行为是否进行或继续的。

B. 要不要得

"要得"意为：好、可以（表示赞美或同意），否定式是"要不得"，意为：不行，不可以。"要不要得"组合一起意为：行不行、好不好。普通话中也偶尔出现这样的用法，用来询问事物的可行性，如：

（71）管落实政策的负责人说："你看这结论要不要得，要得就签字，就算了。"我不能不签字，不签字不能摘帽子。（冯骥才《一个老右派的三十年》）

（72）停了一下，成岗又向大家征求意见："现在，我们先推几位老师傅出来承头，商量开工的问题！大家说要不要得？"（《红岩》）

（73）格拉西姆说："去书斋要不要得？"皮埃尔点头。（翻译作品

《战争与和平》)

（74）走心的说好不好？我们不水要不要得？（《百度文库》）

（75）在这个夜深人静的时刻，我也来跟风求个评价要不要得？（《百度文库》）

（76）武中校组建个轮滑社要不要得？（《百度文库》）

罗田方言里"要不要得"也可询问可行性，相当于普通话里的"行不行、好不好、可不可以、对不对"，用法和上例差不多。但在罗田方言里，"要不要得"已经扩展成一个独立的疑问句，它实际上已经由表疑问转为表征询。这时，"要不要得"一般与前面的陈述句之间有语音上的停顿，在书面上往往用逗号隔开。如：

（77）我明昼儿回娘屋的我明天回娘家，要不要得咧？

（78）我前走我先走，要不要得？

（79）你的钱我明昼儿还，要不要得？

（80）这样安排，要不要得？

"要不要得"前面的陈述句实际上是发话人的要求、建议，问话人的发话明显带有一定的主观倾向性，已不是纯客观的询问，而是对被询问的对象有心理预期，希望对方的回答与自己的期待一致，能够满足发话人的要求和建议。用"要不要得"是为了征询对方的意见，期待对方同意发话人的意见，同时有一种商量的意味。这里"要不要得"主观性较强。

"要不要得"在罗田方言里使用频率非常高，这一固定格语义进一步虚化，由带倾向性的征询虚化到询问主观性较强的精神领域的"对不对得起良心""讲不讲道德"等严肃主观性的问题。如：

（81）你把猪系在他门儿上你把猪栓在他家大门上，要不要得啊？

（82）他把那些拉杂东西在我屋边烧你把一些脏东西放在我家房子旁边烧，要不要得啊？么对得起良心啊怎么对得起良心？

（83）你种菜种在他老屋地基的灶上你把菜种在他原来老房子地基的灶上，种菜是要点粪，要不要得？

（84）他把儿读书，不把女儿读书他给儿子读书，不给女儿读书，要不要得？

（85）自家自己吃好喝好的，不管娘老子的死活不管爹妈的死活，要不要得？

（86）你简怪种，你这样儿地做要不要得？

"良心"是被现实社会普遍认可的行为规范和价值标准。当发话叫问答话人良心、道德时，明显带有强烈的主观倾向性，此时"要不要得"客观性也基本消退，如例（81）—（86）询问都是有关道德、伦理等主观性情况。"要不要得"都可以被否定式"要不得"替换，所表达的不是"要得还是要不得"，而是侧重于"要不得"的态度和立场。"原来由双小句共同表达的意思（双命题、双重心）逐渐后移（双命题、轻＋重），最后几乎全部落在后一小句上（单命题)"①。因常用在这样的语境中，这种语用推理反复运用并最终凝固化，就形成了主观性的"不讲良心""不讲道德"表达。功能语法学家通常把在特定的语用环境中随机发生的变化称为语法创新，"要不要得"在罗田方言里也发生了语法创新，成为了"讲不讲良心"另一种委婉的说法。

随着"要不要得"主观性逐渐增强，意义的逐渐虚化，"要不要得"的句法语义也在语法化过程中被主观化了，感情色彩鲜明。"要不要得"这种主观化的用法，笔者经搜寻古汉语、近代汉语、现代汉语等语料库，以及目前所发表的方言资料，没有发现此种用例。因而，可以说是罗田方言的特色之一。

（二）"V－冇－VP?"式

"V－冇－VP?"是与"V－不－VP?"相对的一种正反问格式，用于询问完成体和经验体，因而一般也不用在补语部分，下面从谓语、状语部分进行分类描写，除了特殊"V－冇－V?"形式外，一共有两大类5种演变格式。

1. 谓语部分

A. "V－冇－V?"

"V"是单音节动词或形容词。这一疑问句式用于询问过去已经发生或曾经发生过的动作或事情，也可用来询问某一性状是否发生或者产生变化。它是与"V－不－V?"式相对立的一种正反问句。如：

（87）你来冇来？我都快到了。

---

① 江蓝生：《同谓双小句的省缩与句法创新》，《中国语文》2007年第6期。

（88）你的作业写冇写？等会儿老师要检查的。

（89）我都准备好了，你好冇好？

（90）我去年跟你买的衣服小冇小？

这些句式都可以省略掉后面的动词或者形容词"V"，转换成"V－冇"，意义不变，且更加简略，更加口语化。

B. "V－冇－VO？"

这是句式中动词带宾语时的格式，它与"V－不－VO？"式构成对立。如：

（91）你昨天夜歇晚上洗冇洗澡？

（92）外头落冇落雪？好冷啊！

（93）你带冇带手机？把我打个电话给我打个电话。

（94）妈晒冇晒谷？天气不好了要收了。

（95）你种的栀子花开冇开花？开了的话送我几朵儿，让我香下儿让我也闻闻香。

此类句式也可以转换成"VO－冇？"式，转换后意义不变，同样也更加简略，更加口语化、常用化。

C. "A－冇－AB？"

这是句中谓语是双音节动词时的格式，它与"A－不－AB？"式构成对立。如：

（96）她晓冇晓得知不知道这件事情？我看还是莫让她晓得好我认为还是不要让她知道才好。

（97）二父去冇去过武汉？武汉好大啊，他一个人么搞得倒他一个人怎么搞得定？

（98）徐飞的作业写冇写完，写完的话，让他跟恶儿玩下儿让他跟我的儿子玩一下。

（99）电视机修冇修好？你总爱瞎搞，搞成这样个东西你总喜欢瞎折腾，弄成这样。

"A－冇－AB？"也可以转换成"AB－冇？"式，转换后意义不变，只是更加简省，也更加口语化。经考察，虽然"A－冇－AB？"与"A－不－AB？"式对立，前者是用在询问完成体和经验体的正反句中，后者用在询问未然体正反问句中。但是能进入"A－不－AB？"式的双音节形容词和名词不一定能进入"A－冇－AB?"格式。如：

漂不漂亮　　＊漂冇漂亮

厉不厉害　　＊厉冇厉害

小不小气　　＊小冇小气

聪不聪明　　＊聪冇聪明

混不混蛋　　＊混冇混蛋

滑不滑头　　＊滑冇滑头

傻不傻瓜　　＊傻冇傻瓜

进入"A－不－AB?"式的形容词或名词都是与事物的性状有关，是一种恒久性的惯常体，与"冇"的时体特征不符，所以在罗田话里不能说。

2. 状语部分

A. 介词正反问

一些介词也可以进入"X－冇－X?"这种格式，它是与"V－不－V?"式相对立的一种正反问句，询问过去是否发生或者产生过的动作行为。如：

（100）你跟冇跟他走你有没有跟他走？ 你别死脸不听话你别死皮懒脸地不听话。

（101）你在冇在屋里喫饭你是不是在家吃饭？ 我等下儿到你屋里找你。

（102）这好路儿啊这条路真好， 你从冇从这儿走你有没有从这儿走？

不过，并不是所有的介词都能进入这种格式，例如"自""于"就不能进入此类格式。

B. 副词正反问句

罗田方言还有一种比较特殊的正反问句形式，那就是处于某些状语位置的副词也可以肯否定重叠构成正反问句。例如：

（103）他快冇快走他有没有快点走？ 别个追来了。

（104）多冇多炒点菜有没有多炒点菜？ 今天来客了。

（105）门好冇好开点儿门有没有好开点？ 我修了一下子。

（106）正朝不晓得他白冇白跑一趟今天不知道他有没有白跑一趟？

这种可以重叠的副词并不是很多，可能是由"V 冇 VP"格式类推而来。

3. 几种特殊的"V－冇－VP？"式正反问句

罗田方言中还有几种特殊的正反问句，分别是："V－冇－V倒？"式、"有冇有－NP？"式和"V－冇－（V）着？"式。

A. "V－冇－V倒？"①

"倒"读［·tau］，相当于普通话助词"着"，用在动词后，表示达到的目的或状态。整个句式"V－冇－V倒？"用于询问动作行为是否达到某种目的或者状态。如：

（107）他看冇看倒？ —他看见没有看见？或他看没有看好？

（108）你吃冇吃倒？ —你吃没有吃进去？或你吃没有吃饱？

（109）你坐冇坐倒？ —他坐没有坐上去？或你坐没有坐稳？

（110）她买冇买倒？ —他买没有买着？或她买没有买够？

例（107）—（110）是询问动作行为是否达到某种目的或者状态，至于在什么情况下询问达到某种目的，什么情况下达到某种状态，就要结合具体语境而定。如果询问他路上是否遇到了某个人，"他看冇看倒？"就是问是否达到目的或者结果，相当于问"他看见没有看见某个人"；如果电影放映完毕了，"他看冇看倒？"就是问是否达到某种状态，相当于问"他看没有看好"，"好"这一状态是指能把电影剧情和内容弄得一清二楚。

"V－冇－V倒？"句式的多义性与罗田方言中"倒"的语义复杂性有关。王清（2007）按照由实到虚把罗田方言中的"倒"分为6类②，虽然分类已然很全面，但还遗漏了"倒"在罗田方言中还有其他的用法，如向"相反方向移动"的"倒车"，副词用法"反而"的"倒是"等。关于"V－冇－V倒？"式中"倒"的来源，目前学界主要有两种观点：一种认为来源于"附着"义的"著"，另一种认为来源于去声的"到达"的"到"。

吕叔湘先生指出："以著字辅助动词，初以表动作之有所著，继以

---

① 本小节部分内容发表于《中国语言地理》2017年第一辑。

② 这6类分别是：表示（人或竖立的东西）横躺下来；用在动词后，作介词，相当于普通话的"在"，表示动作达到的处所；用在动词后，表示动作行为达到目的或有了结果；用在动词后，表示发生或出现某种动作行为、事件的能力或可能性；用在动词后面作为连动句的前项，表示后一动作的方式或手段；用在动词或形容词后，表示某种静态的持续状态。

表事态之持续，此今语所盛用，而唐人诗中亦已有之，如白居易《恻恻吟》之'道著姓名人不识'，王建《北邙行》之'堆著黄金无买处'皆是也。"[1] 罗自群从语音演变的一般规律和虚词语音演变的特殊规律出发，推测表示持续意义的"倒"很可能来源于"附着"意义的"著"。她认为许多方言中的持续体标记"倒"跟"到"读音不同，除了读轻声外，"倒"多读上声，而"到"仍读作去声或阴去。[2]

李蓝（1998）认为"倒"直接来源于去声"到达"的"到"，"就现有材料看，这种用法可能是源于赣语，明清两代的江西、湖广移民将其带到了西南地区"[3]。其中南昌话中"倒"也可以用在动词后，表示状态的持续，如：门是开倒个。｜筒倒双手倚立得边上。[4]

实际上，罗田方言"倒"与"到"的读音存在交合，罗田话"倒"除了轻读外，还有两读，分别是念作阴去（倒车）和阳去（东西倒了），也就是说作自动词是念"阳去"，作他动词时念"阴去"，这时与"到"同音。《集韵》"到"与"倒"都是"刀号切"。从现有的经验来说，当我们在记方言中一些不明本字的时候，往往会用本方言中语音相同或相近字代替，因此，我们认为"V－冇－V倒?"式中的"倒"来源于"到达"的"到"，学界在记方言中读轻声的虚词［·tau］时就用"倒"来替代。

B. "有冇有－NP?"

普通话中的"没有"可构成"有没有"表示正反问，"有没有"可以用在"VP"前充当状语，也可以用在"NP"前一起充当谓语。罗田方言的"冇"也可构成"有冇有"表示正反问，但只能用在"NP"前充当谓语，不能在"VP"前充当状语。如：

普通话罗田话

（111）有没有喝酒？有冇有酒？　　＊有冇有喝酒？

---

① 吕叔湘：《释〈景德传灯录〉中在、著二助词》，载《吕叔湘论文全集第二卷》，辽宁教育出版社 2002 年版，第 61 页。

② 罗自群：《现代汉语方言持续标记的比较研究》，中央民族大学出版社 2006 年版，第 145 页。

③ 李蓝：《贵州大方话中的"ᶜ到"和"起"》，《中国语文》1998 年第 2 期。

④ 魏钢强、陈昌仪：《南昌话音档》，上海教育出版社 1998 年版，第 80 页。

（112）有没有吃饭？ 有冇有饭？ ＊有冇有吃饭？

（113）有没有开车？ 有冇有车？ ＊有冇有开车？

（114）有没有打他？ 有冇有他？ ＊有冇有打他？

如上例，罗田方言中只有"有冇有－NP？"这种格式，没有"有冇有－VP？"句式，但"有冇有－VP？"可以转换成罗田方言中常用的正反问"VP冇"式。根据邢福义（1990），王森、王毅、姜丽（2006）研究，认为"有没有－VP？"式疑问句已经进入了普通话，此句式可能与近代汉语北方话中同类格式在方言口语中的遗留以及目前闽粤方言句式影响有关。罗田方言保持楚语的特色，没有受到近代汉语北方话此类格式的影响，也不大可能与遥远的闽粤方言碰撞，因此没有"有冇有－VP？"这种新生格式。

普通话中"有没有－NP？"格式中"有"和"没有"中间可以插入"NP"转换成"有NP没有NP？"表示正反问，罗田方言"有冇有"中间不能插入"NP"，只能构成"有NP冇得NP？"。如：

普通话　　　　　　罗田话

（115）有报纸没有报纸？ 有报纸冇得报纸？

（116）有工夫没有工夫？ 有工夫冇得工夫？

（117）有想法没有想法？ 有想法冇得想法？

（118）有意见没有意见？ 有意见冇得意见？

这是因为罗田方言中没有"冇有"这用法，"有"的否定式是"冇得"，而不是"冇有"，"有冇有NP"句式中"有冇有"的结合方式是"有冇＋有"，"有冇"来自于近代汉语的"有无"，相当于"有没有"。独用表示"没有"在罗田方言中一般对应的是"冇得"。因此，在罗田方言中"有NP冇得NP？"是常用式，"有NP冇有NP？"却不被当地人接受。

C．"V－冇－（V）着？"

"冇"可构成"V－冇－（V）着？"格式表示正反问，此式第二个谓词性成分"V"可以省略，"着"在此是表示先行体时态助词，整个句式询问是否完成了这个动作或者状态，有点反问的意味，言外之意是等完成了这个动作或达到了这个状态再接着发生别的事情或动作。比如说"做冇（做）着"意思是等做了这件事情以后再进行另外的事情，意思是"做了吗？如果做了再谈其他的事情。"如：

（119）他来冇（来）着？簡急得上菜怎么这样急着上菜。（等他来了以后再上菜）

（120）水滚冇（滚）着？簡急得洗怎么这样急着洗。（等热了以后再来洗）

（121）你喫冇（喫）着？簡急得走怎么这样着急走。（等你吃了以后再说）

（122）谷黄冇（黄）着？簡急得割怎么这样着急割谷。（等黄了以后再割）

如上例，"他来""水滚""吃饭""谷黄"这些动作完成或者是状态达到了，才能进行下个动作，也就是说"V－冇－（V）着？"此式询问动作或者状态的完成达到了是进行下一个别的事件的前提。此式除了本身是正反询问外，还具有言外之意。

此句式的言外之意主要与先行时态助词"着"有关。关于先行体标记"着"的来源，不少学者如萧国政（2000）、杨永龙（2002）、丁加勇（2003）、邢向东（2004）等都进行过探讨。萧国政认为武汉方言里的先行体"着"是"再说"的合音。杨永龙、丁加勇、邢向东等都否定了"合音"说。杨永龙认为，汉语方言里表示先时，相当于"再说"的"着"，但不源于"再说"的合音，而是由唐代以后表示祈使语气的"着"演变而来的。根据方言和近代汉语的事实，丁加勇也认为"着"的事态意义是在祈使句这个语境中形成的。邢向东认为"着"表先行的意义，是"着"在"（等/先＋VP了）＋着"结构中进一步语法化的结果。高福生曾经深入比较过南昌话与《金瓶梅》的句尾"着"的用法，他认为：带有句尾"着"的句子，其动作总是首先施行的。而句尾"着"则可认为是动作"先行体"的标记。《金瓶梅》中句尾"着"却与词尾"了"常常同现，这与赣方言相同。句尾"着"的先行义与词尾"了"的实现义是一致的。① 罗田方言的先行体标记"着"同赣方言一样是唐代以来句末语气词的"着"的遗留用法，而普通话中保留了持续意义的"着"，表示先行义的句末语气词"着"消失了。因

---

① 高福生：《〈金瓶梅〉里的句尾"着"》，《江西教育学院学报》1991年第2期。

而罗田方言"V－冇－（V）着?"式正反问具有普通话所没有的言外之意。

（三）"V－冇－VP?"与"V－不－VP?"式异同

如上文所述，"V－冇－VP?"式主要用在曾然体、经验体中；"V－不－VP?"主要用在未然体中，询问恒久性的情况或者是询问意愿和能力。但在具体各类格式中"V－冇－VP?"式与"V－不－VP?"的使用有同有异，我们看表2－1：

表2－2　　　"V－冇－VP?"与"V－不－VP?"式的使用异同

V－冇－VP?		V－不－VP?	
格式	例句	格式	例句
V－冇－V	你去冇去?	V－不－V	你去不去?
V－冇－VO	坐冇坐车回去	V－不－VO	坐不坐车回去?
A－冇－AB	拿冇拿去?	A－不－AB	拿不拿去?
		M 不－MVP	能不能早点走啊?
		V－不－V 得	这茶我喝不喝得?
		V－不－V 得了	睡不睡得了三个人?
		V－不－V 得倒	赚不赚得倒钱
		V－不－V 得－补语	爬不爬得上去
		V 得－A－不－A	他跑得快不快
介词正反问	你在冇在屋里喫饭?	介词正反问	你在不在屋里喫饭?
副词正反问	多冇多炒点菜?	副词正反问	多不多炒点菜?
		是 不 是 （在） V （倒）P 在	你是不是在听倒在?
		要不要得	你这样儿地做要不要得?
V－冇－V 倒	他看冇看倒?	V－不－V 倒	他看不看倒?
有冇有－NP	有冇有酒?		
V－冇－（V）着	他来冇（来）着?		

从表2－2对比我们可以看出，在罗田方言里"V－Neg－VP?"式中两大类"V－冇－VP?"与"V－不－VP?"具有以下特征：

1."V－Neg－VP?"式基本格式"V－Neg－V""V－Neg－VO"

"A – Neg – AB"式以及介词正反问、副词正反问中，"冇"类、"不"类都是对立存在的，"冇"类用在曾然体或经验体中，"不"类用在未然体中，二者格式一致，只是使用的时体不同，在不同的体貌中呈对立互补分布状态。

2. "不"类可以用在能愿动词结构"M 不 – MVP"和带"得"的动补结构中，"冇"类不能。这是因为能愿动词结构"M 不 – MVP"和带"得"的动补结构都是询问个人能力和意愿的，"不"类可以询问个人能力和意愿这种恒久态的事物，所以能使用此类结构，"冇"类则不能。

3. "不"类可以用在"是不是（在）V（倒）P 在"问句中用来询问正在进行的动作，"冇"类不能；"冇"类可以用在"有冇有 – NP"问句中用来询问事物的存在与否，"不"类则不能。这是因为"不"与"冇"的语义特征在罗田方言里不同，"不"能和"是"搭配使用构成"是不是"，但"冇"不能与"是"搭配构成"是冇是"这类格式，具体原因上文已详述，此处不赘。

4. "冇"类可以用在"V – 冇 –（V）着"正反问句中，"不"类则不能。这是因为"V – 冇 –（V）着"句式中的"着"是先行体标记，询问的是是否已经发生过了动作行为或者性状，这与"冇"类正反问的"曾然体"要求吻合，而与"不"类正反问的"未然体"的要求是矛盾的，因而"冇"类可以用在"V – 冇 –（V）着"正反问句中，"不"类则不能。

二　罗田方言"VP – Neg – VP？"式的历史层次

（一）"VP – Neg – VP？"式正反问的历史发展

"VP – Neg – VP？"式正反问目前所见最早的用例出现在云梦《睡虎地秦墓竹简》中，朱德熙先生（1991）据此认为时代可以确定为秦代或战国末期。秦简共有反复问句 36 例，其中"VP – Neg – VP？"式多达 30 例，"VP – Neg？"式只有 6 例。[①] 不仅用例较多，形式也很丰富。如：

---

① 刘开骅：《唐以前的 VP – Neg – VP 式反复问句》，《古汉语研究》2008 年第 2 期。

（123）今盗盗甲衣，买（卖），以买布衣而得，<u>当以衣及布畀不当</u>？当以布及其它所买畀甲，衣不当。（《睡虎地秦墓竹简·法律答问》）

（124）吏从事于官府，<u>当坐伍人不当</u>？不当。（同上）

（125）"辞者辞廷。"今郡守为廷不为？为殹(也)。（同上）

（126）智人通钱而为臧，其主已取钱，人后告臧者，臧者<u>论不论</u>？不论论。（同上）

（127）丞某告某乡主："某里五大夫乙家吏甲诣乙妾丙，曰：'乙令甲谒黥劓丙。'"其问<u>如言不然</u>？（《睡虎地秦墓竹简·封诊式·黥妾》）

秦简中出现最多的正反问句式是"当……不当"。例（123）肯定项为"助动词+动词"，否定项为"不+助动词"，即"AV不A"，在秦简中最多，共19例；例（124）肯定项为"助动词+动宾短语"，否定项为"不+助动词"，即"AVO不A"，共6例；例（125）肯定项为动宾短语，否定项为"不+动词"，即"VO不V"，只有3例；例（126）肯定项为动词，否定项为"不"加动词，即"V不V"，只1例；例（127）较为特殊，否定项为"不然"，以"然"复指前面的肯定项，也唯见1例。

很长一段时间，学界一直认为"VP－Neg－VP"式唐代才产生，可《睡虎地秦墓竹简》的出土，将时间提前了至少1000多年，朱德熙（1991）感叹："奇怪的是秦简以后这种句式突然在文献中消失，在长达千年的时间里，连一点痕迹也看不到。"① 为此，引起学界广泛的讨论，张敏（1990）认为这反映当时的一种西北方言；宋金兰（1995）强调这些句子的使用偶发因素和个人色彩，认为"秦简中的'V不V'很可能是作者为了表达法律条文的特殊需要，而临时省略了反复选择问句中的连词和语气词。换言之，它是在特殊语境中出现的一种省略句，而不是具有规范意义的、独立的疑问句式。因此，秦简中的'V不V'属于一种个别言语行为，而不是当时具有普遍性的语言现象"② 。何亚南（2001）则认为"力求精确或不嫌繁复的情况下，'VP不VP'被采

---

① 朱德熙：《"V－neg－VO"与"VO－neg－V"两种反复问句在汉语方言里的分布》，《中国语文》1991年第5期。

② 宋金兰：《汉藏语是非问句语法形式的历史演变》，《民族语文》1995年第1期。

用也是可能的"。我们认为这一解说是有道理的。事实上，在《睡虎地秦墓竹简》之后到唐之前这一千多年，合格的"VP－Neg－VP"式正反问句也并没有绝迹。以下例（128）—（131）为朱庆之（1992）揭举，例（132）为何亚南（2001）揭举，例（133）为俞理明（2001）揭举：

（128）问："坐与行为同，不同？"报："有时同，有时不同。"（《安般守意经》）

（129）比丘覆藏罪索别住，行至半，复语比丘言："长老，我更有僧伽婆尸沙。"比丘问言："是本罪中间罪？"答言："是本罪。"复问："覆不覆？"答言："覆。"（《摩诃僧祇律》）

（130）闻者生疑："唯尔不尔？"沉吟而住。（《摩诃僧祇律》）

（131）某求我女若姊妹，是人为好不好？应与不应与？（《十诵律》）

（132）当说何等法耶？得不得乎？（《道行般若经》）

（133）"今人当学为善不当邪？""当力学为善。"（《太平经》卷四九）

例（128）"为同不同"、例（131）"为好不好"、例（133）"当学为善不当邪"中使用选择问句常用联系词"为"，因而带有选择问句的痕迹。例（129）"覆不覆"、（130）"尔不尔"、（132）"得不得"应该是当时比较成熟的正反问句。刘开骅（2008）考察唐以前的正反问句，归纳正反问句主要有四种形式："AV 不 AV""V 不 V""VO 不 VO""VO 不 V"。他认为：《睡虎地秦墓竹简》之后至唐以前这一时期的"VP 不 VP"式反复问句仍然有生命力，它的发展也并未中断，只是因为"VP－Neg"式始终处于强势地位，用例甚多，"VP－Neg－VP？"式则处于相对弱势地位，一直得不到大量使用。我们认为刘开骅很好地解释了朱德熙先生的疑惑，正如他所言，"VP－Neg－VP"式应该在先秦已经产生，但其扩展和传播因受到"VP－Neg"式强势地位的影响，一直没能充分显现出来。

另外，在魏晋南北朝时期，"VP－Neg－VP"式中否定词也有少数由"未""无"构成，形成了"VP－未－VP""VP－无－VP"式。如：

（134）年已满二十未年满二十？（［南朝·陈］真谛译《佛阿毗昙经出家相品》卷下）

（135）问："犯毗尼罪，作无作耶？"答："犯罪。"（［南朝·宋］僧伽跋摩译《萨婆多部毗尼摩得勒伽》卷一）

在唐宋时期，"VP－Neg－VP？"式正反句问继续快速发展，可见于诗歌、《敦煌变文》、《禅宗语录》等多种文献中。

（136）相思深不深？（《王右承集·赠裴迪》）

（137）宣城太守知不知？一丈毯，千两丝。（《白居易·红线毯》）

（138）法师即将少许偈赞，化人无罪过。已下便即讲经，大众听不听？能不能？愿不愿？（《敦煌变文·佛说阿弥陀经讲经文（二）》）

（139）诸上座在数不在数？（《祖堂集》）

（140）问你有冲天之气，是不是？（《祖堂集》）

（141）曰："必竟是曾学未学？"（《朱子语类·论语三·学而篇中》卷二十一）

（142）寓录云："不知此处是已发未发？"（《朱子语类·中庸一》卷六十二）

如以上诸例，此期充当"VP－Neg－VP"式的谓语动词可以是形容词、动词、助动词、能愿动词、判断动词等，刘子瑜（1998）指出：唐五代已有"V 不 V""VO 不 VO""VO 不 V""V 不 VO""A 不 A"等正反问形式。据刘子瑜（1994）考察《敦煌变文》中的正反问句，其中"VP－Neg？"107 例，"VP－Neg－VP？"33 例，说明晚唐五代时期，"VP－Neg？"依然是正反问句的主要形式。宋代以后，否定副词"不曾"开始进入"VP－Neg－VP？"式正反问，此期"VP－Neg－VP？"式正反问继续发展。

到了元明之际，"VP－Neg－VP？"式已成为正反问的基本形式之一。据李书超（2013）研究，《全元曲》"VP－Neg－VP"式正反问有84 例，而"VP－Neg"式仅有 25 例。如：

（143）我不问你别的，这药死公公，是你不是？（关汉卿《感天动地窦娥冤》第四折）

（144）事体若何？肯不肯？（《琵琶记》）

（145）（丑）你去也不曾去？（净）我推心痛不肯去。（徐田臣《杀狗记》第三十四出）

（146）（唱）元帅你那虎筋绦你勒来也那不曾勒？（孙坚云）我系

着来。(郑光祖《虎牢关三战吕布》第三折)

如以上诸例,这时期"VP‐Neg‐VP"式正反问的否定词主要由"不曾""不"来构成,且以"V‐不‐V?""VO‐不‐VO?"式居多。

到了明清时期,"VP‐Neg‐VP?"式正反问非常活跃,成为此期的主流格式。据李焱(2003)研究,《醒世姻缘传》中的"VP‐Neg‐VP?"式正反问根据否定词的不同分为两种格式:

一是"VP(呀)不VP?",如:

(147)小玉兰等得龙氏住了喉咙,问道:"怎么样着?<u>去呀不去</u>?"(第六十回)

(148)杨太医……说道:"这等齐整,那珍哥落得受用,不知也<u>还想我老杨不想</u>?"(第二回)

(149)晁大舍回进宅内,珍哥迎着坐下,问道:"星士替你算的命<u>准不准</u>?"(第四回)

(150)也该自己想度一想度,这个担子,你揣量<u>担得起担不起</u>?(第十六回)

二是"VP没(有)VP",如:

(151)狄周媳妇问说:"你见你姑夫的贵子来没?没够多大?<u>有毛没毛</u>?"(第四十五回)

(152)你知道<u>有孩子没有孩子</u>?(第五十六回)

(153)问说:"<u>做中了饭没做</u>?中了拿来吃。"(第四十回)

李炎先生经过考察,认为"VP没VP"这种结构相对于"VP不VP"来说,数量较少,但是与"VP不VP"有着不同的特点:当"没"作否定副词时,可以与表示过去时间范畴的语法成分共存。这与罗田方言的"VP冇VP"表示曾然体是一致的。傅惠钧(2004)考察得出:早期白话多用"没"、明中叶后便主要用"没有"了。因而,可推测现代汉语此式句末用"没有"的格局在明代就已形成了。

据祝敏彻(1995)、傅惠钧(2010、2004)、李书超(2013)研究,清代"VP‐Neg‐VP?"式有以下几个新特点:

一是"是不是"类形式发展更丰富。"是不是NP?"式在元杂剧中已见用例,明清时期使用较为普遍,尤其是白话小说中,"是不是VP?"式这一形式在清代使用开来。如:

（154）那树林子里一遍瓦房，是不是张家湾么？（《华音启蒙谚解》）

（155）到底被里的是不是她呢？（《孽海花》第四回）

（156）是不是来了？（《济公全传》第一四一回）

（157）是不是不叫进去？（《济公全传》第六十三回）

例（154）、（155）为"是不是NP"，例（156）、（157）为"是不是VP"。

二是"有无"类正反问句在清代很常见。"有无NP？"正反问在此期使用频繁，"有无VP？"中的"VP"带有指称性。如：

（158）这人有无家属？（《官场现形记》第五十七回）

（159）凤姐近来有无出入？（《绣鞋记》第十七回）

（160）宫中有无畜养？（《野史曝言》第一百零六回）

（161）一早开城时，有无此等人出城？（《荡寇志》第七十五回）

（162）又传了左右郁铺户，问起蒋琪官平日有无凌虐学徒？（《红楼真梦》第二十五回）

（163）泰山处有无魏老密信？（《荡寇志》第一百一十回）

例（158）、（163）为"有无NP"，例（159）—（162）为"有无VP"，"VP"都具有指称性。

三是"有没有"类正反问句出现于清代。"有没有NP？"正反问在此期常被使用，"有没有VP？"在此期尚处于萌芽状态，极少使用，偶见用例，到民国初年用例就明显增多。如：

（164）说是等着贵国人再来的时候儿，教我咳要买两幅呢，不定有没有那样的么？（《华音启蒙谚解》）

（165）现在二关内并四面隘道山谷，再有没有这样漏洞？（《荡寇志》第一百二十二回）

（166）不知狄青有没有被搜查捕捉？（《狄青演义》）

（167）劳动者把工厂、矿山弄到手的时候，有没有做出各种错误呢？（《先驱》）

（168）有没有想像天空是一个陆地？（《民俗》第1期）

例（164）、（165）为"有没有NP"，例（166）—（168）为"有没有VP"，其中例（167）、（168）为民国初年的例子。

　　四是动补结构的肯否定重叠式正反问，其结构特点是否定词不出现在后项 VP 之前，而是出现在中间，形成"V 得 V 不（得）"结构，这类表示可能、可以、允许的结构在宋时已经出现，《古尊宿语录》中就有用例，但直到明代还不多见，到了清代却大量出现，特别是《儿女英雄传》中，仅这类格式就达到了 18 例。如：

　　（169）绍闻道："你看你那说话的样儿，叫人受的受不的?"（《歧路灯》第八十回）

　　（170）余大先生道："我们那边也极喜讲究的迁葬。少卿，这事行得行不得?"（《儒林外史》第四十四回）

　　（171）送五十斤牛肉在这里与我，却是受得受不得?（《儒林外史》第四回）

　　（172）还不知道这东西我使的着使不着?（《儿女英雄传》第三十二回）

　　（173）你知道芹儿照管得来照管不来?（《红楼梦》第九十三回）

　　例（172）、（173）中"得（的）"省略了。

　　四是状中结构的肯否定重叠式正反问，如：

　　(174) 老爷说可乐不可乐?（《儿女英雄传》第四十回）

　　(175) 这主意可行不可行?（《英雄传》第三十三回）

　　(176) 只就这林四娘这一节，众位听了，可美不可美?（《红楼梦》第七十八回）

　　（177）相主事道："……可不知怎么个人儿，好相处不好?"（《醒世姻缘传》第八十五回）

　　状中结构省略形式往往采取右省式，如例（177），这与动宾结构正反问句的省略方式是一致的。

　　宋艳欣（2018）通过对语料库的历史文献检阅，认为汉语中"VP－Neg－VP"式正反问应始于秦代，发展于唐代，蓄势于宋金，繁盛于元明清，起初见于口语，后有侵入书面语的现象。这与我们的梳理不谋而合。

　　据刘倩（2018）研究，北京话 1911 年开始零星出现前删式"A－Neg－AB"；20 世纪 40 年代，前删式"A－Neg－AB"在老舍作品中大量出现；20 世纪 90 年代开始，前删式"A－Neg－AB"的使用频率大幅超过后删式"AB – Neg – A",成为反复问格式的主要形式。刘文调查,当代北京话中,"A – Neg – AB"式的使用频率高于"AB – Neg – A"式;"AB – Neg – A"式在中老年群体中使用较多,而多数年轻人很少或基本不使用;更多年轻人会使用有词内删除的前删式(例如"喜不喜欢他"),只有少数中老年人使用这样的表达。[①] 她认为这种形势的发展是受南方方言的影响。

(二) 罗田方言"VP – Neg – VP"式正反问的历史层次

如上文所述,汉语中"V – 不 – VP?"自先秦《睡虎地秦墓竹简》就已经产生,在唐宋之前比较口语化的汉译佛经中偶见使用,唐宋之后发展迅速,元明之际成为正反问句的基本形式,明清成为主流形式;表示曾然体的"VP – Neg – VP"式的变式"VP – 未 – VP""VP – 无 – VP"在魏晋时期也偶见使用,唐宋时期,"不曾"代替"未""无"进入了"VP – Neg – VP"式,这种格式一直延续到元明之际,到了明清,"没""没有"代替了"不曾"进入了"VP – Neg – VP"格式,用于曾然体的正反询问中。

罗田方言的"VP – Neg – VP"式主要有"V – 不 – VP?"与"V – 冇 – VP?",这两类正反问句式及其变式有"V – 不 – V"、"V – 不 – VO"、"A – 不 – AB"、"M 不 – MVP"、动补结构正反问、是不是(在)V(倒)P(在)、"V – 冇 – V"、"V – 冇 – VO"、"A – 冇 – AB"、"V – 冇 – V 倒"、"有冇有 – NP"、"V – 冇 – (V) 着"等。罗田方言这一共时平面各种"VP – Neg – VP"式疑问句同一语法功能的叠现,往往反映了历时平面语法演变的层级。"V – 不 – VP?"式源于先秦就产生的"V – 不 – VP?"古汉语保留近现代汉语的形式,其中"V – 不 – V""V – 不 – VO"式源于较古的先秦就产生的"VP – Neg – VP"式,"A – 不 – AB""M 不 – MVP"源于中古汉译佛经中的"VP – Neg – VP"式。罗田方言动补结构正反问"V – 不 – V 得"来自清代动补式肯否重叠问"V 得 V 不得"式,只是,方言口语语法创造性很大,给老百姓留下了广阔的创造空间,共同语中"V 得 V 不得"式正反问在罗田

---

① 刘倩:《北京话反复问格式的历时变化》,载北京大学汉语语言学研究中心《语言学论丛》编委会《语言学论丛》第 58 辑,商务印书馆 2018 年版,第 223—244 页。

方言中演变为更加省力、口语化的"V－不－V得"式。"V－冇－VP?"式源于魏晋南北朝时期"VP－未－VP""VP－无－VP"式，"冇"源于"无"，其意义相当于表示曾然体和经验体的"未""无"。因现在所掌握的资料匮乏，"V－冇－VP?"式各具体变式来源的历史层次的确切时间难以确定，但可以根据"冇"产生的时间以及"V－不－VP?"式的发展以及类推作用，推测出：罗田方言"V－冇－V""V－冇－VO"式大约产生于唐宋时期，然后一直发展到现在；"冇"类副词正反问受"不"类副词正反问的类推影响，也是源自近代汉语；"有冇有－NP"源于清代经常使用的"有无有NP"式正反问，清代后期萌发的较浅层次"有没有VP"式还未在罗田方言里留下印迹。

不同的方言有自己的个性，其发展可能是不平衡的。罗田方言的"VP－Neg－VP"式正反问就是历史的发展和现实的活语言交汇在一起，其中不同的变式反映了不同的时代层次。

第四节 罗田方言的"VV（O）"式正反问*

朱德熙（1991）认为：在有"V－neg－VO"型的方言里，"V－neg－VO"经常紧缩成"VV（O）"。之后，汉语方言中关于重叠式反复问句现象出现了一些报道，值得注意的是，郭攀（2003）介绍了浠水方言中的叠合式反复问，但从他所举的实例来看，这种重叠式反复问句仅限补语位置的"VVC"式。江蓝生（2007）据此认为"浠水方言的重叠式反复问只能用在VP＝VC的句子中"。^① 不确。

浠水与罗田紧邻，其方言同属江淮官话黄孝片，两地居民交流毫无障碍，不仔细分辨以为是同乡。笔者故乡为罗田县骆驼坳镇三港乡罗河湾村，地处浠水与罗田交界之处，因而熟悉两地语言。通过对罗田方言中正反重叠疑问的话语材料长期观察、分析，我们发现除了郭攀先生所言"VVC"式外，该地方言也可以在句子的谓语、状语、附加语等部分形成重叠式的反复问句。

＊ 本节内容以《湖北罗田方言的重叠式反复问句》发表于《中国语言文学研究》2021 年春之卷。

① 江蓝生：《同谓双小句的省略与句法创新》，《中国语文》2007 年第 6 期。

　　"X 不 X"如果作主语或者定语，只是把肯定或否定两种可能性作为一种话题或情况客观地反映出来，并不承载任何疑问信息，不算是反复问句，而作宾语的重叠式反复问在罗田方言中甚少。因而下文我们将分谓语部分、状语部分、补语部分分别对罗田方言里的重叠式反复问进行描写。

一　状语部分的重叠式反复问句

　　在状语部分中，AA 和 AAB 式反复问形式，主要是由一部分单音节和多音节介词、副词、能愿动词组成，由这几类词构成的反复问句的形式数量不是很多，我们尽量穷尽列举。

　　1. 用于这一问句中的介词主要有"给、在、跟、从、由、到、用、拿、对、按、把、连、替、归、和、同、让、叫、为、依、通过、按照"等。例如：

　　你跟跟他说你跟不跟他说？ | 你连连我也不告诉这件事不告诉别人，包不包括我？ | 你叫叫他打你让不让他打？

　　你在在屋里住你在不在屋里住？ | 你替替他卖命你替不替他卖命？ | 你为为他去你为不为了他去？

　　这片儿归归他管这个地方归不归他管？ | 按按照法律来办事按不按照法律来办事？ | 你通通过他来帮忙你通不通过他来帮忙？

　　前七例是单音节构成的 AA 式，后两例是双音节构成的 AAB 式。都能进入"AA"和"AAB"式的介词一般是由同形的动词虚化而来，它们的动词特征还没完全消失，动作意味还留存，如"跟、在、到、叫、比、靠、用、按照、通过"等词。"于、自"等纯介词就不能进入此类格式。

　　2. 用于这一问句中的副词有"都、只、再、净、就、难、有点儿、仔细、勉强、确实、硬、真的、坦白、一起、一齐、一律、现在、按时、正、将要、就要、马上、立刻、按时、曾经、还、才、事先、总是、经常、赶急、重新、亲自、大力、当真、稍微、略微、有点、过于"等。例如：

　　你再再来你再不再来？ | 你嗟几个都都到他屋去你们几个都不都到他家去？ | 你就就走你现在走还是不现在走？ | 这事有有点儿烦人这事有不有点儿麻烦人？ | 他

仔仔细做事他做事仔不仔细？｜你勉勉强跟他一路你跟他一路走勉不勉强？｜一一起走一不一起走？这作业重重新做这作业重不重新做？｜你赶赶急走你着不着急走？｜这衣裳过过于扎眼这衣服是不是太扎眼？

一般而言，表范围、时间、程度、情态、方式、频率的副词在状语部分能组成 AA 式和 AAB 式反复问形式。

3. 用于这类问句中的能愿动词有"能、想、得是幸亏、要、准、会、肯、敢、愿、能够、可能、可以、情愿、愿意、乐意、值得、应当、应该"等。例如：

能能能不能不干这种丢人的事？｜你现在愿愿意愿不愿意走？｜你会会会不会打他？｜他肯肯肯不肯借钱你？｜敢敢敢不敢再顶嘴？｜得得是早点走是不是幸亏早点走？｜你能能够能不能够玩会儿再走？｜他值值得值不值得你爱呀？｜你情情愿情不情愿这样做？｜他可可能可不可能不要你？

以上诸例都是由能愿动词组成的"X 不 X"式，该构式脱落否定副词"不"而形成反复叠问式，询问动作行为的可能性、必要性。

二　谓语部分的重叠式反复问句

1. 动词、形容词在谓语部分容易构成 AA、AAB 式反复问。如：

我刚摸了粉儿，脸白白脸白不白？｜这个人坏坏这个人坏不坏？｜我要走了，你走走你走不走？｜正昼今天没人在屋的，你一个儿怕怕你一个儿怕不怕？｜玫瑰漂漂亮玫瑰漂不漂亮？｜这男人大大方这男人大不大方？｜把女儿一个儿放屋的，你担担心你担不担心？｜这多人陪你玩，你高高兴你高不高兴？

前五例是省略掉否定副词"不"后，单音节谓语构成的"AA"式反复问；后四例是省掉否定副词"不"后，双音节谓语构成的"AAB"式反复问。

2. 一部分带有评价性的双音节名词也可以在谓语部分形成"AAB"式反复问。如：

他光光棍他是不是光棍？｜你混混蛋你是不是混蛋？还敢要钱。｜滑滑头是不是滑头？明明明白白借我 10 块钱还我 5 块。｜这样做的话，他傻傻瓜他是不是傻瓜？｜他女女人气他是不是女人气？

这些评价性名词大多含有贬义，最重要的是它们既有体词性特征，也有谓词性特征。

3. 一部分形补短语也可以在谓语部分形成 AAB 式的反复问。如：

把他的猪系在我屋的窗子上，你说他拐拐死了你认为他是不是很坏？｜晓得你儿回来了，你喜喜死了你是不是高兴死了？｜饭熟熟透了饭有没有煮得全熟？

4. 动宾短语在谓语部分大部分也能形成 AAB 式反复问。如：

你这爱他，他爱爱你啊他爱不爱你啊？｜消息下来了，通通知你呢通不通知你呢？｜这包是是你的这包是不是你的？｜明昼你回回屋的明天你回不回家？｜我伢儿在学校团团结同学我孩子在学校团不团结同学？｜你屋的有有酒你家有没有酒？

5. 动补短语 "V – 不 – V 倒?" 在谓语部分也能形成 "VV 倒" 式反复问。如：

你伢儿都毕业了吧，赚赚倒钱会不会赚钱？｜我看你从细时候小时候长大，你记记倒我你记不记得我？｜你开开倒车你会不会开车？开倒车的话开我的车回去。｜你打打倒麻将你会不会打麻将？我这儿少一个角人。｜这个题好难，你做做倒你会不会做？｜你总爱把这个跟那个比，你赶赶倒别个吵你比不比上人家？

"倒" 是助动词，用在动词后，表示动作行为达到目的或有了结果。

三　补语部分的重叠式反复问句

在补语部分表示状态的动补结构中，主要由性质形容词构成 AA、AAB 式的反复问；在补语部分表示能性的动补结构中，有两种表达方式，即是谓语部分肯否定重叠和省略掉 "得 + 补语" 构成 "VV – 不 – 补语?" 的叠合式反复问；在附加式重叠反复问中，是通过省略否定副词 "不" 来形成反复重叠问。由这几类补语部分构成的重叠式反复问句形式较特殊，使用频率也较高。

1. 部分表示状态的动补结构中，在补语部分主要由性质形容词构成 AA、AAB 式的反复问。如：

他跑得快快他跑得快不快？跑得快的话就去参加比赛。｜我今天在屋里搞了一天的卫生，你瞄下儿看一会儿，到处搞得干干净到处搞得干不干净？｜我帮你女儿化了一个妆，你看打扮得漂漂亮你看打扮得漂不漂亮？

罗田方言里这类重叠式反复问结构不是很稳定，不是所有补语部分的性质形容词都能构成 AA、AAB 式的反复问。如：

　　＊麦子长得好好？｜＊我说得对对？｜＊眼睛哭得红红？

　　2. 表示能性的动补结构中，罗田方言重叠式反复问句有两种表达方式。

　　一种是谓语部分肯定否定重叠。表示能性的动补结构的反复问句在普通话中的标准形式是"V－不－V 得－补语"，罗田方言既可以采用和普通话中相同的形式，也可以省略掉否定副词"不"形成"VV－得－补语"表达方式。如：

　　裤子脚上的泥巴迹儿洗不洗得干净？→裤子脚上的泥巴迹儿洗洗得干净？

　　你这重，爬不爬得上去？→你这重，爬爬得上去？

　　这作业你明天交不交得出来？→这作业你明天交交得出来？

　　这老远，你看不看得清楚他？→这老远，你看看得清楚他？

　　这难的题你做不做得出来？→这难的题你做做得出来？

　　另一种是表示能性动补结构反复问在普通话中的完式，应是并列该结构的肯定式和否定式，即"V 得－补语－V 不－补语"①，如"洗得干净洗不干净""爬得上去爬不上去"等。罗田方言里，还可以采用一种较为特殊的表达形式，就是省略掉"得＋补语"构成"VV－不－补语"叠合式反复问。郭攀（2003）考察湖北浠水方言中的叠合式正反问就是这种形式，罗田方言里也有此种用法。如：

　　三大缸子水，你喝喝不完你喝得完喝不完？｜他嗟他们一群人，你打打不过你打得过打不过？｜买这个贵车你出出不起钱买这个贵车你出得起出不起钱？｜跟他打牌，你玩玩不过他你玩得过玩不过他？｜你嘴笨得要死，你说说不赢他你说得赢说不赢他？

　　有时候，甚至连"不"都省略掉，构成"VV－补语？"叠合式反复问，意思不变。如：

　　三大缸子水，你喝喝完你喝得完喝不完？｜他嗟他们一群人，你打打过你打得过打不过？｜买这个贵车你出出起钱买这个贵车你出得起出不起钱？｜跟他打牌，你玩玩过他你玩得过玩不过他？｜你嘴笨得要死，你说说赢他你说得赢说不赢他？

　　一般的单音节行为动词都可进入叠合式反复问，如"玩、说、跑、

---

　　①　朱德熙：《语法讲义》，商务印书馆 2002 年版，第 132—134、203 页。

跳、打、笑、骂、写、讲、吃、喝、收、割、捆、挑"等。从后面三例可以看出，"VV 不 - 补语"后还可出现动词的宾语"钱""他"。

从以上诸例可以看出，罗田方言表示能性的动补结构的正反询问句，一般不会采用普通话标准的"V - 不 - V 得 - 补语?"和"V 得 - 补语 - V 不 - 补语"式，而是采用更加简省的"VV 得 - 补语?"或者"VV - (不) - 补语?"重叠式反复问，这样更省力、快捷。

3. 附加式反复重叠问

邵敬敏（1996）论述了"X 不 X"附加问，这种附加问是附在某个句子后面有特殊交际功能的疑问句。附加式反复重叠问有对前面主句进行补充说明的作用，因而放在补语部分。在罗田方言里，这种附加式反复问，也可以通过省略否定副词"不"来形成附加式反复重叠。如：

他正昼今天回家了，是是啊是不是啊? | 客人没开始吃不能动筷子，懂懂啊懂不懂啊? | 跟你借点钱，肯肯啊肯不肯啊? | 这样做，要要得要不要得? | 我嗟我们走，可可以可不可以?

罗田话中省略了否定副词附加式反复重叠问，一般都形成 AAB 式，如果是单音节的，一般会在重叠式后附加上语气词"啊"，这样语气缓和，态度诚恳。

四 讨论

1. 许卫东（2005）研究山东招远话中的重叠式反复问，指出：招远人进行正反问时，把焦点直接指向了所要发问的对象，这体现了语言运用的主观化原则。其实，罗田人在用重叠式反复询问时，也一样将焦点指向了反复问句中的"重叠"部分，例如："能能不干这种丢人的事?"罗田人就是把"干这种丢人的事"的能性作为直接发问的对象来进行反复询问。"你都都买了?"则把范围副词"都"看作疑问的焦点而进行反复询问，这也无疑扩大了罗田话中可进行反复问的词类，语用效果也更为直接、独到。

2. 刘丹青（2008）检视数百种具有重叠问的汉语方言，总结以下三点：

一是单音词 A 的重叠问句总是 AA 式，来自"A - Neg - A"中否定词 Neg 的脱落，这些方言多同时存在"A - Neg - A"问句，一般不如

AA 式问句常用。

二是双音节 AB 的重叠问形式总是 AAB 式，理论上也应存在的 AB-AB 式完全阙如。这些地区如（绍兴、连城的）方言多同时存在"A – Neg – AB"问句，这应该是 AAB 式的直接来源；但有些方言也存在"AB – Neg – AB"问句，却没有相应的 ABAB 式问句。

三是有不少有重叠问的方言存在的特定变调模式，变调总是发生在前一个 A 上，其中有些地区（如连城）的方言可以明显看出是否定词的调值加在了前一个 A 上。

罗田方言重叠反复问既有单音节的 AA 式，也有双音节的 AAB 式，前者是来自"A – 不 – A"中否定词的脱离，后者是"A – 不 – AB"中否定词的脱落。罗田方言与江苏淮阴方言（李文浩，2009）一样都是否定词直接省略掉了，否定词前后的音节在读音上不受影响，"其语法创新要比于都、连城等客家话要高"①。

罗田方言同时存在"VP – Neg""V – Neg – VP"和"AA（B）"式重叠问，其中以前两种最为常见，AA（B）式重叠问只是一种辅助性反复问，是说话人语速较快造成了"不"的脱落。因此，这种结构还不是特别稳定，如罗田方言中不是所有补语部分的性质形容词都能构成 AA、AAB 式的反复问。

但罗田方言"VV – 不 – 补语？"叠合式反复问，则是省略掉正问小句的补语"得 + 补语"，保留否定词形成了的重叠式反复问句。这又如何解释呢？刘丹青（2008）为解释反复问为什么能由成分脱落而形成重叠问的 4 点原则正好可以解决这个难题。

原则 1：词语的脱落不能以导致语义成分改变为代价。

原则 2：词语内部音节的脱落不能改变词的整一性和同一性。

原则 3：越是整体性凝固性强的构式其内部成分越容易脱落。

原则 4：脱落的优先序列，与该要素对构式语义理据性贡献的大小成反比。

原则 4（升级版）：经济原则是在一个结构内的作用顺序是成分的语义贡献由小到大。

---

①　江蓝生：《同谓双小句的省略与句法创新》，《中国语文》2007 年第 6 期。

据上，省略掉正问小句动词后的"得 + 补语"部分，在保持反复问句大框架的前提下，省去的部分不会妨碍语义表达，这符合原则 1 和 2；表示能性动补结构的反复问在普通话中的完式是"V 得 – 补语 – V 不 – 补语"，这是一种整体性凝固结构，但稍显烦琐，其内部成分容易脱落，这符合原则 3；从脱落的优先序列来看，省略掉的"得 + 补语"可以在反问小句中得到补偿，因为反问小句里出现了正句所脱落掉的补语，因而保留语义贡献度相对大的否定词，脱落重复使用的补语，减省掉格式中的羡余成分或准羡余成分，删轻留重，这符合原则 4。

3. 据胡乘玲（2018）研究，湖南东安方言存在用重叠表示祈使的现象，其构形形式与重叠式反复问句相同。她认为该类重叠式祈使句语气强烈，远超一般祈使句，至于与重叠式反复问句是否具有深层次的联系，还需进一步探讨。其实，罗田方言也一样存在用类似的重叠表示祈使的现象，如：你吵吵你不许吵！ | 你老老实你给我老实点！ | 你端端走你赶快给我端走！ | 你马上滚（的）你给我马上滚！ | 你把把窗子关倒（的）你快给我把窗户关上！ 这类重叠式祈使句一般用在威胁命令的语境中，如果听话人不按照发话人的意图执行，将要承担严重的后果，如"你吵吵！"，听话人如果继续吵闹，不是挨骂就是挨揍，反正是没有好果子吃。

该类重叠式祈使句的构形与重叠式反复问相同，在罗田方言中如果用在和缓的语态中一样可以表示重叠式反复问，如：你吵吵你吵不吵？ | 你老老实你老不老实？ | 你端端走你端不端走？ | 你马马上滚（的）你马不马上滚！ | 你把把窗子关倒（的）你把不把窗户关上！

因此，笔者认为，该类重叠式祈使句表示强烈的命令、提醒、威胁的祈使义语用功能是特殊的语境赋予的，其实质上就是重叠式反复问的变式。

4. 罗田方言的"V – Neg – V（O）"类反复问有"V – 不 – V（O）"和"V – 冇 – V（O）"两大类，但能省略掉否定副词形成"VV（O）"重叠式反复问只能是"不"类，"冇"类则否，这可能是因为否定副词"冇"隐含已然体的时态特征，省略了"冇"而形成的"VV（O）"式反复问与省略掉否定副词"不"而形成的"VV（O）"式反复问重合了，这样无论从形式上还是从语义特征上二者都没有区别，容易造成混淆，不符合语言表达的明晰性原则。

第五节　罗田方言是非选择问系统考察

前四节我们对罗田方言问句系统的是非问、正反问进行了细致、详细的静态描写，并对这两种问句的历时层次进行简要的考察，说明了其所处的历史层级，描绘了罗田方言是非选择问的完整面貌。下面我将这两种问句放置于是非选择问系统中，考察罗田方言问句系统的一些特点。必要时引进普通话、武汉方言（赵葵欣，2012）作为参照点进行比较。

一　罗田方言是非问与普通话的比较

一般认为，普通话的是非问有三种形式：语调型是非问、"吧"字是非问和"吗"字是非问。罗田方言的是非问句如前文所述有：语调型是非问，"哈"字问，"哟"字问和"啊"字问。其中语调型是非问语境依赖性很强，是一种不自由的问句，"啊"字是非问只能算是罗田方言语调型是非问的一个变体，"哈"字问句、"哟"字问句是地道的罗田方言语气词是非问，但从功能意义上却并不等同于普通话的"吗"字是非问或"吧"字是非问，且使用频率也不高。因此从形式类别来看，没有所谓典型意义的"吗"字是非问和"吧"字是非问，这是罗田方言的典型问句的系统特点；从功能上看，罗田方言的语调是非问与普通话中此类问句的功能基本相同，而"哈"字是非问，"哟"字是非问在功能上和普通话中的"吧"字问基本相同。如，下面是邵敬敏（1996：66）所举的"吧"字是非问句的例子：

（1）你衣服穿少了吧？（《曹禺选集》）

（2）你要搬走吧？（《老舍剧作选》）

（3）临走前，你总得有个介绍信吧？（《北京人》）

（4）这个好玩吧？（《曹禺选集》）

用罗田话来表达，应该是这样的：

（5）你衣服穿少了哈？

（6）你要搬走哈？

（7）临走前，你总得有个介绍信哟？

（8）这个好玩哟/哈？

可见，罗田方言的"哈"字是非问，"哓"字是非问与普通话中的"吧"字是非问在语义功能上有重合的地方，但并不是所有的普通话中的"吧"字是非问都能用"哈"字是非问来表达，如例（3）就不行。同理，也不是所有的普通话中的"吧"字是非问都能用"哓"字是非问来表达，如例（1）、（2），这与罗田方言里语气词"哓""哈"丰富的语义特征有关。例（3）在罗田话中换成"哈"字句，必须去掉探究语气副词"总得"，需转换成"你有个介绍信哈？"才说得通，因为"哈"在此是表示确认的语气副词，与探究语气副词"总得"不相容。例（1）、（2）句末语气词如果换成了"哓"字句就变成了陈述句：

（9）你衣服穿少了哓。

（10）你要搬走哓。

"哓"在此类句中含有确认事实，强调肯定的意思，同时暗含责备的意味，所以探究语气副词"吧"字换成"哓"字，也由是非问句转换成了陈述句。

因而，就是非选择系统来看，罗田方言的是非问形式很少，也只能表达低疑问程度的问句，真正高疑问度的问句罗田方言无法用是非问来表达，必须借助正反问。

二 罗田方言正反问与普通话、武汉话的比较

首先我们从使用的类型来看，罗田方言的正反问形式主要有三种类型："VP – Neg？"式、"VP – Neg – VP？"式和"VV（O）？"式。我们以罗田方言正反问的使用类型为基点与普通话、武汉话进行比较。

（一）"VP – Neg？"式

罗田方言里"VP – Neg？"式正反问主要有两种，分别是"VP – 不"与"VP – 冇"式。普通话中对应的是"VP – 不""VP – 没有"。"VP – 不"用在未然体中，"VP – 冇""VP – 没有"用在曾然体中。在这点上，普通话与罗田话基本相同，只是使用方言词语不同。而武汉话中一般不使用"VP – Neg"式这种格式进行询问。

（二）"VP – Neg – VP？"式

罗田方言里"VP – Neg – VP？"式，其变体主要有"V – Neg – V（O）"式这一种，在这点上，武汉话与罗田话相同，而普通话中却有

"VO – Neg – VO"、"VO – Neg – V"、"V – Neg – VO"这三种变体。它们之间的具体不同主要表现为以下五个方面：

1. 当句中谓语部分是动宾结构或双音节合成词时，罗田方言的正反问形式是"V – Neg – VO"或"A – Neg – AB"式，普通话则是"VO – Neg – VO"或"AB – Neg – AB"式，在这种话形式上普通话还有一个变体："VO – Neg – V"或"AB – Neg – A"式。在这点上，武汉话与罗田话相同。

2. 当句中谓语部分是动补短语时，罗田方言与普通话正反问形式上的差异更加明显。罗田方言中有 4 种谓语部分正反问"V – 不 – V 得"表达式和 1 种补语位置的正反问"V 得 – A – 不 – A"式，而普通话只有 1 种谓语部分正反问"V 得 – A – V – 不 – A"表达式与 1 种补语位置的正反问"V 得 – A – 不 – A"式。从功能上看，罗田方言"V – 不 – V 得"的疑问焦点在谓语动词上，询问可能性，"V 得 – A – 不 – A"的疑问焦点在补语上，询问结果或目的；普通话前者对应的是"V 得 – A – V – 不 – A"，后者对应的是"V 得 – A – 不 – A"。武汉与罗田话基本相同。具体情况如表 2 – 3。

表 2 – 3　　　　普通话、罗田话与武汉话正反问形式上的差异

普通话		罗田话		武汉话	
格式	例句	格式	例句	格式	例句
V 得 – A – V – 不 – A	这茶我喝得喝不得？	V – 不 – V 得	这茶我喝不喝得？	V – 不 – V 得	这茶我喝不喝得？
	睡得下睡不下三个人？	V – 不 – V 得了	睡不睡得了三个人？	V – 不 – V 得了	睡不睡得了三个人？
	赚得到赚不到钱？	V – 不 – V 得倒	赚不赚得倒钱？	V – 不 – V 得倒	赚不赚得倒钱？
	爬得上跑不上去？	V – 不 – V 得 – 补语	爬不爬得上去？	V – 不 – V 得 – 补语	爬不爬得上去？
V 得 – A – 不 – A	他跑得快不快？	V 得 – A – 不 – A	他跑得快不快？	V 得 – A – 不 – A	他跑得快不快？

3. 罗田方言谓语中表示能性的动补结构"V – 不 – V 得"正反问

句，因为与"能愿动词 + 动词性结构"同义，因此还能用能愿动词肯否定重叠构成"M – 不 – MVP"格式来提问，只是用能愿动词格式不如"V – 不 – V 得"格式地道、口语化，而在普通话中只能用能愿动词构成的"M – 不 – MVP"格式或者是比较烦琐的"V 得 – A – V – 不 – A"格式。在这点上，武汉话与罗田话相同。

4. 罗田方言正反问句还有在状语位置上的肯否定重叠（详见前文），这在普通话中是没有的。但即使在罗田方言里，能构成这种正反问句的副词并不多，只是一种语言类推的作用，不是一种成熟的正反问句。在这点上，武汉话与罗田话相同。

5. 罗田方言中使用"有冇有 – NP？"式，没有"有冇有 – VP？"式，普通话中有"有没有 – NP？"式，也使用"有没有 – VP？"式，武汉中使用"有冇得 – NP？"式，也使用"有冇 – VP？"式。在这点上武汉话与普通话相同，说明普通话与武汉话都受到了近代汉语北方话中同类格式的遗留以及现代闽粤方言句式的影响，而罗田话因处于偏远地带未受到较浅层次的近代汉语遗留格式与闽粤方言的影响，所以还未使用"有冇有 – VP？"式。

（三）"VV（O）"式

罗田方言重叠正反问既有单音节的 AA 式，也有双音节的 AAB 式，前者是来自罗田方言中"A – 不 – A"格式中否定词的脱离，后者是来自罗田方言"A – 不 – AB"格式中否定词的脱落。罗田方言另一特殊的重叠式正反问则是省略掉正问小句的补语，保留否定词形成了重叠式正反问句。这些是罗田方言比较独特表达方式，相比而言，普通话与武汉话都没有这类表达方式。

其次我们从使用频率来看，罗田方言使用频率最高的是"VP – Neg？"式，其次是"VP – Neg – VP？"式，再次是"VV（O）？"式；普通话使用频率最高的是"VP – Neg – VP？"式，其次是"VP – Neg？"式；武汉方言的主要表达形式是"VP – Neg – VP？"式，没有"VP – Neg？"式和"VV（O）？"式。

本章小结

通过对罗田方言是非选择疑问句语法特征的综合考察，我们大致可以归纳如下：

（一）罗田方言是非问句可分为两种，一种是语调型是非问，另一种是语气词是非问（"哈"字问句，"哕"字问句和"啊"字问句）。其中语调型是非问对语境的依赖性很强，是一种不自由的问句，"啊"字是非问只能算是罗田方言语气词型是非问的一个变体，"哈"字问句、"哕"字问句是地道的罗田方言语气词是非问，但从功能意义上却并不等同于普通话的"吗"字是非问和"吧"字问，且使用频率也不高。因此从形式类别来看，没有所谓典型意义的"吗"字是非问和"吧"字问，这是罗田方言问句系统的典型特点；从功能上看，罗田方言的语调是非问与普通话中的此类问句的功能基本相同，而"哈"字是非问，"哕"字是非问在功能上和普通话中的"吧"字问基本相同。就是非选择系统来看，罗田方言的是非问形式很少，并且只能表达低疑问程度的问句，真正高疑问度的问句，罗田方言无法用是非问来表达，必须借助正反问。

（二）罗田方言的正反问，首先从使用形式上看，主要有三种类型，分别是"VP – Neg?"式、"VP – Neg – VP?"式和"VV（O)?"式。

1. "VP – Neg?"式

A. "VP – Neg?"式主要有两种："VP – 不?""VP – 冇?"。二者是有区别的：第一，"VP 不?"与"VP 冇?"所询问的时体特征不同，前者询问的是未然的，后者询问的是已然的；第二，询问的主客观属性也不同，前者询问人的意愿、能力，是主观的，后者多从动作变化客观结果来考虑，是客观的；第三，询问的性状也不同，前者询问的是做某事的可能性、惯常性，是静态的，后者询问的是动作行为的实现或完成，是动态的；第四，询问动作变化的界限也不同，前者是无界的、连续量询问，后者是边界分明的客观描述。

B. 罗田方言中"VP – Neg（prt)?"从汉语正反问句历史发展的层次来看，应属于古汉语"VP – Neg?"式正反问发展的存续，同古汉语和近代汉语具有一脉相承的关系。

2. "VP – Neg – VP?"式

A. 罗田方言主要有"V – Neg – V（O)"式这一种，而普通话中却有"VO – Neg – VO""VO – Neg – V""V – Neg – VO"这三种变体。它

们之间的不同具体表现为以下五个方面：一是当句中谓语部分是动宾结构或双音节合成词时，罗田方言的正反问形式是"V – Neg – VO"或"A – Neg – AB"式，普通话则是"VO – Neg – VO"或"AB – Neg – AB"式，北京话在这种形式上还有一个变体："VO – Neg – V"或"AB – Neg – A"式。二是当句中谓语部分是动补短语时，罗田方言与普通话正反问形式上的差异更加明显。罗田方言中有 4 种谓语部分正反问"V – 不 – V 得"表达式和 1 种补语位置的正反问"V 得 – A – 不 – A"式，而普通话只有 1 种谓语部分正反问"V 得 – A – V – 不 – A"表达式与 1 种补语位置的正反问"V 得 – A – 不 – A"式。从功能上看，罗田方言"V – 不 – V 得"的疑问焦点在动词谓语上，询问可能性，"V 得 – A – 不 – A"的疑问焦点在补语上，询问结果或目的；普通话前者对应的是"V 得 – A – V – 不 – A"，后者对应的是"V 得 – A – 不 – A"。三是罗田方言谓语中表示能性的动补结构"V – 不 – V 得"正反问句，因为与"能愿动词 + 动词性结构"同义，还能用能愿动词肯否定重叠构成"M – 不 – MVP"格式来提问，只是用能愿动词格式不如"V – 不 – V 得"格式地道、口语化，而在北京话只能用能愿动词构成的"M – 不 – MVP"格式或者是比较烦琐的"V 得 – A – V – 不 – A"格式。四是罗田方言正反问句还有在状语位置上的肯否定重叠，这是北京话中所没有的。但即使在罗田方言里，能构成这种正反问句的副词也并不多，只是一种语言类推的作用，不是一种成熟的正反问句。五是罗田方言中使用"有冇有 – NP？"式，没有"有冇有 – VP？"式，普通话中有"有没有 – NP？"式，也使用"有没有 – VP？"式，武汉话中使用"有冇得 – NP？"式，也使用"有冇 – VP？"式。

  B. "V – 不 – VP？"式源于先秦就产生的"V – 不 – VP？"古汉语形式，这种形式一直保留到近现代汉语，其中"V – 不 – V""V – 不 – VO"式源自较古的先秦就产生"VP – Neg – VP"式，"A – 不 – AB""M 不 – MVP"源自中古汉译佛经中的"VP – Neg – VP"式；动补结构正反问"V – 不 – V 得"来自清代动补式肯否定重叠问"V 得 V 不得"式。"V – 冇 – VP？"式源于魏晋南北朝时期"VP – 未 – VP""VP – 无 – VP"式，据推测，罗田方言"V – 冇 – V""V – 冇 – VO"式大约产生于唐宋时期，一直发展到现在；"有冇有 – NP"源于清代经常使用的"有无有 NP"式正反问，清代后期萌发的较浅层次的"有没有 VP"式还未在罗田方言里留下印迹。

3. "VV（O）"式

罗田方言重叠正反问既有单音节 AA 式，也有双音节 AAB 式，二者分别来自罗田方言中"A – 不 – A"式与"A – 不 – AB"式中否定词的脱落。罗田方言另一特殊的重叠式正反问则是省略掉正问小句的补语，保留否定词形成了"VV 不 + 补语"重叠式正反问句，符合刘丹青（2008）文中的成分脱落四原则。这是罗田方言比较独特的表达方式，相比而言，普通话与武汉话没有这类表达方式。

（三）从使用的频率来看，罗田方言使用频率最高的是"VP – Neg"式，其次是"VP – Neg – VP"式，再次是"VV（O）"式；普通话使用频率最高的是"VP – Neg – VP"式，其次是"VP – Neg"式。罗田话是以"VP – Neg"式为优势的反复问句系统，句尾否定的虚化受到一定的限制，由此影响了句尾疑问语气词的产生，这在一定程度上制约了"吗"字、"吧"字是非问在罗田方言中的生存空间，但罗田方言反复问句的丰富多样又弥补了罗田方言是非问不发达的缺失。可见，在方言是非选择问句系统中，正反问句与是非问句是互相竞争、互相制约的。

第三章　被动句

　　我国现代意义上的汉语被动句研究是在西方语法被动形式研究的影响下发起和开展的，最早由马建忠《马氏文通》在"受动词"部分扼要地指出了被动式的构成特点，然后他从六个方面列出各种被动式的类型，并列出了大量的相关用例。王力《中国现代语法》（1943）、《中国语法理论》（1944）两书花了大量的篇幅详细讨论了"被"字句的特点、类型和作用等问题。王力认为，凡叙述词所表示行为主位所遭受者叫作被动式。高名凯《汉语语法论》（1948）讨论了用于一般所谓被动句式的"为、见、被、受、蒙、给、让"等字的用法，也讨论了不带这些成分的被动句式特点。

　　到了 20 世纪 50 年代以后，在传统语法学、结构主义语法学和历时语法学等多种语言学理论影响下，被动句句式的研究呈现静态（共时或者泛时）和动态（历时）研究共同发展的态势。丁声树《现代汉语语法讲话》（1961）指出，被动式主语多半是确定的，往往带有确定指示词"这""那"，有时也用其他限制性的修饰语来确定，被动式谓语往往不单是一个单独的动词，动词后多半有别的成分。李临定（1980）在《"被"字句》一文中，广泛使用结构主义语法学的句式变换手段，详细分析了被字句的各种类型，并对被字句的语义问题进行了突破性的论述。龚千炎（1980）在《现代汉语里的受事主语句》一文中将现代汉语受事主语句分为"被字句"和"非被字句"两类。还有从配价语法（王静、王洪君，1995；丁加勇，2006），转换生成语法（冯胜利，1997；邓思颖，2004），系统功能语法学（杨国文，2002），语法化理论、类型学、认知语言学（石毓智，2004、2005、2010）等角度研究汉语的被动句，汉语被动句研究呈现一片繁荣的景象。

关于被动句的历史发展状况的描写也取得了相当多的成果。1956年，刘世儒在《语文学习》上发表了《被动式的起源》一文，探讨了"被"字式的起源及情感色彩问题，从而揭开了运用历时主义观点研究汉语被动式的序幕。唐钰明（1985、1987、1988）对上古、先秦、汉魏六朝、唐至清的汉语被动式进行了系列的研究。蒋绍愚（2002）、江蓝生（1989）、冯春田（2000）、何忠东（2004）、何亮（2005）运用语法化理论和重新分析理论阐释了汉语中表被动的"给""教""吃""等"等被动式的来源和发展。桥本万太郎（1987）从历史角度考察了汉语被动式的来源和发展，并从语言地理类型学的角度分析了汉语南北方言被动标志的差异与历史上汉语相关语言接触的关系。张延俊（2010）系统地考察从远古到近古被动式的历史发展，并分析了被动式形成与发展的原因、机制和规律。徐英（2017）、王统尚等（2019）研究了汉魏时期被动构式的特点、重大变化和其变化的动因。这些相关的研究把人们感兴趣的问题从汉语被动式的性质、特点和作用，扩大到汉语被动式形成和发展的过程、动因和规律。

在方言被动句研究中，主要有两种：一种是以桥本万太郎（1987）为代表的跨方言被动标记研究，如解正明（2006）从跨方言的角度解读了"把"字句不同性质的语法等级及相关类型推移态势；张振兴（2002）系统介绍了汉语方言表示被动的标志词以及这些标志词的多用性，并进一步提出方言语法研究要注意比较一个个方言点的被动式，尤其是被动标记的描写是主流；黄伯荣（1996）收录关于 21 个方言点被动式及被动标记的研究成果。另一种是单点的方言被动句研究，如左福光（2005）介绍了宜宾方言被动标志词与普通话有所不同，语法规则也有自身特点；邓思颖（2004）介绍了南雄珠玑被动句，论证了珠玑方言被动句的"拿"不是介词而且"被"不是被动标记；左林霞（2004）考察了孝感方言中的带有被动标记的"着""把""尽"等三种标记被动句；向柠、贝先明（2010）描写了湖南武冈方言被动句，并与近代汉语、现代汉语中的被动句进行了比较，认为武冈方言被动句自身特点与人们的认知选择有关；王树瑛（2017）考察了恩施方言的被动标记"着"；吕珊珊、彭大兴旺（2020）、李晓钰（2019）研究了湖南平江赣语和岳阳方言的"落"字被动标记的成因。近年来，还出现了一批研究各个方言点被动式的硕博论文，如《类型学视域中的项城方言被动句研究》（王慧娟，2013），《长阳方言语法研究》（宗丽，2012），《阳新方言被动句研究》（陈晓云，2007）等。而对于鄂东方言的被动式研究主要将焦点集中在"把"字句上，如汪化云、郭水泉（1988）《鄂东方言的把字句》，何洪峰、程明安《黄冈方言的"把"字句》（1996），彭冠男、李燕（2006）《小论黄州方言中的被动句》，陈淑梅（2005）《鄂东方言"把得"被动句》。但目前还未看到对罗田方言被动句的系统研究。

我们以罗田方言口语中的被动句式为研究对象，将其分为两种：一是用主动形式表示被动内容，即意义上的被动句，例如：窗子打开了；二是用形式标记表达被动的关系，例如：碗把得我打破了。本节主要讨论的是带有形式标记的被动句，将其记作：$NP_1 + M + NP_2 + VP$。"M"为被动标记词，"NP_1"位于句首，一般是名词性成分，"NP_2"是被动标记词所引介的宾语，一般也是名词性成分，"VP"是句子的谓语成分。罗田方言中用被动标记的被动句有"把"字句、"尽"字句、"等"字句、"驮"字句。本章将详细描写罗田方言的被动句表达系统，着重关注罗田方言被动句式的各种表达形式，并试图解释其来源，同时与普通话及邻近方言进行比较。

第一节 "把"字句*

罗田方言最常用的被动标记词是"把"。"把"念［ma^{21}］，阴平，或念［ma^{213}］，入声。"把"表被动的基本用法与普通话中的"被""叫""让"相当，其作用是引出施事，同时指明主语是受事。例如：

（1）你良心把狗吃了。

（2）我山上的树把人砍光了。

单音节"把"字被动标记后边还可以带一个助词成分"得、到"，形成"把得、把到"双音节被动标记。"把得""把到"用法相同，可以互相替换。它们与单音节"把"通用，使用频率较高，使用范围也广。

＊ 本节内容除了第二部分以外以《湖北罗田方言把［ma^{21}］字被动句》为题，发表于《湖北科技学院学报》2021 年第 6 期。

一　"把"字被动句的句法形式

（一）被动句中的体词性成分 NP$_1$ NP$_2$

1. 被动句中的体词性成分 NP$_1$NP$_2$不可省略。

罗田方言被动句中的体词性成分 NP$_1$NP$_2$在"把"字句中占有重要地位，不可省略。一般情况下，施事者一定要出现，除非承前省略，如"你么用，把他打了 你有什么用，被他打了"，而受事者在任何情况下，必须出现。被动标记"把""把得""把到"不能直接放在动词之前。这是罗田方言"把"字句与普通话的"被"字句的最大不同。如：

（3）她把别个骗了一条烟去了。

　　＊她把骗了一条烟去了。

（4）你的地把得猪拱了。

　　＊你的地把得拱了。

2. 被动句中的体词性成分 NP$_1$通常是有定的。如：

（5）猪把得他打了。

（6）我的钱把他赢去了。

主语"猪""钱"是"打""赢"支配的对象，必定是具体有定的，不大可能指任何"猪""钱"。就语义关系而言，它是谓语动词 VP所表示动作的承受者，即受事。在语法成分上是主语，语用上是话题，一般称为受事主语。受事主语多数能移到谓语动词 VP后成为受事宾语。如：

（7）他打了猪。

（8）他赢去了我的钱。

转换后的一般陈述句和"把"字被动句所表示主要意义没变，但语用上就丧失了"被动遭受"之义。

3. 被动句中的体词性成分 NP$_2$主要表示动作的施事，通常情况下可以分为以下三种情况：

一是具有生命特征的实施者。如：

（9）衣服的袖口儿把他穿破了，再要买一件。

（10）我地儿的菜都把得你的猪吃了，你看么办 你看怎么办？

例（9）、（10）中的"他""你的猪"都是有生命特征的动作实施者，可以分别实施动作"穿""吃"。

二是动作凭借的工具。如：

（11）他把得车撞了，满身都是血。

（12）东西瞎放，我把它绊了一跤。

（13）这个刀太快了，我把它割了个口子。

例（11）、（12）、（13）中"车""东西""刀"虽然没有生命特征，但是是动作的实施，谓语动作可以借助无生命特征的事物对受事主语产生影响。

三是动作实施的原因。如：

（14）细伢儿把吹空调吹病了，只有送到医院去了。

（15）她把好吃害了，他婆婆把她赶了。

例（14）、（15）中"吹空调""好吃"虽然是谓词性短语，但是在此被动句中"吹空调""好吃"具有指称性，指的是"好吃""吹空调"这件事情，可以看作是一种广义的体词性成分。"吹空调""好吃"是谓语动作"吹病""害"的原因，实际在句中已经丧失了施动性，在句中呈现出无意的、非可控的语义内容。

某些非施事成分（如"工具、属事、经事、原因、材料"等）有时也出现在"把"后的主体位置上，这似乎可以看作"非施事成分的施事化"；这是因为这些非施事成分在被动句中赋予了其通过动核来支配或影响主题事物的能力。①

（二）被动句中的谓词性成分 VP

1. 罗田方言"把"字句中的谓语动词，一般都是表处置义的动词和部分表示感觉、知觉的动词。如处置动词有"打""喝""洗""摔""绊""割""送""说""烧""切""杀""抢""偷""骗""安""打破""打湿""烧掉""洗坏"等；表示感觉、知觉的动词有"看到""听见""晓得""闻到"；非处置的动词如判断动词"是"，助动词"能""会""应该"等，趋向动词"去""到""入"等，和部分心理活动动词、存现动词以及其他的不及物动词都不能构成被动句中的谓词性成分 VP。如：

---

① 范晓：《被字句谓语动词的语义特征》，《长江学术》2006 年第 2 期。

＊他把别人能了。

＊他把别人去了。

＊他把你喜欢了。

＊他把你有了。

＊他把你送行了。

2. 在罗田方言中，谓语动词可以是"光杆动词"。普通话中的"被字句"谓语动词是一个音节时，前后一定得带上别的成分。[①] 但是罗田方言里的"打、笑、骂、说"等常用单音节动词可以直接充当"把"字句的谓语成分。如：

（16）你快走，莫把别个打别被他人搂。

（17）我这大年纪的人把别个笑，丢人。

（18）大早上的把你骂，不吉利。

（19）把别个说，划不来被人家说，不划算。

这种特点，实际上是中古汉语被动表示法的遗留。在中古汉语时期，被动句式 VP 成分多以单音节为主，且动词前后不带任何其他成分。如：

（20）元慎情尚卓逸，少有高操，任心自放，不为时羁。（《洛阳伽蓝记·城东》）

（21）愿见和尚，虽为他杀，不以为恨。（《杂宝藏经·婆罗那比丘为恶生王所苦恼缘》）

（22）臣即被先帝诏，遣乘传诣军，又赐亡父官爵。（《魏书·列传第三十一》）

3. 除了上述使用频率较高的少数单音节动词"打、笑、骂、说"可以独用外，其他的表处置或表感知、感觉的动词"喝、杀、送、听见、看到"等通常不在句子中单独出现，必须有前加状语成分形成状中结构，或者是后加成分形成述补结构、述宾结构，或者是一个复杂的谓语结构。

一是前加状语成分。罗田方言中前加状语成分主要在动词前加上"箇"。"箇"在此是程度副词，相当于普通话中"这样""那么"的意

---

① 丁声树：《现代汉语语法讲话》，商务印书馆 1999 年版，第 100 页。

思。例如：

（23）他就把你箇样儿打，真是好脾气。

（24）你二苕啊，把他箇样儿盘你是傻瓜吗？被他这样折腾。

（25）他的鞋子把猫箇舔，好脏他的鞋子被猫那样地舔，太脏了。

二是后加补语或宾语构成述补结构、述宾结构，或者是复杂短语。如：

（26）我把他气死了。

（27）他把得风吹病了。

（28）我把到他咬了一口。

（29）文化大革命时，他把搞运动搞怕了。

（30）他的钱把吃喝玩乐搞光了。

（31）衣裳把老鼠咬了个洞。

（32）大伯的屋把得贼挖了个窟窿大伯的房子被贼挖了一个大洞，我要去帮他修一下子。

（33）五个苹果把他吃了四个，太贪相了。

例（26）是后加程度补语，例（27）是结果补语，例（28）是数量补语，例（29）、（30）是复杂补语，例（31）、（32）是结果宾语，例（33）是数量宾语。

三是谓语 VP 是复杂短语，谓语不是单层的，往往有两层或以上的结构关系，谓语中心之前有状语，之后还有补语，或者是连动短语。如：

（34）几棵大树把他从山上抬回来了。

（35）箇容易的事把细红儿从早到晚跑三四回这么简单的事情被小红从早到晚跑了三四回，还有办好。

（36）电视机把他这几天整得图像都有得了电视机被他这几天折腾得图像都没有了。

（37）镰刀把他拿去砍柴去了。

（38）小红儿把她叫去做伴儿去了小红儿被她叫去做个伴儿。

以上前三例谓语 VP 都是复杂短语，动词前后都有附加成分，后两例是连动短语。

4. 除了上述使用频率较高的少数单音节动词"打、笑、骂、说"

可以独用，以及在动词前加状语"箇"外，其他"把"字被动句 VP 后必须有帮助表示动作完成的动态助词"了"，如果没有，"把"字被动句便站不住脚，不能成立，这也是与普通话的不同之处。如：

（39）那个极好看的花瓶把他打_{摔破}了。

　　　＊那个极好看的花瓶把他打。

（40）你把他抢了，几没用_{太没有了}。

　　　＊你把他抢，几没用。

（41）你的良心把狗吃了。

　　　＊你的良心把狗吃。

（42）一茶壶把他几口喝光了。

　　　＊一茶壶把他几口喝光。

从结构上讲，"了"在"把"字被动句中还有一种完形或成句的作用，在"了"字的帮助下，"把"字被动句才得以成立。这是因为被动句是一种完成时态的句型，"了"是完成体标记，用在谓语动词后面帮助其成句。

二　"把"字被动句在汉语方言中的分布①

近年来，被动标记词的跨方言比较研究是汉语方言语法学界的热点。首先发端于桥本万太郎（1987）考察汉语被动式的历史发展，认为汉语南北方言被动标志有显著区别：使动－被动兼用只限于北方，而南方却保有着"给"或其同义词转化来的被动标记。之后，黄伯荣（1996）收录了 21 个方言点被动式及被动标记的研究成果；张振兴（2002）介绍了汉语方言表示被动的标记词以及这些标记词的多用性，并进一步提出方言语法研究要注意比较一个个方言点的被动式；解正明（2006）从跨方言的角度解读了"把"字句不同性质的语法等级及相关类型推移态势；曹志耘（2008）则较为科学地用方言地图展示了汉语方言中"把"字被动标记词的共时差异和地理分布状况。本节在前人的研究基础上，将"把"字被动标记词的地理分布概况初步描画出来，

---

① 本小节内容以《汉语方言"把"字被动标记词的地理分布特点》为题，发表于《西藏大学学报》（社会科学版）2016 年第 4 期。

重点考察这种地理分布状态的特点。

（一）"把"字被动标记及其地理分布概况

鉴于"把"字被动标记与给予类动词之间的渊源，即大部分方言被动标记词是从给予义动词发展而来，我们先列出某一方言表示"给予"义的动词，再列出这一方言被动标记词，然后给出例句。就目前已掌握的材料，我们统计为表 3 – 1。

表 3 – 1　　　　　　"把"字被动标记词的方言分布概况表

方言	方言分区	给予动词	把 = 被	例句	来源
湖北罗田、浠水、武穴、麻城	江淮官话黄孝片	把	把/把得/把到 把发音为 $[ma^{21}]$	小毛把得他打了。	据个人调查
湖北英山	江淮官话黄孝片	把	把/把得/把到 把发音为 $[me^{21}]$	小毛把得他打了。	据个人调查
湖北黄梅	江淮官话黄孝片	把	把/把得/把是 把发音为 $[ma^{21}]$	水把是他喝了。	陈淑梅，2005
湖北黄冈市、蕲春、红安	江淮官话黄孝片	把	把/把得/把到	碗把他打破了。	陈淑梅，2005
湖北孝感	江淮官话黄孝片	把	把/把得（"着"是常标）	鱼把得猫吃了。	左林霞，2004
湖北武汉	西南官话武天片	把	把/把得/把到	凳子把他踩垮了。	赵葵欣，2012：195
湖北随州	西南官话鄂北片	把	把到	麦子把到老鼠吃了。	黄伯荣，1996：666
四川忠县	西南官话川黔片成渝小片	把	把	无	孙叶林，2005
湖南桃源	西南官话湘北片	把	把	无	孙叶林，2005

续表

方言	方言分区	给予动词	把=被	例句	来源
湖北大冶	赣语大通片	把	把	一筒碗把渠搭个差不多的了。	汪国胜，2000
湖北蒲圻	赣语大通片	把	把到	树叶儿把到风吹落了。	詹伯慧、李元授，1987
湖北通山	赣语大通片	把	把/把得	王二把得别个打了。	范新干，2006
湖北阳新	赣语大通片	把	把/把到	碗把你打破了。	陈晓云，2007
江西南昌	赣语昌都片	把	把	衣服把雨打湿了。	魏刚强、陈昌仪，1998：90
江西萍乡	赣语吉茶片	把	把	把钉子挂烂咧。	李荣综合本，2002：1676
江西吉水	赣语吉茶片	把	把	把渠猜到哩。	李如龙等，1992：444
江西铅山	赣语鹰弋片	把	把	衣服把贼偷了。	曹志耘，2008①
安徽怀宁、太湖	赣语怀岳片	把	把/把得	哥哥把妹妹打了，妹妹笑了。	安徽方言志，1997：280
安徽宿松	赣语怀岳片	把	把/把在发音为［ma²¹］	衣裳把在风吹跑了。	黄晓雪，2006
安徽绩溪	徽语绩歙片	把	把	个家子把你搞得来个猪窠尔的家。	赵日新，2000
湖南醴陵	赣语宜浏片	把	把	无	孙叶林，2005
湖南益阳	湘语长益片	把	把/把得	书把得小明撕破哒。	聂小站，2005
湖南长沙、绥宁、宁乡、邵东	湘语长益片湘语娄邵片	把	把/把得/送把还有其他常标	小王伢子昨天送把他爷老倌骂咖一餐扎实的。	张小克，2002

① 参看曹志耘《汉语方言地图集：语法卷》第95图，商务印书馆2008年版。

续表

方言	方言分区	给予动词	把＝被	例句	来源
湖南邵阳、祁东、祁阳	湘语娄邵片湘语永全片	把	把/把去/把到	格句话把我听到哩。你个心把去（到）狗呷咖哩。	孙叶林，2005 黄磊，2004
湖南湘潭	湘语长益片	把	把 还有其他常标	咯只事要是把他晓，得哒就不得了。	甘于恩、黄碧云，2005：377－382
湖南溆浦	湘语辰溆片	把	把还有常标"尽"	无	孙叶林，2005
湖南安化、双峰	湘语娄邵片	把	把	衣服把贼偷了。	曹志耘，2008
湖南郴州	湘南土话	把	把	衣服把贼偷了。	曹志耘，2008
湖南汝城	湘南土话	把	把还有常标"拿"	无	陈立中，2002
安徽郎溪	江淮官话洪巢片	把	把	麦子把猪吃了。	许宝华等，1999：2586
安徽青阳、石台、旌德	江淮官话洪巢片	把	把	衣服把贼偷了。	曹志耘，2008
江苏句容	江淮官话洪巢片	把	把	花盆把我打烂了。	周芸，2007
江苏扬州	江淮官话洪巢片	把	把	他把狗咬了一口。	周士宏，2005
江苏靖江	江淮官话洪巢片	把	把	无	曹志耘，2008
江苏丹阳	吴语太湖片	把	把	把狗子咬则一口。	李荣综合本，2002：1675
江苏江阴	吴语太湖片	把	把	把他使唤。	许宝华等，1999：2586

续表

方言	方言分区	给予动词	把＝被	例句	来源
江苏高淳	吴语太湖片	把	把	我把他吓了一跳起来。	石汝杰，1997①
广东河源	客家话龙华片	把	把	把他吃了。	李如龙等，1992：438
广东和平	客家话龙华片	？	把	衣服把贼偷了。	曹志耘，2008

"？"表示不确定。

根据表3－1，我们将"把"字被动标记词的方言地理分布图绘制如下：

图3－1　"把"字被动标记词的方言地理分布图

除了表3－1中的"把"字被动标记外，还有一些被动标记很有可

① 吴语高淳话中给予义动词"把"，有学者认为应是其他北部吴语的"拨"，石汝杰觉得和"把"发音接近，两者常混淆，他在《高淳方言的动词谓语句》一文采用"把"字，高淳话里被动标记除了"把"还有一个"讨"。

能也是这类［pa］类持续标记，如：拨（上海、嘉定、杭州、舟山、上虞、嘉善），拨辣（上海）。

（二）"把"字被动标记词的分布特点

根据表3-1和图3-1，"把"类被动标记在地理分布上有如下特点：

1. 集中于南部方言区，主要通行区与跨方言区兼用。

我们可以发现"把"字被动句所覆盖的方言区，主要分布在江淮官话的黄孝片、洪漕片，西南官话鄂中片、鄂北片、成渝片、湘北片，赣语大通片、昌都片、吉茶片、鹰弋片、怀岳片、宜浏片，湘语的长益片、娄邵片、永全片、辰溆片等，吴语的太湖片，客家话的龙华片以及徽语的绩歙片、湘南土话等。从这些方言点所处地理位置来看，这类现象大多集中在南部方言区，跨方言区域较广阔。"把"字被动标记不只是在一个方言点使用，而是存在于多个方言点中，在南部方言区中的分布呈现出串点成片、跨区串片的特点。

总体而言，"把"字被动标记主要集中于南部方言区，由赣语向周围西南官话、江淮官话以及湘语、吴语区扩散，呈辐射分布特点。

2. 地理分布与人口迁徙的方向一致。

中国历代移民活动对于汉语方言的形成和地理分布起了极为关键的作用。移民作为文化的天然载体，对于方言的扩散无疑具有至关重要的意义，可以说，通过人口迁徙来实现方言文化的传播是历史上的普遍现象。

（1）鄂东南地区

据中国移民史记载，明朝洪武年间，江西大量移民迁入今黄冈市及鄂东南地区，就移民原籍而言，江西籍移民占87%左右。新修《武昌县志·方言志》认为，武昌县南部的方言属于南昌方言系统。因此，"把"字被动句分布在鄂东南江淮官话黄孝片，西南官话武天片，可以从移民史上找到依据。从表3-1和图3-1可以看出"把"字被动标记是鄂东南地区、武汉市这片方言区的一大特征，这与洪武年间江西南昌府的移民路线是吻合的。

（2）湖南地区

唐宋以来，因湖南为迟开发之地，清代以前一直接纳着大量移民，其中以江西移民为首。因此，谭其骧曾说：湖南人之祖先既是大半皆系江西人，湖南人来自天下，江、浙、皖、闽、赣东方之人居其十九；江西一省又居东方之十九；而庐陵一道、南昌一府，又居江西之十九。① 湖南外来移民以江西人最多，至洪武年间，江西籍移民氏族占氏族总数73%，其他地区移民则寥寥无几，没有形成规模②。随着江西籍移民的大量涌入，赣语在湖南产生巨大影响，湘东由北向南，乃至湘中、湘西都变成赣语区。以致湖南湘语也带上了不同程度的赣语色彩，湘语内部形成新、老湘语清浊两大分野，赣语在其中起到相当大的作用。就邵阳而言，据孙叶林（2005）考察，其辖域分布的并不是单纯的湘语，邵阳的隆回、绥宁两个县的北部和洞口县大部分地区属于赣语，其他地区才属于湘语娄邵片。因此，长沙、益阳、安化、桃源、双峰、郴州、邵阳、邵东、溆浦、汝城、湘潭、绥宁、宁乡、祁东、祁阳、醴陵等地虽属湘语区，也应受到赣语影响，使用"把"字被动句。

（3）四川忠县

据《中国移民史》记载，明朝洪武大移民湖广填四川，1357年，明玉珍督兵万余，乘船逆江而上，攻占了重庆。《孝感县志》记载：玉珍率兵袭重庆，称夏主，孝感人多随之如蜀。据《重庆市各地方周氏支族源流》（第1—170支）记载：入川始祖周廷芳，姻氏甘儒人，其先祖茂叔公，原籍湖广黄州府麻城县孝感乡第一都人氏，洪武二年（1369）入川，落业忠州南岸崇二甲梅子溪；入川始祖周承坤，周承满，祖籍湖南宝庆府邵阳县魁公碑，康熙六十一年（1722）入川，族居忠县官坝、来龙、太来及梁平一带；入川始祖周登科，原为湖广麻城县孝感乡人氏，洪武二年（1369）入川，落籍黎王乡，族居清和乡、蒲家山等地；另有一族谱记载周宗授，原系湖南宝庆府邵阳县三溪六都长彼保芭蕉廟王泉井塘，子周承满，康熙三十八年（1699）己卯岁十

---

① 谭其骧：《湖南人由来考》，载《长水粹编》，人民出版社1987年版，第349页。

② 葛剑雄、吴松弟、曹树基：《中国移民史》，福建人民出版社1997年版，第87页。

二月初一日亥時，生于湖广湖南道长沙府湘乡县三十七都西阳里白石保青龙庙王水口山，殁于乾隆四十五（1780）年六月初七日酉时，葬于四川忠州敦六甲后管袁家岭老屋宅后，周宗授上十二代世字辈，前居江西。

从这些移民史、地方志、家谱来看，忠县的祖先大部分都是来自湖北麻城及江西、湖南等地，因而忠县话和重庆话区别很大，以致有人疑惑，四川忠县处重庆腹地，周围垫江、梁平、丰都、万州、石柱都说标准的重庆话，忠县怎么成了语言孤岛？由此可见，忠县语言的独特可以从人口迁徙上得到有力的解释。那么，忠县话也使用"把"字被动标记就不难理解了。

3. 地理分布与交通位置的一致。

湖北随县地处大别山西端，与隶属于江淮官话黄孝片的安陆、孝感毗邻；安徽宿松、怀宁、太湖等地处大别山南麓，属于赣语区怀岳片，西与同样隶属于江淮官话黄孝片黄梅县、蕲春县、英山毗邻，南与江西省湖口县、彭泽县隔江相望，为皖西门户；青阳、石台、旌德、绩溪等皖南地区与江西相邻，也属江淮官话。这些地区的地理交通位置都与"把"字被动标记词集中分布区域相连，难免会受其方言习惯的辐射和影响。

扬州位于长江和运河的交汇处，交通位置优越，一向是淮南的区域中心，移民较多，据移民史记载无论是安史之乱还是藩镇割据阶段，外来移民分布在扬州城内外；明洪武年间，扬州府来自江西和徽州的移民各占四分之一，分别有 11.6 万人。① 又据图 3-1，我们可以看出句容市地处苏南地区，依长江并与扬州隔江相望，丹阳市也地处苏南，西与句容市相邻，江阴、靖江也与丹阳、扬州相邻。可以推测，这一格式是由扬州移民聚居区向南扩散的结果，"把"字被动句用法也随着移民迁徙带入扬州、句容、丹阳、江阴、靖江等地。

高淳方言的发展与独特的地理位置有着密切的关系。作为南京下辖的一个县，高淳县位于长江以南，处于江苏与安徽两省的交界处，东临苏锡常，西接安徽宣城，由于历史上陆路交通不方便，多

---

① 葛剑雄、吴松弟、曹树基：《中国移民史》，福建人民出版社 1997 年版，第 87 页。

靠水路与苏锡常、安徽宣城等地进行横向交流，而与相距只有几百里的南京纵向往来较少，较为闭塞，这就使得高淳方言保留了很多古语说法。① 在这个地理单元里，"把"字被动标记的语言特征以水路为媒介传播，扩散到高淳方言，从而形成一种地理分布类型，即"江河流域型"。

广东和平、河源从地理位置上看，紧邻江西，有着紧密的地缘关系，受江西赣语影响，借用"把"表示被动也是合理的。

4. 地理分布与行政区划的一致。

方言地理和历史时期的行政区划存在某种程度的一致性。安徽郎溪与江苏高淳紧邻，清康熙之前，行政区域一直属江苏，元朝至元十三年（1276），郎溪属治扬州，其语言习惯可能向慕扬州。语言特征在地理空间上的分布状况并不一定都是地理因素造成的，有的可能是行政区划或其他因素造成的。② 这一观点同样适用于解读安徽郎溪的语言现象问题。

（三）语音学的印证与补充

从表 3 – 1 中可以看出，"把"念作［ma］不是单一方言的语言现象。安徽宿松"把"念作［ma］，罗田、浠水、武穴、麻城也同样读为［ma］，邻县英山读为［me］，跟［ma］音相近，为［ma］的变韵，江西都昌赣语也将"把"读为［ma］，江苏泰州、泰县、兴化、东台一带，表示给予的"把"亦读为［ma］。③ 另据《汉语方言地图集》（词汇卷151），江西湖口、彭泽话表示给予的"把"也用"妈/马"。那么，这种现象该如何解释呢？与"把"字被动标记分布于南部方言有何关系呢？

张敏（2011）研究认为，就语音形式看，认为各方言里写作"把、妈、马、码、拔"的形式其实是同一个"把"，他认为这种特殊的读音

---

① 汤青妹、黎超：《江淮官话与吴语交界地带方言研究——以江苏高淳为个案考察》，《文学教育》（中）2013 年第 4 期。

② 曹志耘：《汉语方言的地理语言学研究》，商务印书馆 2013 年版，第 13 页。

③ 巢宗祺：《粤闽湘赣客家等方言及书面材料中和普通话"给""和"相对应的词》，《华东师范大学学报》（哲学社会科学版）2000 年第 4 期。

与南方话常见的帮、端母的内爆音①有关，证据有二：其一，湖南嘉禾广发土话的"把"读作［ma］，其他多数帮母字也读为［m－］，如"比"读作［mi］；其二，湖南隆回话的"把"文读为［ba³¹］，白读为［ma¹³］、［ba¹³］，隆回话虽然未见帮、端母系统地内爆音化的报道，但［ma¹³］、［ba³¹］的用途很难在内爆音化之外找到合理的解释。且朱晓龙（2009）等研究也得出：吴语、赣语、湘南、粤北土话等许多南方话系统里都有系统的内爆音化现象②。

罗田、浠水、武穴、麻城、江西都昌、宿松等地"把"字被动标记词读为［ma］／［me］，这也可能是张敏、朱晓龙两位先生所言南部方言的内爆音化现象。这些区域的"把"字内爆音化现象，或者是某个较早时期南方方言里成套的内爆音残迹，或者是播撒自附近有内爆音的方言。从另一个角度而言，朱晓龙的研究从语音学上进一步印证和补充了"把"字被动标记主要分布于南方方言区，由赣语向周围方言辐射的分布特点。

尽管如此，鄂东方言的被动标记"把"除了读为［ma］外，亦可读作［pa］，甚至很多方言中就读［pa］，这又是什么原因呢？对此，我们可以从以下两个方面来解释说明：

其一，在汉语普通话中，"被"字式使用频率较低，与"把"字式相比，"把"字式的使用频率约是"被"字式的 4 倍③，鄂东方言中亦是如此，用"把［pa］"作处置标记的频率极高。因而，作被动标记词的"把［ma］"受到使用频度极高的共同语处置标记"把［pa］"的读音影响，表"给予"动词、被动标记的"把［ma］"也读成"把［pa］"。

---

① 内爆音：内爆音是一种气流机制特殊的非肺部音，先是口腔成阻，声带振动，然后降低喉头，压低舌位，鼓起脸颊，以扩大口咽腔容积，造成口腔内空气稀化，气压降低，结果在双唇除阻时，口腔内气压低于口腔外的大气压，气流从外向内冲入，造成往内爆发的"内爆音"。听感实验表明，［ɓ］与［m］之间的混淆率为 50.2%，具体详见朱晓龙《内爆音》，《方言》2006 年第 1 期。

② 朱晓龙：《自发新生的内爆音——来自赣语、闽语、哈尼语、吴语的第一手材料》，《方言》2009 年第 1 期。

③ 杨国文：《汉语"被"字在不同种类的过程中的使用情况考察》，《当代语言学》2002 年第 1 期。

其二，因汉语中有许多表示"给予"义动词可以同时兼用被动标记和处置标记，被动与处置之间有着千丝万缕的联系，汉语自古至今就存在"正反同辞"的反训，如"等"表示"齐同"义，又表示"差异"义；受，表示"取得"义，又表示"给予"义，古时受、授同辞；普通话中"给"表示"施动"义，又表示"受动"义。因而，比照汉语反训事实，人们将被动标记的音读为处置标记的音也不会有违和感。事实上，在鄂东部分县市方言中，被动标记［ma］偶尔也会读成［pa］，据此我们可以推测，当"把"表示给予义、被动标记时，［ma］很可能是较原始的读音，而［pa］是受共同语影响的音变读音。

（四）汉语史研究的启示

处置标记"把"与被动标记"把"之间有千丝万缕的联系，它们之间是否属于同一来源呢？这是学界争论很久的问题，有些学者认为他们是来自同一来源。但从汉语史料来看，蒋绍愚（2003）认为作为处置的"把"与作为被动的"把"应该不是同一来源，他针对P. A. Bennett 认为鄂东方言"把"表处置发展到"把"表被动这一观点，认为汉语史料中表处置介词"把"用来表被动很少见，并认为P. A. Bennett 引用的"倒把别个取了去"（《元曲选·杀狗劝夫》）的"把"未必是"被"，也许是"给（让）"，因为"把"表"给予"义在近代汉语中较常见。所以他认为鄂东方言浠水话的"把"可能是从给予义发展而来的，但未必和表处置的"把"是同一个来源①；再者，万群（2013）认为在历时文献中没有找到证据证明"把"字可以充当被动标记；另外，在谈到宿松方言中的"［ma］"被动标记词时，石毓智、王统尚（2009）也认为其很可能是另有来源。

蒋绍愚、万群、石毓智、王统尚等对汉语史的研究表明："把"字充当被动标记词在汉语史上并未有充分的依据，作为处置的"把"与作为被动的"把"应该不是同一来源。张敏（2011）也认为：处置标记和被动标记的同形只是历史的偶然，它们分别是两项完全独立、时间

---

① 蒋绍愚：《"给"字句、"教"字句表被动的来源——兼谈语法化、类推和功能扩展》，载北京大学汉语言学研究中心《语言学论丛》编委会编《语言学论丛》第 26 辑，2002 年版，第 159—177 页。

层次迥异的语法演变的结果①。这也进一步验证了北方官话区广泛使用"把"字处置标记词，却不使用"把"字被动标记词。反之，假如处置标记"把"与被动标记"把"是同一来源，"把"表处置发展到"把"表被动，那么北方方言广泛用"把"表示处置，也应该用"把"表被动，但是"把"字被动标记在北方方言口语中却未见报道，这与"把"字被动标记的分布特点不相符。

"把"字在语音、语法、语义上都经历了漫长的发展过程。一般认为，"把"字被动义来源于给予义。"把"除了表示被动义和给予义外，还可以表示处置义和使役义，在一些汉语方言中四合为一，共时存在。同时，汉语方言各类被动标记纷繁杂糅，在共时层面上，各种形式交错分布，同时并存。从理论上说，汉语方言中各类被动标记的每一种用法，都有可能在汉语史的某一发展阶段中存在，假若我们能详尽的收集汉语方言中各类被动标记词每种形式的不同用法，探求它们在汉语史，甚至于民族语中的对应发展关系，同时结合地理语言学进行阐述说明，那么，应该说，一幅幅被动标记的发展演变轨迹图的绚丽画卷将呈现于我们面前。

三 "把"字被动句的语义特点

尽管表 3 - 1 中各方言里表示"给"的动词和"被动"标记的"把"发音不完全相同，但各方言表示"给予"义动词的"把"与表示"被动"标记的"把"的发音是一致的。这表明，"把"表示"给予"义动词与被动标记词之间的内在联系应该在语义中寻找，语音上的联系则是次要的。

(一) "把"的词汇意义

罗田方言里的"把"字有丰富的词汇意义，不是纯粹地表示被动的标记。它在罗田方言中既作动词，表示"给予"义，也表"拿"义，又作介词，表示"被动""处置"义。如：

(43) 箇好的东西，把点我哈_{这么好的东西，给我一点}。(表"给予")

---

① 张敏：《"语义地图模型"原理、操作及在汉语多功能语法研究中的运用》，载北京大学汉语言学研究中心《语言学论丛》编委会编《语言学论丛》第 42 辑，商务印书馆 2010 年版，第 3—60 页。

（44）你荷包口袋里装了么事，把出来我看下儿。（表"拿、掏"）

（45）麦把猪吃了。（表"被动"）

（46）灰太大了，把窗子关着。（表"处置"）

"把"表处置时，多读作［pa⁴⁵］；表给予时，亦可读［pa⁴⁵］，但一般读作［ma²¹］；表"拿、掏"义时，必须读［ma²¹］。因此，虽然"把"身兼多职，但在罗田方言里依然能够根据音变识别"把"字被动句。

（二）"把"字被动句的语义特点

普通话中"被字句"的标记词"被"是从"遭受"义虚化为表被动关系的标记词，通常含有强烈的"蒙受""遭受"义，在普通话书面语中使用频率很高，且表现为严格意义上的被动形式。在罗田方言中，被动标记"把"是由"给予"义虚化而来，不如"被"字句虚化的彻底，因此常与一些非被动句存在较多纠葛。如：

（47）菜把猪吃了。

（48）钱把他拿去了。

上例中的"把"可以理解为"给予"义，亦可以理解为"被动"义。

（三）"把"字被动句识别

黄冈地区其他县市，如黄冈市、麻城、团风、黄梅、红安、蕲春等地"把"字不管作被动标记，还是作处置标记都是念作［pa⁴⁵］，身兼数义，比较难以区分，必须通过逻辑推理或具体的语境来帮助区分。相比黄冈地区等县市，罗田方言"把"字被动句更容易识别，表示被动时，"把"一般读作［ma²¹］，表示处置时一般读作［pa⁴⁵］。因此，罗田话巧妙利用音变来区分"把"字句的被动式和处置式，有利于消除歧义。相对于用作受动标记来表示处置的说法，"把"用作施动标记被动式使用频率并不高，在罗田方言里，处置式是一种更常见、更基本的句式。"从人类语言的标记规律来看，在一对相关的语法范畴中，使用频率比较低的一方往往标记程度高。"① 罗田方言被动式的标记度相对

---

① 石毓智：《汉语方言中被动式和处置式的复合标记》，《广西师范大学学报》（哲学社会科学版）2008 年第 2 期。

于处置式的标记要高，因为保留内爆音，采用音变来区分，这种差别也同样反映了两种句式在语法地位上的不平等。然而，这在另一个方面也说明语言的设计原理就是为人们的交际提供明晰的表达形式。那么，在一些方言中用同一标记词兼表处置与被动标记时，就会采用不同形式标记差别来消除歧义。

至于一些学者如左林霞（2001）、石毓智（2008）认为方言中"把"字后附加"得""到"而形成的复合标记"把得""把到"，是用来区别被动标记与处置标记，从而达到消除歧义的目的，我们认为此类论断是值得商榷的。首先，因为"把得""把到"同样可以表示给予义；其次，当 VP 为动补结构时，"把"有两解：一是为给予动词，另一种为被动标记，如"菜把得猪吃了"可以理解为"菜给猪吃了"，也可理解为"菜被猪吃了"。因而，万群（2013）的解释也许更加合理：我们看到"把＋到＋N＋VC"形式的被动式，源于连动式的重新分析，"到"一直是一个介词，只是连动式重新分析为被动式的时候，由于句式意义的变化使得"把＋到"也发生重新分析，发生了词汇化，被认为是一个词。① 因此，"把到"不是为了消除被动处置标记合一造成歧义而设置的。

四 "把［ma²¹］"字被动标记词语法化过程

从表 3—1 可以看出，"把"在方言中同时具备"给予"动词与被动标记词的语义特征。这种平行状态表明，罗田方言的"把"可以充当被动标记词不是孤立的语言现象，"把"表达"给予"义与充当被动标记有一种内在的必然联系。下文将进一步论述"把"发展为被动标记词的语法化过程。

（一）罗田方言"把［ma²¹］"语义结构及其句法配置

罗田方言的"把"语义结构成分是：动核、受事、施事、"把"标记。

1. 把＋N，简单的动宾句，N 可以是人，也可以是物。这里的

---

① 万群：《关于处置、被动同形标记"给"和"把"的相关问题》，《湖北工程学院学报》2013 年第 2 期。

"把"为"抓、拿"义。如：

（49）这多瓜子，把点儿我哈_{抓一点给我}。

（50）少把点儿盐，这鱼儿本身就腌了的_{少放点盐，这些鱼原来就是腌制}
_{了的}。

（51）我荷包里有好东西，你把一点儿我_{口袋里有好东西，你掏一点儿去}。

（52）他有，莫把他_{他有这些东西，别给他}。

例（49）—（51）的"把"带有动作性很强的"抓、拿"义，解释为普通话的"给、拿"义似乎也无妨，但罗田人一般不会这么理解。例（52）可以理解为"给予"义动词，"抓、拿"动作性不是很强。

2. 把＋N₁（物）＋N₂（人），双宾语句。跟普通话的双宾语句顺序不同，罗田方言是直接宾语在前，间接宾语在后。如：

（53）钱用光了，把点儿钱我哈_{给我一点钱}。

（54）你么时儿结的婚，也不把点儿喜糖我_{你什么时候结的婚，也不送点}
_{喜糖给我}。

（55）你箇好吃，把点儿瓜子他吵_{你怎么这样好吃，抓点瓜子给他}。

这里的"把"为"给予"义，"抓、拿"动作性已经很弱了，由具体的动作行为进一步虚化为更加抽象"给予"义动词。因而，可以说"把"为"给予"义是从"抓、拿"义引申而来。

3. 把＋N₁（物）＋N₂（人）＋V，"把"带的间接宾语后还可以再出现一个动词。如：

（56）钱用光了，把点儿钱我用哈_{给我一点钱用}。

（57）你么时儿结的婚，也不把点儿喜糖我吃_{你什么时候结的婚，也不给}
_{点喜糖我吃}。

（58）你箇好吃，把点儿瓜子他吃_{你怎么这样好吃，抓点瓜子给他吃}。

N₂（人）既是"把"的间接宾语，也是后一个动词的施事，在此句式中，"把"已经完全可以理解为"给予"义动词。

4. 把＋N＋V，省略直接宾语，"N"是给予的对象。

A. 连动式。"N"是给予的对象，"V"的施事者是"把"前主语。

（59）我昨天发烧，医生把我打了两针_{医生给我打了两针}。

（60）我毛衣破了，你把我打两件衣裳_{你给我打两件衣裳}。

（61）你不在，我把妈妈打过电话_{我给妈妈打过电话}。

这里的"把"可以解释为普通话的"给",也可以解释为"替",但不管怎样,"把"在此已经明显不是句子的中心动词了,只是引进动作服务的对象,即"受益者"。之所以说"把"在这里引进受益者,是因为句中动词或动词性词组所实施的动作行为对"N"来说是有益的,是积极的行为,"把"在此还可以理解为"帮"义。"把"在此已经逐渐转向介词虚化。

B. 使役句。"N"是给予的对象,也是后面动词的施事者,形成了使役句。表达容许、听任等语义。

(62)这个事把他做,你就等下儿_{这件事情让他做,你就等一会儿}。

(62)这个事把他做,你就等下儿这件事情让他做,你就等一会儿。

(63)鱼儿把他吃,莫跟他抢鱼儿让他吃,别跟他抢。

(64)把我说,这样做要不得的让我说,这件事情做得对不起良心。

"把"在此可以解释为普通话的"让"。

C. 被动句。与上面使役句结构基本同形,但施事者进入"把"后面的宾语位置,句子一般都表示"不如意"或"意外"的语义,动词后一般都要加上助动词"了"表示动作已经完成。如:

(65)你说话不过细点儿,都把他晓得了你说话不仔细点儿,都被他知道了。

(66)你儿没用,把别个打得了你太没用了,被别个打了。

(67)我的一套嫁碗把他搭光了我的一套陪嫁的餐具被他全摔坏了。

(68)衣裳把雨打湿了衣服被雨淋湿了。

"把"后面的施动者可以是有生命的事物,如例(65)—(67),也可以是无生命的事物,如例(68)。

（二）"把〔ma〕"成为被动标记的语法化途径

把,最初应该是"抓、拿"义动词,动作性很强,在简单的动宾句"把+N"里,"把"一般都解释为"抓、拿"义。在双宾语结构"把+N₁（物）+N₂（人）","把"可以解释为"抓、拿"义,但已经出现了"给予"义。如"把点儿瓜子他",可以解释为"抓点瓜子给他",也可解释为"给点瓜子给他"。"把点儿钱我哈"可以解释为"拿点儿钱给我",也可解释为"给我点儿钱"。在"把+N₁（物）+N₂（人）+V"结构中,同理如此。可见,在这样的双宾结构中,"把"的"抓、拿"义与"给予"义缠绕在一起,也就是说在双宾结构中有两解。这从语义上似乎也不难理解，"抓、拿"者往往就是拥有者，而拥有者往往就是给予者，所以由拥有者引申出"给予"义也是自然的。加上"把"这时处于一个双宾语结构中，后面同时出现给予物和给予对象，因而此结构也帮助了"把"向"给予"义动词的转化。

"把"的"给予"义产生后，省略直接宾语，简单动宾结构"把＋给予对象"共现的机会增多，如"他有，莫把他"。当这个给予对象后面出现一个动词时，如果给予对象是后面动作的受事，那么就构成了"把＋N＋V"式连动句，如"医生把我打了两针"，这里的"我"是给予对象，也是"打针"的受事。当这个给予对象又是后一个动作的施事时，如"把他去了，你还去干什么"，"他"是给予的对象，也是"去"的施事，这样就成了使役用法。蒋绍愚（2002）研究"给""教"由给予动词语法化为使役动词时指出：给予动词出现在和使役句表层结构相同的部分"N_1（实施）＋V_1（给予动词）＋N_2（给予的对象／V_2的施事）＋V_2"时，才能重新分析，从而由给予句转化为使役句。罗田方言的"把"正好出现在这种结构中，所以也就使役化。这时候，给予动词"把"不成为句子中心，成为了背景信息，表示该行为的谓元"把"的给予义因不易感知而被削弱了，而它与后项动词多表示动作行为之间的使成关系，则因后项动词所表示动作行为的凸显而得到了相应的强调，由此导致了原句法结构和语义结构的重新分析，原来的连动结构变成使役兼语结构，给予动词也因此转化为使役动词。[①]

使役—被动的演变是一种普遍的语法化趋势，对于使役动词被动介词化，太田辰夫（1958）、江蓝生（2000）、冯春田（2000）、蒋绍愚（2002）、洪波和赵茗（2005）等都曾做过研究，将他们的意见概括为四点：

1. 汉语的动词表示主动和表示被动在形式上没有区别；
2. 能转化为被动的使役句的谓语动词必须是及物的；
3. 能转化为被动的使役句的主语不是施事成分，而是受事成分；
4. 只有使役程度较弱的容让型使役动词才能语法化为被动介词。

---

① 洪波、赵茗：《汉语给予动词的使役化及使役动词的被动介词化》，《语法化与语法研究》（二），商务印书馆 2005 年版，第 41 页。

　　比照这四点，我们来考察罗田方言"把"由使役动词语法化为被动介词的路径。如"这个东西是我先要的，么把你先抢去了"，此使役句中的主语"这个东西"是动作"抢"的受事，而把后出现施事"你"，这就给罗田话"把"使役句"把 + N（V 的施事） + V"向被动句转化提供了条件。因为汉语施受同形，当主语位置出现了受事，而"把"后宾语有时是后面动词的施事时，就容易转化为被动。且罗田话的"把"在使役句中所表示的"让、叫"是较弱的容让型使役动词，于是"把 + N（V 的施事） + V"被动式就产生了。同时罗田方言"把"字被动句一般都表示"不如意"、"意外"的语义，因而也符合洪波、赵茗（2005）考察所说："句子表达的是后项动词所表达的动作行为对受事主语的影响出乎说话人意料之外，因而使受事主语成为移情对象，那么受事主语与后项动词之间的被动关系就成为了前景信息而被凸显出来，容让型使役行为遂成为背景信息而被弱化，从而导致原结构的重新分析，使容让型使役兼语句转化为被动句。"[1] 由使役句转化为被动句的"把"字句的施动者一般是人或动物，但因为类推的作用，受一般被动句（施动者可以是有生命的事物也可以是无生命的事物）的影响，"把"字句的施动者也可以是无生命的事物，如"衣裳把雨打湿了"。这样"把"字被动句与一般被动句基本上没有了差别，这样就与使役句分了家。

　　以上"把"的语法路径可以具体概括为：

　　把："抓、拿"义动词"把"（"把 + N"）→"给予"义（"把 + $N_{1物} + N_{2人}$"） → 容让型"使役"义动词（"把 + $N_{给予的对象/V的施事}$ + V"）→被动标记词（"把 + $N_{V的施事}$ + V"）

　　罗田方言里的"把"能作动词，主要意义表示"抓、拿"，由"抓、掏"进一步引申出"给予"义；其次表示"容让"义动词，与普通话中"让、给"相当，还可以作被动标记词。江蓝生（2000）指出："南方方言有给予动词兼表使役和被动反映的是上古的历史层次。"[2] 也

---

　　① 洪波、赵茗：《汉语给予动词的使役化及使役动词的被动介词化》，载《语法化与语法研究》（二），商务印书馆 2005 年版，第 48—49 页。

　　② 江蓝生：《汉语使役与被动兼用探源》，载《近代汉语探源》，商务印书馆 2000 年版，第 231 页。

就是说罗田方言由表示"给予"义的"把"演化为使役、被动的用法是自上古汉语就有的语法化现象，并不是某一方言点的单一语法特征。

张振兴（2002）考察北京话的"给"、粤语的"畀"、吴语的"拔"、客家话的"分"、闽语的"互"、江淮官话的"把"，一般都是同时兼备了给予、使役、被动、处置这四种功能中的两种或三种。可以说，这不是一个孤立的语法现象，标志词在方言中这些说法，只是词汇性的差别。因而，无论是"把［ba］"还是"把［ma］"的语法化只要满足"给予—使役—被动"这一人类语言在这上面表现出高度的共性，满足语义的相宜性，那么被动语法范畴的标记总是来自某一类或者为数有限的几种语义特征的普通词汇。"在满足语义条件的词中，不同的语言可能做出不同的选择，结果就造成了一种语言的个性。"① 罗田方言选择了"把［ma］"作为被动语法标记，是在自身方言历史的发展中确定的，这样可以有效地消除与处置标记的歧义。虽然"把［ma］"的语法化历程很难从浩繁的共同语文献中梳理出发展脉络，值得庆幸的是还能从罗田方言的共时语义中爬梳出语义虚化的过程。

第二节 "尽"字句②

"尽"在罗田方言里有三种读音：作形容词时读［tɕ'in³³］，阳去；作动词时读［tɕin⁴⁵］，上声，相当于普通话的"让、叫"；作介词时读［tɕ'in⁴⁵］，上声，相当于普通话的"被"，作被动标记。《广韵》中"尽"有"慈忍切"和"即忍切"两种读法③。"慈忍切"属于从母上声，在罗田方言中声母为不送气，声调为阳去，即"尽"作形容词的读法；"即忍切"属于精母上声，在罗田方言中声母为不送气，声调为上声，即"尽"作动词的读法；而送气的［tɕ'in⁴⁵］，上声，是"尽"作被动标记的音变读法。形容词"尽"是罗田方言使用频率很高的词，本文不做讨论。本节讨论"尽"字被动句，将其记作：NP_1 + 尽 +

---

① 石毓智：《被动式标记语法化的认知基础》，《民族语文》2005 年第 3 期。

② 本节内容以《罗田方言"尽"字被动句》为题发表于《华中学术》2017 年第 4 期。

③ 参见《国学大师网站》，http：//www.guoxuedashi.com/kangxi/pic.php？f = sbgy&p = 276，《宋本广韵》第 276 页第 8 字，2017 年 12 月 21 日登录。

NP$_2$ + VP。其中，"尽"为被动标记词，"NP$_1$"一般是位于句首的名词性成分，"NP$_2$"是被动标记词所引介的宾语，一般也是名词性成分，"VP"是被动句式的谓语成分。

一 "尽"字被动句的句法形式

"尽"字被动句与"把"字被动句在结构特点上有许多相似的地方，但也有不同的地方。相同之处略论，相异之处就详述。

（一）"尽"字被动句中的体词性成分 NP$_1$ 和 NP$_2$

1. 和罗田方言另一常用的"把"字被动句一样，"NP$_2$"在"尽"字句中占重要地位，不可以省略或者隐去。例如：

（1）这好的东西尽他搞丢了，好可惜。

    ＊这好的东西尽搞丢了，好可惜。

（2）细点儿声音说话，尽别个听到了呢。

    ＊细点儿声音说话，尽听到了呢。

2. 被动句中的体词性成分 NP$_1$ 通常是有定的。例如：

（3）小毛尽别个打了。

（4）我的钱尽他赢去了。

主语"小毛""我的钱"是"打""赢"支配的对象，是具体有定的，不可能指任何的"小毛"和"钱"。就语义关系而言，它是谓语动词"VP"所表示动作的承受者，即受事。在语法成分上是主语，语用上是话题，一般称为受事主语。

3. "尽"字被动句中的体词性成分 NP$_2$ 主要表示动作的施事。通常情况下可以分为三种情况：一是具有生命特征的实施者，如例（5）；二是动作凭借的工具，如例（6）；三是动作实施的原因，如例（7）。

（5）衣服袖口儿尽他穿破了，再要买一件。

（6）他尽车撞了，满身都是血。

（7）细伢儿尽喝冷水喝病了 小孩子因为喝凉水喝病了，只有送到医院去了。

（二）被动句中的谓词性成分 VP

1. "尽"字句中的谓语动词，一般都是表处置意义的动词和部分表示感觉、知觉的动词，如"打、喝、洗、烧掉、洗坏、看到、听见、晓得、闻到"等。与罗田方言"把"字被动句不同的是，"把"字句除了"笑、骂、打"等少数单音节动词外，其他"把"字被动句的谓语动词后必须有表示动作完成的时体助词"了"，否则句子不能成立。而罗田方言的"尽"因动介同形，句末加上表示动作完成的"了"就可以区别意义，加上完成体标记"了"，"尽"就是介词，句式就是被动句；如果没有完成体标记"了"，"尽"就是动词，句式就是使役兼语句。例如：

（8）a. 电视尽他拿走。（让，任凭，使役兼语句）

　　　b. 电视尽他拿走了。（被，被动句）

（9）a. 鱼尽猫吃。（让，任凭，使役兼语句）

　　　b. 鱼尽猫吃了。（被，被动句）

（10）a. 钱尽他拿去。（让，任凭，使役兼语句）

　　　 b. 钱尽他拿去了。（被，被动句）

例（8）中"尽"作动词，表"让""任凭"义，全句可理解为"电视让他拿走""电视任凭他拿走"，含有"请不要干涉"的句义。在这类句子后面加上助词"了"，就成了标记被动句，"尽"作介词，表"被"义，全句可理解为"电视被他拿走了"。例（9）、（10）两例可依此理解。出现这种情况的条件是：句子的 NP_1 是表具体事物或动物的受事主语；NP_2 是表人或表动物有生命特征的名词；NP_2 是"尽"后面谓语动词的施动者。

2. "尽"字被动句，表处置或表感知、感觉等动词通常不在句子中单独出现，如果出现，须有前加状语成分，形成状中结构，或者是后加其他成分形成述补结构、述宾结构。例如：

（11）你尽他簡样的打你让他这样地打，不疼啊？

（12）今昼今天你尽狗咬了一口啊？

（13）一车砖尽他翻到沟里去了。

（14）烂七八糟的东西尽妈妈丢光了。

（15）你再不收拾，尽他丢到塘里去了。

跟罗田方言"把"字句不同的是，"尽"字句谓语成分很少是连动结构，或者是较复杂句法结构。

二 "尽"字被动句的语义特点及语用意义

普通话中"被"字句中的"被"是从"遭受、蒙受"义虚化而来，且虚化得很彻底，而罗田方言的被动标记词"尽"是由动词"任凭"义虚化而来，不如"被"虚化得彻底，还滞留了它的动词义，因而含有较弱的致使义，与一些非被动式存在较多的纠葛。

(一)"尽"的词汇意义

罗田方言里的"尽"字有丰富的词汇意义，不是纯粹地表示被动标记。它在罗田方言中既作动词，又可作副词和介词。

1. 作动词，表示"任凭""放任"。例如：

(16) 我尽他，不管了。

(17) 菜园的菜多的是，尽你扯。

(18) 饭菜多的是，你尽他，别管那么多。

(19) 放假了，横直有得事做，尽他。

近代汉语中也有这种用法，下文详述。

2. 作动词，表示"容许、使役"或"致使"的意思（即通常所说的使役句）。例如：

(20) 你莫尽他走了，我还想跟他说下儿话。

(21) 尽他去哭，莫搭理他。

(22) 你尽他咀骂，莫还嘴。

近代汉语中也有这种用法，下文详述。

3. 作介词，表示以某个范围为最大限度。例如：

(23) 尽三天把这件事情办完。

(24) 尽你钱买，买到几多就几多。

(25) 尽这些场儿做屋，做到几大就几大。

中古、近代汉语中也有这种用法。例如：

(26) 尽十二月，郡中毋声，毋敢夜行，野无犬吠之盗。（《汉书·王温舒传》）

(27) 汉仪，自立春到立夏，尽立秋，郡国尚旱，郡县各扫除社稷。（《晋书》卷十九志第九）

(28) 公（袁可立）伸牍尽雪其冤。（明·黄道周《节寰袁公传》）

（29）如今生养死葬一应大事，无论小住有钱没钱，事情总是要做，尽着小住的力量去办便了。（《官场现形记》第五十一回）

4. 作介词，表示让某些人或事物在前面。例如：

（30）光尽差的菜吃。

（31）这块山好种树，先尽你。

（32）考试的时候，尽容易的先做，难的留到后面做。

近代汉语中的此类用法：

（33）屋里的猫儿狗儿，也叫他们留点神儿，尽着孩子贵气，偏有这些琐碎。（《红楼梦》第八十四回）

5. 作副词，有"都、尽量、总是、一个劲儿的"等意思。例如：

（34）书记开会总是尽讲，听得受不了。

（35）妈妈说话尽罗啰唆，恨死人的。

（36）都十二点了，下尽简看电视。

近代汉语中的此类用法：

（37）悄悄的回薛姨妈道："姨太太，别由他尽着吃了。"（《红楼梦》第八回）

（38）褚大娘子道："二叔怎的尽喝酒，也不用些菜？"（《儿女英雄传》第十五回）

（二）"尽"字被动句的语义特点

在罗田方言中，被动标记"尽"是由"任凭"义虚化而来，不如"被"虚化得彻底，其动词义还有所滞留。例如：

（39）你么尽他打了，大苕啥你为什么让他打，你是大傻子吗？

（40）三瓶酒尽他喝了两瓶。

"尽"虽然表示被动，但是还含有"任凭、纵使"的动词意味。如例（39）也可理解为"你为什么像个大傻瓜一样任凭他打"，"尽"在此不仅仅是被动标记，还滞留"任凭、纵使"动词义。

（三）"尽"字被动句的语用意义

在罗田方言中，"把"字被动标记一般表示遭受、意外等语用含义，而"尽"字被动句则蕴含有"遗憾"的语用意味。例如：

（41）钱尽他拿去了，我现在手上没钱。

（42）菜尽猪吃了，搞自己要买菜吃弄得自己要买菜吃。

"尽"在罗田方言里表被动,跟"把"字被动句表示遭受义不同,多用在发话人主观上不愿意而现实中却发生了的情况,并含有轻微的遗憾之情,此遗憾之情来自于发话者认为主观上的一种"任凭、纵使"行为导致了现实不期望的事情得以发生,如果不是这种"任凭、纵使"行为,可能不期望的事情不会发生。如例(41)"钱尽他拿去了",如果不是主观上"任凭"他拿走钱,他就得不到钱,就不会有"我现在手上没钱"这种状况。例(42)"菜尽猪吃了",如果不是主观上没有看好猪,"任凭"猪吃了菜,就不会导致"自己要买菜吃"。也就是说,发话人认为这种不期望发生的事情在客观上是可控的,但是,由于主观上的"任凭、纵使"行为,导致了不该发生的事情,因而具有遗憾之情。

三 "尽"兼表使役与被动的其他方言

在汉语某些方言里,"尽"可以表示被动。陈淑梅(2005)列举了鄂东浠水、红安、团风、麻城、罗田等地"尽"表示被动的例子。例如:麦尽牛吃了。(浠水县) │ 他尽雨淋病了。(红安县) │ 谷尽鸡吃完了。(团风县)[①]

方平权(1998)介绍,岳阳方言"尽"可以表示被动,是客观上"听任、让"的意思。例如:笔尽你败烂哒。│东西尽老鼠咬烂哒。[②]

左林霞(2004)指出,孝感方言"尽"兼作动词和介词,相当于普通话的"让、叫",作介词时可以表示被动,成为被动标记词,引出施事。例如:鱼尽财喜吃了。│书早就尽别个拿走了。│把东西捡好,莫尽他看到了。[③]

黄伯荣(1996)主编的《汉语方言语法类编》记载,湖北随县"尽"作动词时表示"让"的意思,但也可以表示被动,和"被"字句表达效果一样。例如:麦种尽老鼠吃了。[④]

① 陈淑梅:《鄂东方言"把得"被动句》,《湖北师范学院学报》(哲学社会科学版)2005 年第 4 期。

② 方平权:《岳阳方言介词"尽"、"驾"、"得"》,《云梦学刊》1998 年第 2 期。

③ 左林霞:《孝感方言的标记被动句》,《语言研究》2004 年第 2 期。

④ 黄伯荣:《汉语方言语法类编》,青岛出版社 1996 年版,第 666 页。

盛银花（2015）指出，"尽"字被动句是安陆方言典型的被动句，使用频率非常高。例如：管子尽渣子堵了。｜他的屋里的狗子尽别个打死了。｜菜园的菜尽强徒偷得一根毛都有得。①

陈晓云（2007）介绍，湖北阳新方言"尽"可作动词表示"让"，也可表被动。例如：饭也尽你吃了，酒也尽你喝了，你总得做点事哦。｜昨日买的肉，昨夜尽老鼠咬了。②

宗丽（2012）介绍，湖北长阳方言"尽"可以作为被动标记。例如：尽老鼠子拖起走哒。｜莫尽蛇咬哒。③

就目前学者研究来看，"尽"作被动标记主要是集中在湖北江淮官话区和部分西南官话区。这些方言的"尽"除了表示被动之外，还可以表示"容许"或"使役、致使"义。

四　"尽"表被动的来源

从上文可以看出，"尽"既可以表示"任凭、纵使"义，也可以表示"容许、致使"等使役义；在各个方言分布中，"尽"除了表示被动义，还可以表示"容许、致使"等使役义。因此，我们认为：现代汉语方言表被动的"尽"，源于表示使役的"尽"，表使役的"尽"源于表"任凭、纵使"的"尽"。也就是说"尽"经历了"尽$_1$（任凭）→尽$_2$（使役）→尽$_3$（被动）"这样一个语法化的发展过程。

（一）"尽$_1$"（任凭）的产生和发展

《类编·皿部》："尽，任也。"④《正字通·皿部》："尽，唐人诗：'尽君花下醉青春。'注：'尽君，犹言任君也'。"⑤"尽$_1$"大致产生于唐代，在唐代之前，"任凭"的意义是用"任"来表示的。我们在唐诗中发现了几例"尽$_1$"，但总的来说，"尽$_1$"使用并不普遍，到了宋代以后，在词人作品及其他的著作中，"尽$_1$"大量出现，"任凭"成了

①　盛银花：《安陆方言研究》，华中师范大学出版社 2015 年版，第 312—314 页。

②　陈晓云：《阳新方言被动句研究》，硕士学位论文，华中师范大学，2007 年，第 9 页。

③　宗丽：《长阳方言语法研究》，博士论文，华中科技大学，2012 年，第 106—107 页。

④　参见《国学大师网站》，http：//www.guoxuedashi.com/kangxi/pic.php？f = leipian&p = 181，《类篇》第 181 页上栏第 19 字，2017 年 12 月 21 日登录。

⑤　参见《国学大师网站》，http：//www.guoxuedashi.com/kangxi/pic.php？f = zhengzitong&p = 1491，《正字通》第 1491 页第 3 行，2017 年 12 月 21 日登录。

"尽₁"的常用义之一。例如：

（43）今尽听之，唯不宜内参宿卫耳。（《晋书·列传第五十六》）

（44）愿分竹实及蝼蚁，尽使鸱枭相怒号。（杜甫《朱凤行》）

（45）尽道有些堪恨处，无情，任是无情也动人。（秦观《南乡子》）

（46）争及此花檐户下，任人采弄尽人看。（白居易《题山石榴花》）

（47）疾快将草料来，拌上着，尽着他吃着，咱睡去来。（《老乞大》）

（48）一朝天子招贤，连登云路，五花诰、七香车，尽着他女儿受用，然后服他先见之明。（《初刻拍案惊奇》第十卷）

例（43）—（45）是"尽₁＋VP"格式，在此格式里"尽"表示"任凭，纵使"之义；例（46）—（48）是"尽₁＋N＋VP"格式，此格式的产生和发展是"尽"由"任凭、纵使"义发展到"容让、致使"使役义的关键一步，因为从形式上看，"尽₁＋N＋VP"格式与表使役的"尽₂＋N＋VP"基本上无差别，只是此时"尽₁＋N＋VP"要么是小句的一部分，如例（46），要么"尽₁"还带着动态助词"着"，如例（47）—（48），此时"尽₁"的动词性还很强，还没有使役化。

（二）"尽₁"（任凭）→"尽₂"（使役）

表示使役的"尽₂"产生于元明时期，其主要表现形式为：N₁＋尽₂＋N₂＋VP。例如：

（49）上天贬我降凡尘，下世尽我作罪孽。（《西游记》第十九回）

（50）冲开门进来，唬得那赵寡妇娘女们战战兢兢的关了房门，尽他外边收拾。（《西游记》第八十四回）

（51）那太子进了寺来，必然拜佛；你尽他怎的下拜，只是不睬他。（《西游记》第三十七回）

（52）我被你前七八棍，后七八棍，打得我不疼不痒的，触恼了性子，一差二误，将你打死了，尽你到那里去告，我老孙实是不怕……（《西游记》第五十六回）

（53）贾琏宝玉等一齐出坐，先尽他姊妹坐下了，然后在下方依次坐定。（《红楼梦》第七十五回）

"N_1 + 尽$_2$ + N_2 + VP"这种格式中的"VP"可以是动宾式，如例（49）；也可以是单个动词，如例（50）；也可以是状中式，如例（51）；也可以是连动式，如例（52）；还可以是动结式，如例（53）。在上例中，"N_1"可以承前省略，N_2不可省略。

例（49）—（52）的"尽"可以作双重分析，虽然仍可以理解为"任凭"的"尽$_1$"义，但对整个句子的理解已经和使役句很接近了，也可以理解为使役动词"尽$_2$"义，这些可以看作是"尽$_1$"到"尽$_2$"的过渡状态。例（53）中的"尽"是意义很明确的使役动词。

"尽$_1$"的"任凭"义与"尽$_2$"的"容许、致使"义本来就是相通的。"尽$_1$"的 N_1"任凭"N_2 做某事的行为，从另外一种角度讲，就是一种 N_1"容许"的使役行为，因为"容许"N_2 做某事，就"致使"了某种结果，同时因为处在相同的"N_1 + 尽 + N_2 + VP"格式中，因句法语义关系的变化，经过重新分析，"尽$_1$"的"任凭"义就滋生了"容许、致使"义。何亮（2005）认为"听任、由着、任随"实际上也是使令意义的一种，只是使令意义比较弱罢了。因而，从"尽$_1$"的"任凭"义发展到"尽$_2$"的"容许、致使"义是水到渠成的。

"尽$_2$"的特点可以归纳为以下三点：其一，结构上，"N_1 + 尽 + N_2 + VP"中"尽"前的 N_1 可以承前省略或者隐藏，"尽"后的 N_2 必定出现。其二，"尽 + N_2 + VP"不再是小句的一部分，而是句子的自然焦点所在。第三，"尽"后不再出现时体助词"着"，而是作为使役动词单独出现。

《西游记》作者吴承恩出生于淮安府山阳县，自幼生活于此。《红楼梦》作者曹雪芹自幼生活在江苏南京，直到 14 岁才迁往北京。两位著者的语言形成期都生活在江淮官话区，因而行文难免会受到本地方言的影响，从而较多使用"尽$_2$"使役句。

（三）"尽$_2$"（使役）→"尽$_3$"（被动）

当"尽"由任凭义发展出使役义的时候，它离被动的"尽$_3$"就很接近了。在历史文献中，我们发现表被动"尽$_3$"的用例也是寥寥可数。例如：

（54）元明离此五里，留个渡口，都要从他那里过，尽他揹勒渡河钱。（《封神演义》第四十五回）

（55）心下想道："外房如此整齐，内室铺陈，必然华丽，今夜尽我受用"。（《醒世恒言》第三卷）

（56）若能降伏得他，财宝尽你得了；若不能处置得他，须要仔细。（《喻世明言》第十九卷）

例（54）—（56）中的"尽"可以理解为"被"，但似乎仍可以理解为"让"。但是，表被动的"尽₃"在方言中大量存在，说明"尽₃"在汉语方言中的发展更快。这种格式的 N_2 开始只能是有生命的事物，但随着这种格式的使用频率增加，因为类推作用，N_2 不再局限于有生命的事物，无生命的事物也可以出现在此类格式中。例如：

（57）小毛尽车撞死了。

（58）衣服尽风吹跑了。

这样，在罗田方言中，随着"尽"的意义进一步虚化，发展出了典型的被动用法，"尽"成了常用被动标记之一。印证了汪化云（2017）提出的：黄孝方言本身存在着由使役动词虚化为被动标记的机制，黄梅以西的黄孝方言普遍存在着表示容许义的"尽、把（得）"演变为被动标记的现象。[①]

动词"尽"的语法化过程是连续渐变的，同时伴随着语法化产生了音变现象，"尽"由原来的不送气音变为送气音。江蓝生（2005）认为：词义虚化程度的加深，意义变化了，要求形式相应地变化，语音层面与语义层面的结构关联是区别性，语音线性结构中的每一个变化原则上是与语义的区别相对应的。[②] 罗田方言的"尽"语法化为被动标记后，由原来的 $[\text{tçin}^{45}]$ 变化为 $[\text{tç'in}^{45}]$，从方言上佐证了江蓝生提出的"语法化往往伴随着音变"的推论。

第三节　"等"字被动句

"等"音 $[\text{ten}^{45}]$，上声，在罗田方言中作介词则可以表示被动标

---

① 汪化云：《黄孝方言中"等"的语法化》，《方言》2017 年第 2 期，第 214 页。

② 江蓝生：《语法化程度的语音表现》，载吴福祥主编《汉语语法化研究》，商务印书馆 2005 年版，第 97 页。

记，引出施事。如：

（1）你做坏事莫等老师晓得了，晓得了就麻烦了你做坏事不要被老师知道了，知道了就麻烦了。

（2）我硬是等你气死了我真是被你气死了。

（3）一碗粥等他搞泼了一碗粥被他弄泼了。

本节讨论"等"字被动句，将其记作：NP$_1$＋等＋NP$_2$＋VP。其中，"等"为被动标记词，"NP$_1$"一般是位于句首的名词性成分，"NP$_2$"是被动标记词所引介的宾语，一般也是名词性成分，"VP"是被动句式的谓语成分。

一　"等"字被动句的结构特点

"等"字被动句后面的 NP$_2$ 也不能省略，其 VP 也和"把"字句、"尽"字句一样，一般也是动宾结构、动补结构或者加别的成分，也有只有单个动词谓语的情况。在罗田方言里，"把"字被动句、"尽"字被动句使用频繁，相对挤压了"等"字被动句的使用空间。因而，在罗田方言里，"等"字被动句在祈使句、疑问句中使用的频率较高，而在一般陈述句中使用得较少。从一定程度上说，"等"字被动句就与"把"字被动句、"尽"字被动句形成了互补分布。如：

（4）你小心点儿，莫等他看到了啊。

　　　你小心点儿，莫把他看到了啊。

　　　你小心点儿，莫尽他看到了啊。

（5）你莫等别个说闲话。

　　　你莫把别个说闲话。

　　　你莫尽别个说闲话。

（6）那件事你等妈妈晓得了？真是自找麻烦。

　　　那件事你把妈妈晓得了？真是自找麻烦。

　　　那件事你尽妈妈晓得了？真是自找麻烦。

（7）＊细毛等别个打了。

　　　细毛把别个打了。

　　　细毛尽别个打了。

从以上诸例可以看出，"把"字句、"尽"字句可以使用于各种句型中，而"等"字被动句一般都用在疑问句、祈使句中，"把"字句、"尽"字句在罗田方言里是强势被动句，挤占了"等"字被动句的使用空间。那这是为何？是因为"等"字表被动的语法化程度不足，没有进一步发展其被动用法？还是因为"等"字被动标记发展已经成熟，只是由于语言运用崇尚经济原则，在日常口语交际中，不会保留太多的"被动"标记，受到强势被动标记"把""尽"的挤压，只保留在"疑问句""祈使句"中呢？下文我们将结合"等"字句在汉语方言中的分布情况以及"等"字被动标记的虚化过程，加以探讨，以解疑惑。

二 "等"字被动句在汉语方言中的分布①

我们先列出某一方言"等"的使役动词用法，再列出这一方言相应的被动标记词，最后给出例句，见表3-2。

表3-2　　　"等"字被动句在汉语方言中的分布概况表

方言	方言分区	使役动词	等 = 被	例句	来源
湖北黄梅	江淮官话	等	等	我等他打了一个巴掌。	陈淑梅（2005）
湖北沔阳	西南官话	等	等	张家屋的牛不晓得等哪个偷打。	屈哨兵（2008：211）
湖北阳新	赣语	等	等	这件事千万莫等渠晓得了。	陈晓云（2007）
江西九江	江淮官话	等	等	车子等交管站的人没收了。	张林林（1989）
湖南平江、江西宜春、永修	赣语	等	等	他等狗咬了一口。	许宝华等（1999：6186）
江西鄱阳、余干、乐平、鹰潭、贵溪等县	赣语	等	等	无	胡松柏、葛新（2003：242）

① 此小节部分内容发表于《中国语言地理》2017年第1期。

续表

方言	方言分区	使役动词	等＝被	例句	来源
江西南昌	赣语	等	等	碗等我搭（摔）破了。	熊正辉（1995：170）
江西彭泽	赣语	等	等（唯一标记）	猪肠和猪心肺莫等老张搞去哆。	何亮（2005）
江西三都、修水、都昌、南城、湖南醴陵	赣语	等	等	等他吃了。	李如龙、张双庆（1992：438）
江西泰和	赣语	等	等	我去年在渠大门口等狗咬了一口。	李如龙、张双庆（1997：250）
江西瑞昌、湖口、德安、星子、景德镇、万年、余江、抚州、南昌县、峡江、新余、萍乡、芦溪、安福、井冈山	赣语	？	等	衣服等贼偷走了。	曹志耘（2008）
湖南汉寿	赣语	等	等（唯一标记）	日记里的秘密等别个发现哒。	何忠东、李崇兴（2004）
湖南岳阳市	赣语	？	等	衣服等贼偷走了。	曹志耘（2008）
湖南湘阴、岳阳县	湘语	？	等	衣服等贼偷走了。	曹志耘（2008）
江西石城	客家话	？	等	衣服等贼偷走了。	曹志耘（2008）
江西上犹社溪、福建武平武东	客家话	等	等	佢等癫狗咬哩一口。	许宝华等（1999：6186）

续表

方言	方言分区	使役动词	等 = 被	例句	来源
浙江金华	吴语	等	等	佢等我请来罢。	周乃刚（2007）
江西上饶县	吴语	？	等	衣服等贼偷走了。	曹志耘（2008）

"？"表示不太确定，相关文献资料没有涉及。

根据表3-2，我们将"等"字被动句的地理分布图绘制如下：

图3-2 "等"字被动句方言地理分布图

从表3-2及图3-2可以看出：用"等"作为被动标记的方言区域主要集中在赣语区，可以说用"等"作被动标记是赣语区的一大特征。除赣语区外，还分布在受赣语影响比较大的江淮官话黄孝片，如黄梅、九江，除此之外还有与赣语密切联系的客家话（江西上犹社溪、福建武平武东）、吴语（浙江金华、江西上饶县）、湘语（岳阳县、湘阴）。湖北沔阳话属于西南官话，但从其特殊的地理位置和人口来看，使用"等"作为被动标记似乎也可以得到解释：从元代的沔阳府到明朝的沔阳州地图可以看出，湖北沔阳在历史上曾经是重要的独立的行政区域，据沔阳县志记载，沔阳也曾经是江西移民的重要接纳地，受江西语言文化影响很深；从地理位置来看，沔阳府东南所临的州县基本是赣语区，虽然划属西南官话区，但不可避免要受到赣语影响，而"等"作被动标记是赣语区的一大特征。另据黄婧（2017）研究，巴东方言（西南官话）也用"等"字作为被动标记，而据巴东当地大族家谱记载，其祖上大部分也来自江西移民。

赣语很多区域里，"等"字已经语法化为被动标记，且成为众多地区如南昌、彭泽、汉寿唯一或者是主要被动标记词。罗田方言属于江淮官话黄孝片，其祖上大部分来自江西移民，因而人口的迁徙、语言接触引发语法复制，用"等"作为被动标记词引出施事成分。几个被动标记在同一个方言中并存，显然都与方言接触、方言语法词的互相借用有关。据此，我们大胆推测，"等"在罗田方言里已经成为被动标记，只是受到强势被动标记"把""尽"的影响，在日常交际口语最常用的陈

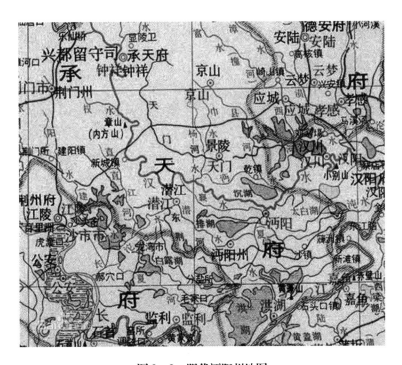

图 3-3 明代沔阳州地图

述句中受到排挤，使用频率不高，而在一些特殊的疑问句、祈使句中因语言使用习惯依然保留了"等"字被动标记句。

图 3 - 4   元代沔阳府地图

三 "等"表被动的来源

关于"等"作为被动标记的来源，汪化云（2017）、龚波（2010）、何亮（2005）、何忠东和李崇兴（2004）从各地方言的使用情况和历史文献考察两个方面着手进行了深入的研究。他们比较一致的意见是：从历时的角度来看，"等"的"等待、等到""让、允许""被"几个意义间是有内在联系的，也就是说现代方言中的表使役的"等"源于表"等待"的"等"，表被动的"等"源于表使役的"等"。因此，我们认为作为被动标记的"等"，首先是因为词义的发展，同时也由于句法格式的允许，从"等待、等到"义逐步发展出"允许、让"义，又因为句法语义关系的变化，从"允许、让"义演变出被动标记的用法。

下面我们将综合五位先生的研究成果，联系近代汉语文献以及方言的使用情况，梳理一下"等"这几个意义之间的发展脉络，其中历史文献例证主要引自何亮、何忠东、李崇兴等几位先生。我们把表示"等待、等到"义记作"等₁",把"允许、让"义记作"等₂",把表示"被"义记作"等₃"。

表 3 - 3 "等"的三种表义的发展脉络

等₁	文献例证	①等鹊前篱畔,听蛩伏砌边。傍枝粘舞蝶,隈树捉鸣蝉。(唐·路德延《小儿诗》) ②修仪承宠住龙池,扫地焚香日午时。等候大家来院里,看教鹦鹉念新诗。(唐·花蕊夫人《宫词》) ③人别后、碧云信杳。对好景、愁多欢少。等他燕子传音耗。红杏开也未到。(宋·朱敦儒《杏花天》) ④卑人欲往京畿,从早间等到今时。(宋《张协状元》)
	方言例证	①不听话啊,等我来啰。(娄底方言·颜清徽,刘丽华 1994) ②等下再去行不行?(武汉方言·朱建颂 1992:41) ③等明仔日则俗去。(厦门方言·许宝华,宫田一郎 1999:6186) ④等下儿他,不急。(罗田方言)
等₂	文献例证	①(张千云)大姐,你且休过去。等我遮着,你试看咱。(正旦看科,云)这爷爷好冷脸子也!(关汉卿《钱大尹智宠谢天香》) ②我不要半星热血红尘洒,都只在八尺旗枪素练悬。等他四下里皆瞧见,这就是咱苌弘化碧,望帝啼鹃。(关汉卿《感天动地窦娥冤》) ③武松道:"嫂嫂坐地,等武二去烫酒正当。"(《水浒传》) ④五娘请尊便,等儿子慢慢吃!(《金瓶梅》第二十四回)
	方言例证	①让开一点,等我把伊个木头移走。(彭泽县方言·何亮 2005) ②你等我想下子。(武汉方言·朱建颂 1992:36) ③等他去哭,不要齿答理他。(萍乡方言·魏钢强 1998:331) ④你们怕蛇,都让开,等我来。(四川方言·王文虎,张一舟,周家筠 1987:76)
等₃	文献例证	①早使那厮预先躲过,不等使臣看见,也还好哩。(元·尚仲贤《汉高皇濯足气英布》) ②我且吹灭这灯,不要等他看见。(元·无名氏《朱砂担滴水浮沤记》) ③他如今睡在里边,千万不要等他看见。(清·李渔《无声戏》) ④阿第差了,阿嫂等你戏了就是你的老婆一般的了。(晚明《绣榻野史》)

等₃	方言例证	①脚踏车_{自行车}等人家偷泼了。（南昌方言·熊正辉 1995：170） ②张家屋的牛不晓得等哪个偷打。（沔阳方言·屈哨兵 2008：117） ③我等他气得要死。（汉寿方言·何忠东，李崇兴 2004） ④我的脚等开水泡了。（九江方言·张林林 1989）

从表 3-3 可以看出，"等"表示"等待、等到"义最早出现在唐诗之中，到宋之后"等₁"就比较常见，使用频率较高的实词容易语法化；到了元朝，"等₁"就慢慢语法化为使役动词"等₂"，这种使役用法在明清继续沿用，且保留在现代很多方言之中，如萍乡方言、娄底方言、武汉方言、四川方言、昆明方言。由表示使役的"等₂"语法化为被动标记的"等₃"在近代汉语文献中很难见到用例，如"等₃"一栏中历史文献例①—③的"等"都可以理解为"被"，但又似乎可以理解为使役动词"让"，而例④是晚明吴语文献中仅存的一孤例，难以证实在近代文献中"等"已经语法化为被动标记词。不过，在现代汉语方言中，特别是赣方言随着"等"的意义进一步虚化，"等"发展出了完整的被动用法，如江西彭泽话、湖南汉寿话中"等"几乎成了唯一的被动标记。

被动标记"等"经历了这样的一个语法化的发展过程："等₁"（等待）→"等₂"（使役）→"等₃"（被动）。

罗田方言里"等"也同时存在这三种用法，如：

（8）你等下儿你爸爸，他一会儿来了。（等₁）

（9）你等老师来上课？（等₁）

（10）让开下子，等我把门打开。（等₂）

（11）你年纪大了莫做啊，等细的做。（等₂）

（12）简样地做，我妈等我气死了啊。（等₃）

（13）快走啊，莫等他打了。（等₃）

从以上例证可以看出，罗田方言完全具备"等"语法化为被动标记路径中的各种语义条件。语法化另一个重要条件就是使用频率，很多学者将频率看作语法化的一个重要条件。所以 Bybee（2001）强调语法化的最基本机制是重复，认为语法化过程本质上就是仪式化，因为仪式化（适应、自动化和解放）的发生源于重复。正因为如此，他将语法化重新定义为：一个频繁使用的词汇序列或语素序列自动化为一个单一的加工单位。在罗田方言里"等₂"这种使役用法使用频率较高，比"让"表示使役用法更加地道、更加常见。从这个方面看，罗田方言的"等"已经具备发展成为一个成熟的被动标记词的充足条件。

四 讨论

汪化云（2017）认为：因为"等"演变为被动标记，江淮官话黄孝片黄梅方言并存着"等₁、等₂、等₃"诸义项，所以其语义负荷很重。[①] 黄梅方言往往要换用"尽"，这可以减轻"等"的语义负荷，却导致了其"容许"义使用受限。"哪个等（尽）尔出来的谁让你出来的？"可以存在于九江和瑞昌方言，但在黄梅方言中比较别扭，"等"必须换用"尽"。这可能从另一个角度解释了不同的被动标记词在同一方言中的不均衡分布现象。但在罗田方言中可能不是如此，表示"容许"义的"等₂"使用范围广。

罗田方言"等"字被动句为什么遗留在使用频率低的疑问句、祈使句中，而在使用频率高的肯定陈述句中出现的概率小呢？如果说因为受到"把"字被动句、"尽"字被动句的挤压，那么为什么在疑问句、祈使句中没有受到挤压？

我们认为，这还是与使用频率在语法过程中的作用有关。Haspelmath 从语言演变的共性角度，将语法化的频率条件概括为"候选者相对于其他参与竞争的候选者使用频率越高，那么它发生语法化的可能性就越大"[②]。我们可以回推，既然使用频率低的疑问句、祈使句的"等"已经语法化为被动标记词，那么使用频率高的肯定陈述句中的"等"也应相应地语法化为被动标记词。在罗田方言里"把"字被动句、"尽"字被动句是强势句式，首先应该是在陈述句这一主战场占领阵地，占领主阵地后，才会去扫荡到疑问句、祈使句等一些边边角角的

---

① 汪化云：《黄孝方言中"等"的语法化》，《方言》2017 年第 2 期。

② Haspelmath, M. 2001. Explaining the Ditransitive person – role constraint：A usage – based approach［R］. Paper presented at the International Conference on Cognitive Linguistics, UC Santa Barbara, July 2001.

地方。因而可以预测，在不久的将来，"等"字被动句将会在罗田方言口语中萎缩直至消失。

第四节　"驮"字被动句①

"驮"音［tho⁵³］，阳平，在罗田方言里兼作动词和介词。作介词时相当于普通话中的"被""遭受"，也可以作被动句的标记词，作用是表示被动。如：

（1）你出的馊主意，回去驮我老头子一顿臭呾了_{回家被我老头子骂了一顿}。

（2）我细时候可怜得很，光驮我大儿打_{驮我大儿呾}_{我小时候很可怜，老是被我的母亲打}。

（3）你昨天回去晚了，驮呾冇_{被骂了没有}？

（4）你简样地做，小心驮批评_{你这样做，小心被批评}。

"驮"作为被动标记词，表示被动，可以引出施事，如例（1）、（2）；施事者也可以不出现，如例（3）、（4）。

本节讨论"驮"字被动句式，将其记作：NP₁ + 驮 + NP₂ + VP。其中，"驮"为被动标记词，"NP₁"一般是位于句首的名词性成分，"NP₂"是被动标记词所引介的宾语，一般也是名词性成分，"VP"是被动句式的谓语成分。

一　"驮"字被动句的句法形式

（一）被动句中的体词性成分 NP₁、NP₂

1. 体词性成分 NP₁

A. 被动句中的体词性成分 NP₁一般不省略，但可以承前隐现，如"你做么事的人，驮他打了。"

B. 被动句中的体词性成分 NP₁通常是有定的。如：

（5）小红驮她娘嚼了_{小红被她妈妈骂了}。

---

① 本小节以《汉语方言"驮"字被动句的特征分析及其生成机制——以罗田方言为例》为题，发表于《武汉理工大学学报》（社会科学版）2016 年第 6 期。

（6）细斌驮他老子打了一顿。

C. 被动句中的体词性成分 NP_1 通常是指有生命特征的事物，一般都指人。如：

（7）他驮老王打了。

（8）猪驮我踢了一脚。

NP_1 如果是无生命特征的事物，有些句式就不成立了。如：

＊（9）柴驮老王走了。

＊（10）面粉驮我踢了一脚。

NP_1 具有限制性，不能是无生命特征的事物，这说明在罗田方言里，"驮"作为被动标记词语法化程度不高。

2. 体词性成分 NP_2

A. 被动句中的体词性成分 NP_2 主要表示动作的施事，也可以省略，如：

（11）他驮呾了，他老娘厉害得很_{他被骂了，他老娘很厉害}。

（12）王老壳子驮表扬了_{王老头儿被表扬了}，经理还给他发了先进证书。

省略掉的 NP_2 可以依据语境补充起来，如例（11）—（12）可以分别补出"他老娘""经理"。省略掉 NP_2 则"驮"字句遭受义特征更强烈。

B. 通常情况下 NP_2 可以分为以下两种情况：

一是具有生命特征的施事者。如：

（13）他驮老师表扬了。

（14）细毛儿驮老王批评了。

二是动作凭借的工具。如：

（15）他驮车撞了，满身都是血。

（16）东西瞎放，我驮它跶了一跤_{我被它摔了一跤}。

例（15）—（16）中"车""东西"虽然没有生命特征，但是可以作为动作凭借的工具，谓语动作凭借工具可以对受事主语产生影响。

跟"把"字句、"尽"字句、"等"字句不同，"驮"字被动句不能表示动作实施的原因。如：

＊（17）她驮好吃嘴巴馋害了，婆屋的婆家把她赶了。

＊（18）细伢儿驮风吹病了，只有送到医院去了。

（二）被动句中的谓词性成分 VP

1. 罗田方言"驮"字句中的谓语动词，相对于"把"字句来说，范围更加小，一般都是使用频率比较高的表处置意义的动词，基本可以穷尽列举，如："打""喝""摔""绊""说""烧""骂""咀""杀""抢""偷""骗"等单音节动词，其他动词都不能构成被动句中的谓词性成分 VP。如：

＊（19）他驮别个看到了。

＊（20）他驮你打伤了。

＊（21）他的话驮你听见了。

＊（22）他驮你有了。

＊（23）他驮你送行了。

2. 在罗田方言中，谓语动词可以是"光杆动词"。当普通话中的"被字句"的谓语动词是一个音节时，前后一定得带上别的成分①，但是罗田方言里的"打、笑、骂、说"等常用单音节动词可以直接充当"驮"字句的谓语成分。如：

（24）你快走，莫驮别个打。

（25）我这大年纪的人驮别个笑，丢人。

（26）大早上的驮你骂，不吉利。

（27）驮别个说，划不来。

"驮"字句谓语成分一般都是单音节动词，与"被"字句发展初期一样，是一种不太成熟的被动句。

3. 除了上述使用频率比较高的单音节动词"打、笑、骂、说"可以独用外，也可以前加状语成分，或者是后加成分形成述补结构、述宾结构。

一是前加状语成分。罗田方言中前加状语主要在动词前加上"箇"。例如：

（28）他就驮你箇样儿咀，真是好脾气。

（29）你二茗啊，驮他箇样儿盘_{整治}。

---

① 丁声树：《现代汉语语法讲话》，商务印书馆 1999 年版，第 100 页。

二是后加补语形成述补结构。如：

（30）我驮他气死了。

（31）他驮风吹病了。

（32）我驮他咬了一口。

例（30）是后加程度补语，例（31）是结果补语，例（32）是数量补语。

跟普通话中的标记被动句不同的是，"驮"字句的谓语成分较少是述宾结构、连动结构，更少用于复杂结构中。

4. 跟"把"字句一样，除了上述使用频率比较高的单音节动词"打、笑、骂、说"可以独用，以及在动词前加状语"箇"外，其他"驮"字被动句 VP 后必须有帮助表示动作完成的语气词"了"，如果没有，"驮"字被动句便站不住脚，不能成立，这也是它与普通话被动句的不同之处。如：

（33）那个极好看的花瓶驮他打摔破了。

　　　＊那个极好看的花瓶驮他打。

（34）你驮他抢了，几没用你被他抢了，非常没有用。

　　　＊你驮他抢，几没用。

（35）你的良心驮狗吃了。

　　　＊你的良心驮狗吃。

（36）一壶茶驮他几口喝光了。

　　　＊一壶茶驮他几口喝光。

5. 可以直接在"驮"后附加上动态助词"了"，如：

（37）你驮了他打啊？

（38）你驮了老师的表扬？

普通话中"被"字句的被动标记后面不能加动态助词，这说明"驮"的动词意味还很强，语法化程度不高。但这个"了"也可以移到谓语动词之后，如：

（39）你驮他打了啊？

（40）你驮老师表扬了？

6. VP 前可以加上数量词或者加上助词"的"，使其谓语成分转化成体词性成分，如：

（41）你驮他一顿打啊？

（42）你驮老师的表扬了？

如例（41）"驮"后VP"打"前加上数量词"一顿"，使谓语成分"打"转化成了体词性成分"一顿打"，这样"驮"就是句子的主要谓语动词，不再是被动标记词。

从上述"驮"的结构特点来看，相对于一般被动标记句，"驮"字句在罗田方言里语法化程度不是很高，主要表现在以下六点：一是NP_1通常是指有生命特征的事物；二是NP_2可以省略，此时句式的遭受义强；三是谓语动词范围小，一般都是使用频率比较高的表处置意义动词；四是谓语成分一般都是单音节动词，且谓语成分简单（谓语成分是否复杂是被动句是否成熟的标志，动词前后越复杂，被动句就越成熟）；五是"驮"后能附加上动态助词"了"；六是VP前可以加上数量词或者加上助词"的"，使其谓语成分转化成体词性成分，这样"驮"就转化成句子的主要谓语动词。

二 "驮"字被动句的语义特点

"驮"字被动句具有"受动性""结果性"以及"歧义性"等语义特征。

（一）表受动性

如：

（43）他驮老师呾了。

（44）毛头驮队长打了。

"驮"具有增强把动作行为的施动力引向前面受事主语"他""毛头"的能力，受事主语只能被动、消极地接受施动者"老师""队长"所拥有的权力，失去了反抗力。如上例中，他作为学生不敢和老师还嘴，毛头作为普通群众也不敢与队长对抗，因而主语具有较强的受动性。

（二）表结果性

"驮"字被动句中的谓语动词具有较强动态性且易引发结果，如"打、骂、杀、砍"等动词，因而使得"驮"字句蕴含有较强的遭受义结果性。如：

（45）他驮了别个呾，脸一黑倒。

（46）红明驮了老师打，哭浠了得。

如例（45）他因受到"别个呾"，而"脸一黑倒"，例（46）红明因受到"老师打"，而"哭浠了得"，都具有较强的结果义。

（三）表歧义性

普通话"被字句"中的标记词"被"是从"遭受"动词义虚化为表被动关系的标记词，在普通话书面中使用频率很高，且表现为严格意义上的被动形式。在罗田方言中，被动标记词"驮"也是由"挨、遭受"义动词虚化而来，但远不如"被"字句虚化得彻底，因此常与一些非被动句存在较多的纠葛。如：

（47）菜驮猪吃了。

（48）柴驮他砍了。

例（47）—（48）中的"驮"可以理解为"遭受"义动词，抑或理解为"被动"义介词，因而有歧义性。

三 "驮"表被动的来源

据已有研究，"驮"在方言中作为被动标记词表示被动，仅见于南昌方言。在南昌方言里，"驮"的遭受义强烈，还可以跟某些动词组合形成固定结构，如：驮册被骗、驮提被捉弄、驮眯被戏弄、驮削挨打、驮打挨打、驮表扬受表扬[1]。罗田方言与之相似，也可以跟某些动词组合形成固定结构，如：驮呾、驮骂、驮削、驮打、驮表扬、驮嚼被说、驮说、驮［luo⁴⁵lian⁵³］批评、驮吵、驮官司吃官司。

（一）罗田方言"驮"的几个含义

罗田方言"驮"主要有以下几个含义：背负；挨，遭受；表被动。下面分别称之为驮₁、驮₂、驮₃。

1. **"驮₁"表示"背负"**

"背负"是"驮"的基本义，《说文新附》："驮，负物也。从马，大声。此俗语也"，《广韵》："驮，骑也"，《集韵·卷三》："驮，马负物。"如：

---

① 魏钢强、陈昌仪：《南昌话音档》，上海教育出版社1998年版，第90页。

（49）到哪儿都把他的外孙一驮着到哪里都背着他的外孙，爱得像个宝样。

（50）这个包好重啊，你驮不驮得起？

（51）简骆驼型这个骆驼一样的人，驮重不驮轻。

（52）你驮个锄头到哪里去忙？

（53）我的包你驮哪儿去了，我找半天没找到。

从以上诸例中可以看出，"驮"既可以表示"用人背负"，也可以表示用"牲畜背负"，事实上因为马、驴子等牲畜背负物品现在很少见，因此更多是用来表示"用人背负"。"驮"既可以翻译成"背"，如例（49）—（51）；也可翻译成"扛"，如例（52）；还可以翻译成"拿"，如例（53）。"驮"在罗田方言使用频率很高，除此之外，由"背负"义还引申为其他的意义，如：

（54）她驮肚子了，把她婆婆高兴得要死。

"驮"由"背负"义进一步引申为"怀孕"，"怀孕"意味着身体要"背负"着一个生命物，"肚子"就是隐喻"小生命"。"驮肚子"应是罗田话中即隐晦又通俗的说法。

2. "驮₂"表示"挨、遭受"义。如：

（55）沾你的光，我光驮呫我老是被骂。

（56）这几年倒霉，驮了官司。

（57）昨儿你把碗搭了，驮打有没有？

（58）三毛儿手痒得很，到处乱搞，想驮削想挨打。

（59）我才懒得没事找事，驮气恼我才不想没事找事，遭气恼。

3. "驮₃"表示"被动"。如：

（60）我整天驮你呫有么意思啥我整天地被你骂，有什么意思呀。

（61）小红儿昨儿驮她奶打了，哭浠了得小红儿昨天被她奶奶打了，哭浠浠的。

例（55）、（56）"驮"可以视为被动标记词，作用是引出施事，此时主语通常是受事成分。

（二）"驮"字几个含义的历史层次及在现代方言里的分布

1. "驮₁"

"驮₁"表示"用牲畜背负"义自汉末就产生，之后一直沿用，如：

（62）以一马自驮负三十日食，为米二斛四斗、麦八斛。（《汉纪·前汉孝宣皇帝纪三》卷十九）

（63）驮，马负貌。（《玉篇》）

（64）又有一人从幽州来，驴驮鹿脯。（《北齐书·高湝传》）

（65）万里驮黄金，蛾眉为枯骨。（常建《昭君墓》）

（66）连忙开出门来，叫起家人打叠行李，把自己喂养的一个蹇驴，驮了蕙娘，家人挑箱笼，自己步行。（《初刻拍案惊奇》卷十六）

（67）你将驴缰勒死了我，又驴驮我海边，丢尸海中了。（《初刻拍案惊奇》卷十四）

（68）那十三年前，带领家童数十，放鹰逐犬，忽见一只斑斓猛虎，身驮着一个女子，往山坡下走。（《西游记》第三十回）

"由牲畜负物"引申为表示"用人背负"义，此义到宋代才产生。如：

（69）却说刘官人驮了钱，一步一步捱到家中。敲门已是点灯时分。（《宋话本·错斩崔宁》）

（70）我的父亲见昨日明明把十五贯钱与他驮来作本，养赡妻小，他岂有哄你说是典来身价之理？（《宋话本·错斩崔宁》）

（71）南陔道："臣被贼人驮走，已晓得不是家里人了，便把头带的珠帽除下藏好。"（《二刻拍案惊奇》卷五）

（72）周氏道："可叫洪三起来，将块大石缚在尸上，驮去丢在新桥河里水底去了，待他尸首自烂，神不知，鬼不觉！"（《警世通言》卷三十三）

"驮"表示"背负"义中"由人背负"与"背"表示"背负"义重合，如：

外边亲友哭哭啼啼的迎接，那里面搀的、扶的、驮的、背的都出来了，出了大门各人相邀。（《隋唐演义》卷五）

相对于"背"，这种"由人背负"的"驮₁"义使用频率并不高，在汉语史上，"用马或者牲畜负物"时多用"驮₁"，其他的场合多用"背"。"驮₁"义表示"由人背负"在具有江淮官话色彩的《西游记》中出现频率较高，其中用"背"表示"背负"仅6例，用"驮"表示"背负"有100余例。如：

（73）三藏道："你三个计较，着那个驮我过去罢。"（第四十三回）

（74）呆子笑嘻嘻的叫道："哥哥，我驮你。"（第四十九回）

（75）只是水底下有一个井龙王，教我驮死人；我不曾驮，他就把我送出门来，就不见那水晶宫了，只摸着那个尸首。（第三十八回）

（76）师父甚有善心，教我解下来，着师兄驮他一程。（第四十一回）

"驮"表示"由人背负"，这与同是江淮官话的罗田方言是一致的。这类用法在其他地方方言中也出现，如属于江淮官话的湖北鄂城（"把针驮来"），吴语的浙江杭州、宁波、青田、温州，还有仓南金乡（"走阳台里驮椅子"），闽语浦城忠信、浦城盘亭、福建建瓯，徽语绩溪、歙县，客家话江西瑞金等地也是用"驮"表示"由人背负物品"①。

2. "驮₂"

"驮"表示"挨、遭受"在近代汉语里很难找到用例，只有在地方方言口语资料里寻到几例。如：

（77）有天傍晚，老游刚挨了斗驮了打回来的。（胡桔根《田螺弯趣事》）

（78）公和公和，板子难驮，将你送到有司衙门，责打四十大板。（洪非《天仙配》）

（79）向书记怕驮骂，想脱凡身。（熊尚志《古老的紫铜锣》）

（80）丫头驮打，丫头驮骂，丫头也是爷娘生，夫人打我，少打几下。（赵景深辑《古代儿歌资料·孺子歌图》）

《古老的紫铜锣》是赣语区安徽宿松作家熊尚志创作；《田螺湾趣事》也是赣语区江西高安作家胡桔根创作；黄梅戏《天仙配》的基础方言是"怀宁腔"，而怀宁也属于赣语区。《古代儿歌资料·孺子歌图》来历不明，但不难推测出："驮"表示"挨、遭受"义在赣方言中是通行的。另据许宝华、宫田一郎主编《汉语方言大词典》记载，江淮官话安徽安庆（小伢子驮打）、南京（驮铳的），赣语高安老屋周家（驮打），鄱阳（驮骂）等地也是用"驮"表示"挨、遭受"义。

"驮"由"人背负具体的事物"进一步引申为"背负抽象的事物"，如

---

① 许宝华、宫田一郎：《汉语方言大词典》，中华书局1999年版，第2348—2349页。

"骂""打"之类，就由"背负"义引申为"挨，遭受"义。在共同语中，表示"挨，遭受"义的"驮₂"很难找寻到用例，我们推测，一方面因为"驮"如《说文新附》中所言是一"俗语"，很难进入雅言的"共同语"中，因而影响了"驮"的语法化过程；另一方面"驮"在古典文献中主要用于"牲畜负物"，"人负物"的功能大部分由"背"来承担了。而"驮₂"的"挨、遭受"义是由"人负物"的"驮₁"引申而来的，缺少"人负物"的"驮₁"这一大前提，"驮₁"就很难语法化为"驮₂"。

3. "驮₃"

"驮₂"在近代汉语里也很难寻到用例，"驮₃"在近代汉语里更难寻到用例，但在江西南昌、东乡、宜黄、黎川等地"驮"已经发展成为成熟的被动标记。如：

（81）冒跑几远就驮人家捞到了抓到了。（魏钢强、陈昌仪《南昌话音档》）

（82）什哩事驮渠晓得了，就跟上了广播样。（刘纶鑫《客赣方言比较研究》）

罗田方言、南昌方言"驮₃"表示"被动"应该是从"驮₂"表示"挨，遭受"义演变而来，因为"驮₂"在这两种方言中反复使用，出现频率高，就容易语法化为被动标记词"驮₃"。虽然，作为被动标记目前除了南昌、东乡、宜黄、黎川等赣方言外，其他方言未见报道。但同为"遭受"义来源的被动标记词在汉语史上出现比较早，如产生于战国末期并仍在现代汉语普通话中使用的"被"，即属此类。现代许多官话方言也常使用"被"作为被动标记词，引出施事，如：

（83）他被别个打了一顿。（江淮官话）

（84）衣服被风吹跑了。（北京官话）

根据郑宏（2010）[①]、屈哨兵（2008）[②]研究统计，综合学界其他研究成果，一些方言中使用"遭受"义来源的被动标记词统计如表3-4：

---

① 郑宏：《浅谈汉语各方言被动表示法的差异及成因》，《湖南医科大学学报》（社会科版）2010年第2期。

② 屈哨兵：《现代汉语被动标记研究》，华中师范大学出版社2008年版，第209—221页。

表 3 – 4   部分方言使用"遭受"义来源的被动标记词统计表

方言	被动标记词	例句
宁夏固原、银川，四川成都、自贡，贵州贵阳、黎平	遭	我遭他骂了一顿。（四川成都） 两个队遭（雨）打了。（宁夏固原）
山西新绛	招	招狗咬了。 招砖砸了。
安徽凤阳、五河、怀远，江苏盐城、连云港，湖南临武，广西柳州、桂林	挨	我挨他打一拳。（江苏盐城） 这座桥挨水冲垮了。（广西桂林）
山东荣成、寿光、利津，河北满城、保定、博野、易县、涞水，湖北随州，四川成都、南充，贵州贵阳、遵义、毕节、清镇、赫章，云南昆明、大理、腾冲、玉溪、水富、澄江、邵通、永胜、蒙自、曲靖、临沧，广西南宁心圩、陆川，广东广州，江西黎川	着	那本书着他拿走了。（山东利津） 脚着石头砸了。（河北满城） 耗子着猫吃了。（四川南充） 去寻柴，着人家打了一顿。（湖北随州） 我着骗了。（贵州贵阳）
湖南隆回湘语[1]	吃	我吃其撕个一本书。

由表 3 – 4 可知："遭""招""挨""着""吃"等"遭受"义来源的被动标记词，在方言中使用比较普遍，作为介词用于被动句，用以引进动作的施事，表示前面名词的受事，且出现这类被动标记的被动句一般都有遭受损害等消极意义在其中。相对于其他被动标记而言，"被"的虚化程度较高，发展相对成熟，不像"着""遭""招""挨""吃"，在方言中仍保留动词的用法。[2]

同样，"驮"在罗田方言里虽然有作被动标记的功能，但一样语法化程度不足，罗田方言的被动标记与普通话被动标记相比，一是纷繁复杂，罗田方言的被动标记词还有"把""等""尽"，一定程度上影响了"驮"作为被动标记词的语法化进程；二是这些被动标记词一般兼作动

①　丁加勇：《隆回湘语表被动的"吃"字句式及其配价研究》，载邢福义主编《汉语被动表述问题研究新拓展》，华中师范大学出版社 2006 年版，第 100 页。

②　魏钢强、陈昌仪：《南昌话音档》，上海教育出版社 1998 年版，第 133 页。

词,如"驮"可以作动词表示"背负""挨,遭受",经常用在主动句中,这些都说明罗田方言"驮"字被动标记的语法化程度不足,没有成为专职的被动标记。

总而言之,"驮"字"被动"义源于其"遭受"义,而"遭受"义源于其"背负"义,其语法途径可以描述为:"驮₁"(背负义)→"驮₂"(遭受义)→"驮₃"(被动义)

"驮"字在罗田方言里兼作动词和介词,作介词时相当于普通话"被""遭受",因而也可以作被动标记词。"驮"字被动句的结构特点与严格意义上普通话的被动句相比,发展还不是很成熟,其句式语义具有表受动性、表结果性、表歧义性等特征。"驮"字被动句主要分布于赣语区,以及受赣语辐射影响的江淮官话区,而在普通话和其他方言中确实很少见,体现了方言语法发展的自足性和系统性特征。

本章小结

一 罗田方言被动句标记词语法化路径

罗田方言标记被动句中"把"字被动句是由"给予"义语法化为"使役"义,再由"使役"义语法化为"被动"义;"等"是由"等待"义语法化为"使役"义,再由"使役"义语法化为"被动"义;"尽"是由"任凭"义语法化为"使役"义,再由"使役"义语法化为"被动"义;"驮"是由"背负"义语法化为"遭受"义,然后由"遭受"义语法化为"被动"义。我们可以将这四条语法化路径具体概括如下:

给予义动词"把"↘
等待义动词"等"→使役义动词"让"→被动标记词"被"
任凭义动词"尽"↗
背负义动词"驮"→遭受义动词"挨、遭受"→被动标记词"被"

Heine&Reh(1984)、Heine&Kuteva(2002)考查了世界多种语言,列举了500多种语法化链,其中就有"给予→使役→被动"这一语法化过程，洪波、赵茗（2005）研究了闽方言、客家方言、粤语还有泰语、南部壮语等，发现也有"给予→使役→被动"这一语法化链。罗田方言的"把"字被动句的语法化途径正好与此相同，"尽"字被动句与"等"字被动句虽然由不同的动词义语法化为使役动词，但最终还是汇集到使役动词语法化为被动标记词这一链条中来，可谓是异源同流。

Heine&Reh（1984）、Heine&Kuteva（2002）也列举了"遭遇→被动"这一语法化过程，罗田方言"驮"也是按照这一规律语法化为被动标记词，汉语的"被""见"也是遵循这一规律，这也从另一方面检验了我们对语法演变解释的合理性。

二　罗田方言被动标记词语法化程度及使用范围

普通话里"被"字句被动标记是从战国末年发展而来的，语法化程度充分，且几乎成为普通话的唯一被动标记，罗田方言"把""等""尽""驮"字被动句虚化程度相对于普通话里的"被"字句来说，虚化程度前者不及后者高，它们除了被动用法以外，还有作为动词的主动用法。造成这一局面的原因：一方面是因为方言没有书面语，因而缺乏历史的积累与加工，加上人口流动迁徙，语言频繁接触，造成罗田方言现存多种被动标记。多种标记的并存分化了其使用频率，这样就延缓了其语法化的进程。另一方面是由于方言的话语是在具体语境中交流的，语境中的话题、所指、背景、共有信息是全面而自足的，所以"把""等""尽""驮"表示动词还是引进施事或受事，都可以凭语境判断，因此罗田方言中的被动标记可以兼有其他功能而不妨碍信息交流。

就罗田方言"把""等""尽""驮"字句被动标记内部虚化程度而言，"把"＞"尽"＞"等"＞"驮"，这也是基于他们使用范围而言的，它们的使用范围也是"把"字句＞"尽"字句＞"等"字句＞"驮"字句。其中"把"字被动句使用范围最大，是罗田方言中最常用的被动标记词，"驮"字被动句使用范围最小，并且还保留了强烈的遭受义动词特征，"一个语法演变从产生、扩展和扩散到最终完成是一个较长的历史过程，因此，汉语历时语法研究的重点应该是语法演变的扩展和扩散过程，而不是单纯的语法创新。"[①]"驮"字的被动表示法在罗田方言里可能正处在一种扩展和扩散的过程中，还没有最终实现语法创新，但此现象也应引起我们足够的重视。"等"字被动句相对"驮"字被动句次之，它经常使用于疑问句和祈使句，与"把"字被动句、"尽"字被动句形成互补分布。也就是说，即使是表层形式或配置类型相同的格式，在不同的方言里也可能会有不同的句式表现意义，或用索绪尔的话来说，其"价值"可能不同，而价值不是取决于形式本身，而是取决于相关形式在整个系统里的地位和关系。

三　罗田方言标记被动句 NP_2 的隐现问题

在罗田方言里，NP_2 在被动句中占有重要地位，除了"驮"字被动句外，另外三种句式均不能省略或隐去。而普通话的"被"字句，在一定条件下，NP_2 是可以省略掉的，为什么会有这种不对称现象？诸多学者如向柠和贝先明（2010）、左林霞（2004）等都认为与被动标记词的虚化程度有关。邓思颖（2003：198）甚至认为只有词汇性较弱、功能性较强的被动词才能进入短被动。屈承熹（1998）认为普通话被动句中的"被"字句能降低施事的主题性，提高受事的主题性，它的功能是用来提高施事的有效率程度和受事的受作用程度。俞光中（1999：55）认为带施事者与否只是各种被动句的约定习惯。对此，我们认为 NP_2 的隐现诚然与被动标记的虚化程度、标记词的功能、使用被动句的约定习惯有一定的关系，但不是根本原因。因为"驮"字作为标记词在罗田方言里语法化程度并不高，但句中的 NP_2 居然是可以省略掉的，在南昌方言里，"驮"字被动句作为常用被动句之一，语法程度比罗田方言高，也可以省略掉。因而我们认为 NP_2 的隐现与语法化程度高低应该是没有关系的，邓思颖的结论应是仅仅适用于汉语共同语，而不能扩展到汉语方言领域。同样，"等""尽""把"字句等也能和"被"字句一样能降低施事的主题性，提高受事的主题性，它的功能是用来提高施事的有效率程度和受事的受作用程度的，也不是 NP_2 隐现与否的根本原因，至于说带施事者与否只是与各种被动句的约定习惯有

---

① 吴福祥：《汉语历史语法研究的检讨与反思》，《汉语史学报》2005 年第 00 期。

关，不能解决根本问题。万事还得追根溯源，标记被动句的 NP_2 能否隐现应是与标记词语法化途径有关，而标记词的语法化途径与标记词的本身语义特征密切相关。因此，追根究底，标记被动句的 NP_2 能否隐现与标记词的语义特征是息息相关的。

具体而言，罗田方言中"把""等""尽"字被动句以及普通话中的"叫（教）""让"字被动句都是从使役句演变而来的，它们语法化的句法环境是" N_1（主使者） $+ V_1$（使役动词） $+ N_2$（受使者） $+ V_2$ "，因为在使役句中受使者 N_2 是必有题元，不可或缺，所以"把""等""尽""叫（教）""让"字被动句由使役式通过重新分析变为被动句" N_1（受事） $+ V_1$（被动标记词） $+ N_2$（施事） $+ V_2$ "后，源结构中的 N_2 强制性共现这一句法属性仍然"滞留"在后来的被动式里。汉语"被"字句及罗田方言里的"驮"字被动句来源与话题句" $S + V_{动词} + V_{宾语}$ "，伴随着"被"与"驮"的语法化，" $S + V_{动词} + V_{宾语}$ "被重新分析为" $N_{受事} + M_{标记词} + V_{宾语}$ "，此后经过扩展，"被"字句、"驮"字句又出现了" $N_{受事} + M_{标记词} + N_{施事} + V_{谓语动词}$ "句式。所以在罗田方言和现代汉语中，"被"字式和"驮"字式具有" $N_{受事} + M_{标记词} + V_{宾语}$ "与" $N_{受事} + M_{标记词} + N_{施事} + V_{谓语动词}$ "这两种交替的形式。之所以这两种构式的历史演变不同，主要与它们的语义特征息息相关，NP_2 强制性共现与"把""等""尽""叫（教）""让"的使役义动词性特征有关，而 NP_2 的可现可隐与"驮""被"遭遇义特征有关，"遭遇义"特征词不要求 NP_2 必现。所以，吴福祥（2005）说：在方言的共时语法系统中我们常常看到，同一个语法意义可以由若干个不同的语法结构式来表达，这些"同义"结构式往往代表了不同的语法层次，从而造成了共时的语法变异，要想对这种不同的语法层次作出清楚的说明，共时语法研究往往捉襟见肘，而历时语法正可济其穷。[①] 因而，追根溯源往往能得到更加合理的解释。

四 罗田方言多种标记被动句共存及未来发展预测

"把"字句、"等"字句、"尽"字句、"驮"字句在罗田方言里四

---

① 吴福祥：《汉语历史语法研究的检讨与反思》，载浙江大学汉语史研究中心编，上海教育出版社 2005 年版。

合共存，并不是同一方言的历时更新，而是不同方言语法成分之间的竞争与替换。汉语方言的被动标记具有多源性、多样性及多功能性等特点。这些现象的背后到底隐含着什么根本的语法动因？要回答这个问题，从被动标记本身是难以找到答案的。因为我们实在难以找到这些标记现象的共性①。从上文我们所能寻找到"把"字句、"等"字句、"尽"字句、"驮"字句的方言地理分布来看，这四种表达方式都能在赣语中寻找到大量的踪迹，这与历史上洪武大移民的江西填湖广是息息相关的，人口的迁徙流动，特别是覆盖式的移民，语法大部分是复制到迁徙地移民的口语中，因为移民是来自江西各地，所以就会有不同的被动语法标记共存于罗田方言中。

就现在罗田方言被动句使用状况而言，"把"字被动句是最常用的句式，"尽"字句次之，而"等"字句主要用在祈使句、疑问句中，"驮"字句使用最少。因而，由于受标准语、书面语及湖北境内其他"把"字句显著句法范畴的多重影响，我们推测，"等"字句、"驮"字句将会退出历史舞台，而"尽"字句的使用范围也会缩小，"把［ma］"字被动句会坚守一段时间，但在坚守的过程中有可能发生音变，与武汉方言一样，音变为［pa］。因而进行方言语法研究是很有必要的，且应尽早、尽快，否则一些很有价值的语法现象会随着老一辈人的逝去而流失，许多方言的珍宝也将遗憾消散。

---

① 何洪峰：《试论汉语被动标记产生的语法动因》，《语言研究》2004 年第 4 期。

第四章　处置句

处置式表达形式繁复多样，一直是汉语及方言学界研究的热点，罗田方言的处置式也同样丰富多彩，颇具地方性特色。下文将从处置句研究概述、罗田方言的处置句表达方式以及处置标记语法化等三个方面进行考察研究。

第一节　研究概述

"处置式"是王力（1944）提出的一个术语，他在《中国现代语法》中说："中国有一种特殊形式，就是用助动词'把'（或'将'）字，把目的位提到叙述词的前面，以表示一种处置者，叫作处置式。"处置句是一个复杂的问题，自这一概念提出后，学者们对处置句进行了卓有成就的研究，各种成果不断见诸于各类专著和论文中。

一　现代汉语处置句研究概貌

早期的处置句式研究主要集中在"把"的宾语指称性问题、"把"字句动词及"把"字句与相关句式的变换关系等方面。如吕叔湘在《中国文法要略》（1942）、《把字用法的研究》（1948）、《现代汉语八百词》（1980）等著作中专门讨论了必须用"把"字句的几个条件，从意义上对"处置式"进行了界定，并指出处置式目的词后面不能只跟一个简单的叙述词，而必须要有补语或者"了""着"等成分，"把"字后面的名词所指事物是有定的、已知的，否定词"不、没"一般用在"把"字前；朱德熙（1982）则指出"把"字句与某些受事主语句有密切关系，并对"把"字句里的动词进行了探讨。20 世纪 80 年代中期后，一些学者开始从语用角度考察"把"字句的特点。曹逢甫（1987）从"主题—评论"角度考察汉语的"把"字句，认为"把"字句有两个主题，"把"字句的主语是第一主题，"把"的宾语是第二主题。张旺熹（1991）则从篇章角度考察了"把"字句的语境特征，认为"把字结构"在实际语用中，处于一个因果关系的意义范畴之中，当人们强调这种因果关系时，便使用"把"字句。金立鑫（1997）认为"把"字句的焦点是"把"的宾语，"把"字句的使用有上下文语境的要求。

　　20 世纪 90 年代前后，因为不满足于笼统的"处置义"的说法，薛凤生（1987）将"把"字句写成 A 把 B + VP，由于 A 的关系，B 变成 C 所描述的状态，而不是 A 如何处置 B。另外一些研究者利用封闭语料或语料库具体考察了"把"字句的实际使用状况，进而总结出"把"字句典型的语义和使用环境。如崔希亮（1995）对《红楼梦》和《男人的一半是女人》两部时间相距 250 年的著作中"把"字句的使用情况进行了分类统计，总结出"把"字句的典型形式及"把"字句的典型语义，并对薛凤生的结论进行了修正和补充。他认为从语义上看"把"字句有两类：结果类和情态矢量类。结果类"把"字句可以分析成两个表述 P_1 和 P_2，两者之间存在着因果关系，而情态矢量类不能这样分析。张旺熹（2001）利用语料库统计分析的方法对 2160 个"把"字句的内部语义问题进行了深入的考察，结果发现其中有 1121 个"把"字句表现的是物体的空间位移。因此，张文指出典型的"把"字句凸显的是一个物体在外力作用下发生空间位移的过程。最近，朱佳蕾、花东帆（2018）提出"被动主动句"说法。这些结论都大大推进了人们对汉语处置句的认识。因此，有些学者认为普通话中的一些"把"字句实际上没有处置语义，甚至要求取缔处置式。我们可以看到，研究现代汉语标准语语法的学者中，更多的人愿意使用"把"字句的说法，这样有一个显而易见的好处：可以避免处置句无处置义的诘难。①

二　汉语处置句的历史来源研究概况

　　关于汉语方言处置句的历史来源研究也取得了较多的成果，如祝敏

---

　　①　李蓝、曹茜蕾：《汉语方言中的处置式和"把"字句（上）》，《方言》2013 年第1 期。

彻（1957）、王力（1958）、太田辰夫（1958）、陈初生（1983）、叶友文（1988）、梅祖麟（1990）、魏培泉（1997）、冯春田（2000）、曹广顺和遇笑容（2006）、刘子瑜（2002）、吴福祥（2003）、石毓智（2005）。对于各家的研究成就，饶春和王煜景（2012）已经作过精彩的述评，此处不赘述，其历史来源可以以吴福祥（2003）《再论处置式的来源》作为代表，他在前人观点的基础上将处置式的各类纳入一个整体的框架来考虑，认为"汉语处置式的产生与演变经历了'连动式 > 工具式 > 广义处置式 > 狭义处置式 > 致使义处置式'这样的一个连续的发展过程，在这个演变过程中有两种句法演变的机制发生过作用：由连动式到工具式以及由工具式到广义处置式的演变是重新分析的结果，而由广义处置式到狭义处置式以及由广义/狭义处置式到致使义处置式的演变是扩展的产物"。吴福祥在具体的论证考察过程中，不仅引用了大量的历史文献，且从类型学视角利用汉语方言和西非语言进行平行论证，其论证过程应是科学可信的。

三　汉语方言处置句的研究概况

处置句研究同样是汉语方言语法研究中的热点。近年来，一些研究者开始对汉语方言处置句的类型及标记分布作了全面的考察和探讨。如曹茜蕾（2007）考察了 200 个方言点资料，从南到北分析了粤方言、客家方言、赣方言、湘方言、吴方言、徽州方言、闽方言、北方话、晋方言、广西平话、瓦乡话等 11 种处置标记类型，认为汉语方言里的处置标记主要有 3 个来源：一是"拿、握"一类意思的动词；二是"给、帮"一类意思的动词；三是伴随格。继而详细探讨了这 3 种处置标记的语法化过程。陈山青和施其生（2011）将汉语方言中表达处置的手段归纳为四种，并指出在一些方言中存在以上 4 种基本处置式的叠加使用情况，从而造成方言里的处置表达形式丰富而复杂。李蓝和曹茜蕾（2013）考察后认为汉语方言中的处置标记有 113 个，分别来源于拿持义、给予义、得到义、趋向义、使令义、连接义、助益义、言说义等动词，认为处置标记一般是前置的，少数也有后置的；且认为汉语方言中的"把"字句功能复杂，句式繁多，用法及意义跟普通话及历史文献资料大不相同；最后，还讨论了"把"字句的功能扩展和区域消隐问题，认为"把"字句在湖北、湖南及邻近的江西、安徽等地是一种活力很强的句式，具有明显的区域特征，顺便还讨论了湖广型的"双把双及物结构"的句法分析问题，认为这种把字句还是应该视为重动句。这些前辈学者既注重微观的方言现象描写，也注重宏观把握汉语方言处置式的类型和分布，这应该是方言处置问题研究值得肯定的新方向。张敏（2011）以工具语义及相关角色的语义地图为底图，构建了一幅汉语方言主要间接题元的语义地图，并利用这幅语义地图大致确定了汉语处置式的类型学地位，认为汉语方言处置句是世界上罕见的一种格式，其中处置标记只与工具语标记和受益者直接相关，排除了汉语方言界提出的一些其他的可能，如：处置标记与给予动词、伴随者标记、被动标记等直接相关的可能性。张敏构建的语义地图如图 4 - 1 所示：

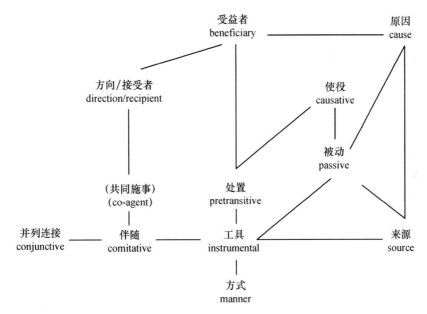

图 4 - 1　张敏的语义地图

　　张敏先生对这幅图是很有信心的，已经得到不少的验证支持，认为基本布局已难以改动。

　　对各个方言点处置句及处置标记的描写一直是汉语方言语法研究的主要关注点，如黄伯荣（1996）收入了 28 个方言点的各种处置句和处置标记的研究成果。还有一些单篇文章描写汉语方言处置句，如李小华

《客家方言的处置标记及其句式》、施其生《台中方言的处置句》、周琴《泗洪话处置式句法格式研究》、辛永芬《豫北浚县方言的代词复指型处置式》、伍巍和蒋尊国合著《湘南蓝山土市话的处置式》、陶伏平《湖南宁乡话处置式》、孙立新《户县方言的把字句》、林华勇等《从廉江方言看粤语"佢"字处置句》、张艳玲《广水话的处置句》、胡德明《安徽芜湖清水话中的"无宾把字句"》等等；除此之外，还出现了一批研究各个方言处置句式的硕博学位论文，如余乐《汉语方言处置范畴比较研究》、占升平《湖南省常宁市方言处置句式研究》、龙选英《永登方言"把"字句研究》、黄碧云《双峰方言"把"字句研究》、刘统令《松滋方言"把"字句研究》。

而对于鄂东方言的处置式研究主要集中在"把"字句上，如汪化云、郭水泉（1988）《鄂东方言的把字句》，何洪峰、程明安（1996）《黄冈方言的"把"字句》，陈淑梅（2001）《鄂东方言语法研究》中的"把"字句和《鄂东方言的副词"把"》（2006），他们虽然对鄂东方言中表示不同意义的"把"（"把₁"表示"给予"，"把₂"表示"被动"，"把₃"表示"处置"，副词"把"）字句进行了具体分类描写，但是并没有对处置句句末复指代词"他"、无宾"把"字句进行更多讨论，更没有对鄂东方言整个处置句式系统进行详细分析。所以笔者认为，同属于鄂东方言的罗田方言处置句的研究，还有许多工作要做，对罗田方言处置式的系统描写和研究也有助于完善鄂东方言处置句式的研究。

第二节 罗田方言的处置句

汉语句法结构以谓语动词 VP 为中心，而处置式作为一个有标记的句法范畴，还可以从处置标记的角度来研究。因此本节打算从谓语动词和处置语法标记两个方面来考察罗田方言，从方言事实出发，试图全面解开其句法形式特点。

罗田方言处置句使用频率很高，其表示"处置"的句式也非常丰富，句法很灵活，例如"把栗碳买了"有 16 种说法：

①栗碳买倒把栗碳买了。

②把栗碳买倒把栗碳买了。

②把栗碳买倒 _{把栗碳买了。}

③栗碳把他买倒 _{把栗碳买了。}

④栗碳把他买倒 _{把栗碳买了。}

⑤把栗碳把他买倒 _{把栗碳买了。}

⑥把栗碳把他买倒 _{栗碳给买了。}

⑦栗碳把他把买倒 _{把栗碳给买了。}

⑧把栗碳把他把买倒 _{把栗碳给买了。}

⑨栗碳买倒他 _{把栗碳买了。}

⑩把栗碳买倒他 _{把栗碳买了。}

⑪栗碳把他买倒他 _{把栗碳给买了。}

⑫栗碳把他买倒他 _{把栗碳给买了。}

⑬把栗碳把买倒他 _{把栗碳给买了。}

⑭把栗碳把他买倒他 _{他把栗碳给买了。}

⑮栗碳把他买倒他 _{把栗碳给买了。}

⑯把栗碳把他把买倒他 _{把栗碳给买了。}

一 五类处置式

罗田方言有 16 种处置式之多，从不同标记形式角度，可以分为五类：（一）无标记型［简称 W 式］；（二）单"把"字句［简称 D 式］；（三）多"把"字句［简称 S 式］；（四）句末复指式［简称 F 式］；（五）混合式［简称 H 式］。

（一）无标记型：（NP施） ＋NP受＋VP。只有一种句式，NP施可以隐现，不成立的句子前带星号。

W 式：（NP施） ＋NP受＋VP

①栗碳买倒 _{把栗碳买了。}

②他赶跑了 _{把他赶跑了。}

③血流干了 _{把血流干了。}

④你死了就好了 _{你死了就好了。}

⑤衣裳脱下来挂着 _{把衣裳脱下来挂着。}

⑥镰锄借得我用下儿 _{把镰锄借得我用一会儿。}

⑦大门上个锁 _{把大门上把锁。}

⑧饭热着 把饭热了。

⑨书递得我 把书递给我。

⑩喉咙哭哈了 把喉咙哭哑了。

⑪凳儿端过来 把凳子搬过来。

⑫身上晒得漆墨黑的 把身上晒得黑乎乎的。

⑬简个人打几下子 把那个人打几下。

⑭炮子放在桌上 把鞭炮放在桌上。

⑮刘老头儿吓死了 把刘老头儿吓死了。

⑯酒当水喝 把酒当水喝。

⑰瓦朝上搬 把瓦朝上搬。

⑱鞋一穿① 把鞋穿上。

⑲鞋一穿倒 把鞋穿上。

⑳门不关着 不把门关着。

㉑＊袖子剪 把袖子剪。

（二）单"把"字句。以一个"把"［pa⁴⁵］作处置标记，有三种句式。

1. D₁式：把₁·NP＋VP

①把栗碳买倒。

②把他赶跑了。

③把血流干了。

④把你死了就好了。

⑤把衣裳脱下来挂着。

⑥把镰锄借得我用下儿。

⑦把大门上个锁。

⑧把饭热着。

⑨把书递得我。

⑩把喉咙哭哈了。

⑪把凳儿端过来。

⑫把身上晒得漆墨黑的。

⑬把简个人打几下子。

---

① 这种句式虽然可以说，但是黏着的，不能独立使用。

⑭把炮子放在桌上。

⑮把刘老头儿吓死了。

⑯把酒当水喝。

⑰把瓦朝上搬。

⑱把鞋一穿。

⑲把鞋一穿倒。

⑳把门不关着。

㉑＊把袖子剪。

2. D_2 式：NP + 把$_2$·他 + VP

①栗碳把他买倒。

②＊他把他赶跑了。

③血把他流干了。

④＊你把他死了就好了。

⑤衣裳把他脱下来挂着。

⑥镰锄把他借得我用下儿。

⑦大门把他上个锁。

⑧饭把他热着。

⑨书把他递得我。

⑩喉咙把他哭哈了。

⑪凳儿把他端过来。

⑫身上把他晒得漆墨黑的。

⑬简个人把他打几下子。（有两解，"他"可以理解为第三人称代词实指）

⑭炮子把他放在桌上。

⑮刘老头儿把他吓死了。（有两解，"他"可以理解为第三人称代词实指）

⑯酒把他当水喝。

⑰瓦把他朝上搬。

⑱鞋把他一穿。

⑲鞋把他一穿倒。

⑳门把他不关着。

○21 ＊袖子把他剪。

3. D₃式：NP + 把₃ + VP

①栗碳把买倒。

②他把赶跑了。

③血把流干了。

④你把死了就好了。

⑤衣裳把脱下来挂着。

⑥镰锄把借得我用下儿。

⑦大门把上个锁。

⑧饭把热着。

⑨书把递得我。

⑩喉咙把哭哈了。

○11 凳儿把端过来。

○12 身上把晒得漆墨黑的。

○13 箇个人把打几下子。

○14 炮子把放在桌上。

○15 刘老头儿把吓死了。

○16 酒把当水喝。

○17 瓦把朝上搬。

○18 ＊鞋把一穿。

○19 鞋把一穿倒。

○20 ＊门把不关着。

○21 ＊袖子把剪。

"把₁"是介词，和 NP（名词性词语，表示被处置的对象）组合；"把₂"也是介词，和复指 NP 的代词"他"组合；"把₃"是处置副词，紧跟动词前。

（三）多"把"字式。此类比单"把"字句式的处置义强，有四种句式。

1. S₁式：把₁·NP + 把₂·他 + VP

①把栗碳把他买倒。

②＊把他把他赶跑了。

③把血把他流干了。

④＊把你把他死了就好了。（意义有变，把你和他都死了就好了）

⑤把衣裳把他脱下来挂着。

⑥把镰锄把他借得我用下儿。

⑦把大门把他上个锁。

⑧把饭把他热着。

⑨把书把他递得我。

⑩把喉咙把他哭哈了。

⑪把凳儿把他端过来。

⑫＊把身上把他晒得漆墨黑的。

⑬把箇个人把他打几下子。

⑭把炮子把他放在桌上。

⑮＊把刘老头儿把他吓死了。

⑯把酒把他当水喝。

⑰把瓦把他朝上搬。

⑱＊把鞋把他一穿。

⑲把鞋把他一穿倒。

⑳把门把他不关着。

㉑＊把袖子把他剪。

2. S_2式：把$_1$・NP＋把$_3$＋VP

①把栗碳把买倒。

②把他把赶跑了。

③把血把流干了。

④把你把死了就好了。

⑤把衣裳把脱下来挂着。

⑥把镰锄把借得我用下儿。

⑦把大门把上个锁。

⑧把饭把热着。

⑨把书把递得我。

⑩把喉咙把哭哈了。

⑪把凳儿把端过来。

⑫把身上把晒得漆墨黑的。

⑬把箇个人把他打几下子。

⑭把炮子把放在桌上。

⑮把刘老头儿把吓死了。

⑯把酒把当水喝。

⑰把瓦把朝上搬。

⑱＊把鞋把一穿。

⑲把鞋把一穿倒。

⑳＊把门把不关着。

㉑＊把袖子把剪。

3. S_3 式：NP + 把$_2$ · 他 + 把$_3$ + VP

①栗碳把他把买倒。

②＊他把他把赶跑了。（意义有变，"他"实指）

③血把他把流干了。

④＊你把他把死了就好了。（意义有变，"他"实指，把他死了你就好了）

⑤衣裳把他把脱下来挂着。

⑥镰锄把他把借得我用下儿。

⑦大门把他把上个锁。

⑧饭把他把热着。

⑨书把他把递得我。

⑩喉咙把他把哭哈了。

⑪凳儿把他把端过来。

⑫身上把他把晒得漆墨黑的。

⑬箇个人把他把打几下子。

⑭炮子把他把放在桌上。

⑮刘老头儿把他把吓死了。（有两解：把刘老头吓死了；把他吓死了）

⑯酒把他把当水喝。

⑰瓦把他把朝上搬。

⑱＊鞋把他把一穿。

⑲鞋把他把一穿倒。

⑳＊门把他把不关着。

㉑＊袖子把他把剪。

4. S₄式：把₁NP＋把₂·他＋把₃＋VP

①把栗碳把他把买倒。

②＊把他把他把赶跑了。

③把血把他把流干了。

④＊把你把他把死了就好了。（意义有变，"他"实指，把你和他都死了就好了）

⑤把衣裳把他把脱下来挂着。

⑥把镰锄把他把借得我用下儿。

⑦把大门把他把上个锁。

⑧把饭把他把热着。

⑨把书把他把递得我。

⑩把喉咙把他把哭哈了。

⑪把凳儿把他把端过来。

⑫把身上把他把晒得漆墨黑的。

⑬把简个人把他把打几下子。

⑭把炮子把他把放在桌上。

⑮把刘老头儿把他把吓死了。

⑯把酒把他把当水喝。

⑰把瓦把他把朝上搬。

⑱＊把鞋把他把一穿。

⑲＊把鞋把他把一穿倒。

⑳＊把门把他把不关着。

㉑＊把袖子把他把剪。

这种句式含有三个"把"字，读起来稍显拗口，因而在口语交际中相对少用。

（四）句末复指式。在句末加一个不分单复数的"他"，复指被处置对象，D₂、S₁、S₃、S₄也用"他"复指，但用在句中，不是在句末。

F₁式：NP＋VP＋他

①栗碳买倒他。

②＊他赶跑了他。

③血流干了他_{把血流干了。}

④＊你死了就好了他。

⑤衣裳脱下来挂着他_{把衣裳脱下来挂着。}

⑥镰锄借得我用下儿他_{把镰锄借得我用一会儿。}

⑦大门上个锁他_{把大门上个锁。}

⑧饭热着他_{把饭热了。}

⑨书递得我他_{把书给我。}

⑩喉咙哭哈了他_{把喉咙哭哑了。}

⑪凳儿端过来他_{把凳子端过来。}

⑫身上晒得漆墨黑的他_{把身上晒得黑呼呼的。}

⑬箇个人打几下子他_{把那个人打几下。}

⑭炮子放在桌上他_{把鞭炮放在桌上。}

⑮刘老头儿吓死了他_{把刘老头儿吓死了。}

⑯酒当水喝他_{把酒当水喝。}

⑰瓦朝上搬他_{把瓦朝上搬。}

⑱＊鞋一穿他。

⑲＊鞋一穿倒他。

⑳门不关着他_{不把门关着。}

㉑袖子剪他_{把袖子剪掉。}

这种句末复指式用于祈使句，一般也只有这一种句式，不过还有一种句末复指式"VP＋NP＋他"所受的句法限制非常严格，只有在 VP 为动结式时可用，其他句式中都不能用，可用的如：

（1）流干血他。

（2）哭哈喉咙他。

（3）做完作业他。

湖南汨罗方言的处置句也有这种句末复指式，使用条件相对罗田方言宽松些，除了谓语动词是动结式可用外，还可以用在动词带实现体貌助词"哒""开"时，如①：

---

① 例句来自陈山青、施其生（2011）。

（4）买哒火车票他把火车票买了。

（5）搞哒饭他把饭弄了。

（6）结开婚他把婚结了。

（7）关开门他把门关掉了。

（8）做完作业他把作业做完了。

（五）混合式。"把"字式和句末复指式混合使用，有6种，含有较强烈的处置义，多用于祈使句。

1. H₁式：把₁·NP + VP + 他

①把栗碳买倒他。

②把他赶跑了他。

③把血流干了他。

④把你死了就好了他。

⑤把衣裳脱下来挂着他。

⑥把镰锄借得我用下儿他。

⑦把大门上个锁他。

⑧把饭热着他。

⑨把书递得我他。

⑩把喉咙哭哈了他。

⑪把凳儿端过来他。

⑫把身上晒得漆墨黑的他。

⑬把箇个人打几下子他。

⑭把炮子放在桌上他。

⑮把刘老头儿吓死了他。

⑯把酒当水喝他。

⑰把瓦朝上搬他。

⑱＊把鞋一穿他。

⑲把鞋一穿倒他。

⑳把门不关着他。

㉑把袖子剪他。

2. H₂式：NP + 把₂他 + VP + 他

①栗碳把他买倒他。

②＊他把他赶跑了他。

③血把他流干了他。

④＊你把他死了就好了他。

⑤衣裳把他脱下来挂着他。

⑥镰锄把他借得我用下儿他。

⑦大门把他上个锁他。

⑧饭把他热着他。

⑨书把他递得我他。

⑩喉咙把他哭哈了他。

⑪凳儿把他端过来他。

⑫身上把他晒得漆墨黑的他。

⑬简个人把他打几下子他。

⑭炮子把他放在桌上他。

⑮刘老头儿把他吓死了他。

⑯酒把他当水喝他。

⑰瓦把他朝上搬他。

⑱＊鞋把他一穿他。

⑲鞋把他一穿倒他。

⑳门把他不关着他。

㉑袖子把他剪他。

3. H₃式：NP＋把₃·VP＋他

①栗碳把买倒他。

②＊他把赶跑了他。

③血把流干了他。

④＊你把死了就好了他。

⑤衣裳把脱下来挂着他。

⑥镰锄把借得我用下儿他。

⑦大门把上个锁他。

⑧饭把热着他。

⑨书把递得我他。

⑩喉咙把哭哈了他。

⑪凳儿把端过来他。

⑫身上把晒得漆墨黑的他。

⑬簡个人把打几下子他。

⑭炮子把放在桌上他。

⑮刘老头儿把吓死了他。

⑯酒把当水喝他。

⑰瓦把朝上搬他。

⑱＊鞋把一穿他。

⑲鞋把一穿倒他。

⑳＊门把不关着他。

㉑袖子把剪他。

4. H_4式：把$_1$·NP + 把$_3$ + VP + 他

①把栗碳把买倒他。

②把他把赶跑了他。

③把血把流干了他。

④把你把死了就好了他。

⑤把衣裳把脱下来挂着他。

⑥把镰锄把借得我用下儿他。

⑦把大门把上个锁他。

⑧把饭把热着他。

⑨把书把递得我他。

⑩把喉咙把哭哈了他。

⑪把凳儿把端过来他。

⑫把身上把晒得漆墨黑的他。

⑬把簡个人把打几下子他。

⑭把炮子把放在桌上他。

⑮把刘老头儿把吓死了他。

⑯把酒把当水喝他。

⑰把瓦把朝上搬他。

⑱＊把鞋把一穿他。

⑲把鞋把一穿倒他。

⑳＊把门把不关着他。

㉑把袖子把剪他。

5. H₅式：把₁·NP＋把₂·他＋VP＋他

①把栗碳把他买倒他。

②＊把他把他赶跑了他。

③把血把他流干了他。

④＊把你把他死了就好了他。

⑤把衣裳把他脱下来挂着他。

⑥把镰锄把他借得我用下儿他。

⑦把大门把他上个锁他。

⑧把饭把他热着他。

⑨把书把他递得我他。

⑩把喉咙把他哭哈了他。

⑪把凳儿把他端过来他。

⑫把身上把他晒得漆墨黑的他。

⑬把简个人把他打几下子他。

⑭把炮子把他放在桌上他。

⑮把刘老头儿把他吓死了他。

⑯把酒把他当水喝他。

⑰把瓦把他朝上搬他。

⑱＊把鞋把他一穿他。

⑲把鞋把他一穿倒他。

⑳把门把他不关着他。

㉑把袖子把他剪他。

6. H₆式：NP＋把₂·他＋把₃·VP＋他

①栗碳把他把买倒他。

②＊他把他把赶跑了他。

③血把他把流干了他。

④＊你把他把死了就好了他。

⑤衣裳把他把脱下来挂着他。

⑥镰锄把他把借得我用下儿他。

⑦大门把他把上个锁他。

⑧饭把他把热着他。

⑨书把他把递得我他。

⑩喉咙把他把哭哈了他。

⑪凳儿把他把端过来他。

⑫身上把他把晒得漆墨黑的他。

⑬筒个人把他把打几下子他。

⑭炮子把他把放在桌上他。

⑮刘老头儿把他把吓死了他。

⑯酒把他把当水喝他。

⑰瓦把他把朝上搬他。

⑱＊鞋把他把一穿他。

⑲鞋把他把一穿倒他。

⑳＊门把他把不关着他。

㉑袖子把他把剪他。

7. H_7式：把$_1$NP＋把$_2$·他＋把$_3$·VP＋他

①把粟碳把他把买倒他。

②＊把他把他把赶跑了他。

③把血把他把流干了他。

④＊把你把他把死了就好了他。

⑤把衣裳把他把脱下来挂着他。

⑥把镰锄把他把借得我用下儿他。

⑦把大门把他把上个锁他。

⑧把饭把他把热着他。

⑨把书把他把递得我他。

⑩喉咙把他把哭哈了他。

⑪把凳儿把他把端过来他。

⑫把身上把他把晒得漆墨黑的他。

⑬把筒个人把他把打几下子他。

⑭把炮子把他把放在桌上他。

⑮把刘老头儿把他把吓死了他。

⑯把酒把他把当水喝他。

⑰把瓦把他把朝上搬他。

⑱＊把鞋把他把一穿他。

⑲把鞋把他把一穿倒他。

⑳＊把门把他把不关着他。

㉑把袖子把他把剪他。

二　各种处置句式的句法条件

在第一部分，我们考察了罗田方言多种处置句，发现其句法上最重要的制约因素有两点，一是谓语动词的构造，二是处置标记的使用。另外处置对象 NP 在语义上是受事还是施事，是名词还是代词，这些句法条件跟某些处置句式成立与否也有一定的联系。

（一）罗田方言各种处置句式与谓语结构的关系大致如下表 4 - 1，表例：（1）带圈数字为上一节中每种句式相关例句的序号。（2）"＋"表示该条件下此句式成立，"－"表示该条件下句式不成立。

表 4 - 1　　　　　罗田方言各种处置句式与谓语结构的关系

句式 / 句法条件		W式	D式			S式				F式	H式						
		W₁	D₁	D₂	D₃	S₁	S₂	S₃	S₄	F₁	H₁	H₂	H₃	H₄	H₅	H₆	H₇
动词后带其他成分	宾语⑦⑨体貌助词①⑧	＋	＋	＋	＋	＋	＋	＋	＋	＋	＋	＋	＋	＋	＋	＋	＋
	补语 趋向⑪结果③⑩数量⑬介宾①⑭	＋	＋	＋	＋	＋	＋	＋	＋	＋	＋	＋	＋	＋	＋	＋	＋
	情状⑫程度⑮	＋	＋	＋	＋	－	＋	＋	＋	＋	＋	＋	＋	＋	＋	＋	＋
	NP 为代词的结果补语②体貌助词④	＋	＋	－	＋	－	－	－	－	－	－	＋	－	－	－		－

---

① 由于罗田方言中位于动词之后的方位语义格结构可以没有介词，因此这里的谓语动词可以是"V＋NP＋方位词"。

续表

句式 句法条件		W 式	D 式			S 式				F 式	H 式						
		W_1	D_1	D_2	D_3	S_1	S_2	S_3	S_4	F_1	H_1	H_2	H_3	H_4	H_5	H_6	H_7
动词后无其他连带成分	动词前有"当""朝"等介词结构⑯⑰	+	+	+	+	+	+	+	+	+	+	+	+	+	+	+	+
	动词前有副词"一"⑱	+	+	+	−	−	−	−	−	−	−	−	−	−	−	−	−
谓语为"一……倒"⑲		+	+	+	+	+	+	+	+	−	+	+	+	+	+	+	+
谓语为光杆动词㉑		−	−	−	−	−	−	−	−	+	+	+	+	+	+	+	+
谓语为连动式⑤、兼语式⑥		+	+	+	+	+	+	+	+	+	+	+	+	+	+	+	+
谓语含否定词"不"⑳		+	+	+	−	+	−	−	−	+	+	+	−	−	+	−	−

从表 4 – 1 中可以观察到：

1. 谓语为连动式、兼语式，动词后带其他成分，以及动词后无其他连带成分但动词前有"当""朝"等介词结构时，所受的句法限制较少，基本都能用在各类处置式中。其中例句②与④受到一定的限制，但这与谓语结构无关，与处置对象是否是代词有关。在湖南汨罗方言含句末作复指的"他"的处置句（F 式和 H 式）中受较大的句法限制，当谓语为兼语式，动词无连带成分，动词后有较松散的补语如情状、数量、介宾、程度补语之类（即第⑥以及第⑫—⑰例句）时，就不能用句末复指式（F 式及 H 式），但罗田方言却无此限制。这说明罗田方言句末复指式对各类处置式的接受程度更高，处置式用法更灵活多样。

2. 为单"把"字句或多"把"字句时，罗田方言处置句与普通话和其他方言一样，谓语不能为光杆动词；当含有句末复指的"他"的处置式（即 F 式和 H 式）时，罗田方言处置句与普通话以及其他方言不一样，谓语可以为光杆动词，这可能与句末复指的"他"在此有完句的功效有关。

《现代汉语八百词》"把（介）"字条："把"字后面的动词要带其他成分，一般不用单个动词，尤其不用单个单音节动词，除非有别的条件，韵文不受这个限制。张伯江先生（2001）考察《被字句和把字句的对称与不对称》一文中认为"把/被字句"中不能运用"光杆动词"，且是无条件的，亦即无例外。然而范晓先生（2001）在《动词的配价与汉语的把字句》一文中列举了许多"光杆动词"的用例，但所举用例中"光杆动词"都为双音节动词；刘承峰（2003）对《汉语动词用法词典》① 中的1223个动词进行了考察，发现在一定语境中（不含韵文等文学作品）或不依赖于语境而可用在"把字句"中的光杆动词有45个，如"暴露、包围、加强、降低"等，刘承峰先生所补充的动词亦为双音节"光杆动词"。罗田方言在含有句末复指的"他"的处置式（即F式和H式）中，可以使用"光杆动词"，甚至可以是单音节的"光杆动词"。我们推测，这种例外可能要从节奏上考虑，因为多数多音节动词处于句末戛然而止的位置，不利于正常语调的表达，久之便成了一种习惯，动词后面必须加点什么，句末复指的"他"刚好可以弥补这一点。"他"与前面的单音节动词连用，使得这个动作在意义上刚好是完足的。这也很好地解释了罗田方言中处置句如果有句末复指代词，其谓语动词可以为单音节光杆动词的原因。因而"他"在罗田方言里不仅仅作为一种复指成分，而且具有完句的功能。如魏兆惠、张玉翠（2012）所指那样，最初这个句尾的第三人称代词都是复指动词宾语的，但是在方言里的虚化程度不同了。

3. 罗田方言处置句式否定副词"不"可以用在"把"字后面，但是有一定的句法限制，那就是句式中不能出现"把₃"。罗田方言其他处置句式"把"字后面都可以用否定副词"不"，也就是说罗田方言的无宾把字句"把"字后面不能用否定副词"不"，其他各式均可。普通话处置句中否定式里的否定词必须放在标记词"把"字前面，有些方言不受此限制。据张俊阁（2015）不完全调查，下列方言中否定副词都可置于处置介词之后：兰州方言、静宁方言、镇原方言、天水方言、双峰方言、关中方言、汉中方言、黄冈方言、孝感方言、九寨沟方言、桐城方言、瓯语、高敬方言、西宁方言、鲁西方言等。② 如户县方言、桐

---

① 孟琮、郑怀德、孟庆海、蔡文兰编：《汉语动词用法词典》，商务印书馆1999年版。

② 张俊阁：《汉语否定处置句研究》，《浙江大学学报（人文社会科学版）》2015年第5期。

城方言与罗田方言一样，否定词可以放在"把"字后面①：

户县方言：他就把你不当人看。

有个学生把学费没给学校交。

我把你不打一顿我心里不受活_{不舒服}！

你见咧你老师咋把你老师不叫一声呢？

桐城方言：你怎么把碗里的饭没扒干净？

把落子_{垃圾}不要放在门口。

否定词后置的这种现象保留了近代汉语处置式某些特点，在近代汉语文献中也有此用例，如②：

久后恐将我多百姓守不得。（《元朝秘史》卷八）

央及大官人，把他不要捉起罢。（《金瓶梅》第十四回）

东西北三面下寨，只把南门不围。（《水浒全卷》第六十三回）

把咱们不偿命那甚么。（《朴通事谚解》中）

张俊阁（2015）认为，否定词否定辖域及否定焦点和语用因素是处置句否定词后置广泛存在于汉语方言中的一个重要的内在因素，但汉语与阿尔泰语系语言接触的事实和影响是不能忽视的外在因素。我们认为言之有理。

4. 罗田方言"一"出现在"把"字结构之后，动词结构之前，在句中有强调动作行为始发点上迅速实现的作用，在各式处置句中仅限用于 W_1 式、D_1 式、D_2 式，如：

W_1 式：鞋一穿

电视机一关

门一撞

眼睛一眨

衣裳一脱

D_1 式：把鞋一穿

把电视机一关

①　以下例证来自孙立新《户县方言的把字句》，《语言科学》2003 年第 6 期；江亚丽《桐城方言"把"字研究》，《安庆师范学院学报（社会科学版）》2010 年第 2 期。

②　以下例证来自俞光中、植田均《近代汉语语法研究》，学林出版社 1999 年版，第 85 页。

　　　　　　把门一撞

　　　　　　把眼睛一眨

　　　　　　把衣裳一脱

D₂式：鞋把他一穿

　　　　　　电视机把他一关

　　　　　　门把他一撞

　　　　　　眼睛把他一眨

　　　　　　衣裳把他一脱

　　在罗田方言里，处置式最常见的是"一"和"倒"在句子中同时出现。它们二者同现不是两者简单的意义相加，而是有特定意义。因为除了 S₄式与 F₁式不能说外，其他各式均可使用，这与单个"一"副词只现于 W₁式、D₁式、D₂式大不相同。谓语为"一 VP 倒"处置式根据 VP 的不同情况可以分为以下几种：

　　a. 表示动作行为的实现。

　　把饭一舞倒把饭做好了。

　　把衣裳一洗倒。

　　把菜一炒倒。

　　把论文一写倒。

　　b. 表示动作行为和状态的持续。

　　把衣裳一晒倒。

　　把饭一端倒。

　　把脸一红倒。

　　把灯一亮倒。

　　前面两例是动作行为的持续，后面两例是状态的持续。

　　c. 即表示进行时态又表示方式。

　　把电视一开倒。

　　把瓜子一嗑倒。

　　把包儿一挂倒。

　　把车子一推倒。

　　把帽子一戴倒。

　　如例"把电视一开倒"既表示"开"这个动作在进行，又表示其状态是开着而不是关着；"把瓜子一嗑倒"既表示"嗑"这个动作在进行，又表示其状态是嗑着而不是放着；"把包儿一挂倒"既表示"挂"这个动作在进行，又表示其状态是挂着而不是提着；"把车子一推倒"既表示"推"这个动作在进行，又表示其状态是推着而不是骑着；"把帽子一戴倒"既表示"戴"这个动作在进行，又表示其状态是戴着而不是放着。

罗田方言"把 NP 一 VP 倒"与普通话"把 NP ＋ VP 着"相同之处是表示动作正在进行或状态的持续，不同之处是罗田方言的"把 NP 一 VP 倒"还具有表情性和提领性等语用色彩。[①]

a. 表情性，"把 NP 一 VP 倒"。如：

把厕所一占倒。

把灯一亮倒。

把脸一冷倒。

把嘴巴一翘倒。

把包儿一驮倒把包背着。

"一 VP 倒"在这里表示"老是""总是"的意思，强调动作行为在时间上持续。"把厕所一占倒""把灯一亮倒"表示对"占厕所""亮灯"这一行为的不满和指责，"把脸一冷倒""把嘴巴一翘倒"表示对"脸冷""嘴翘"这一表情和态度的不满和指责。"把包儿一驮倒，好看得不得了"则表示对这一行为的欣赏和喜欢。

b. 提领性，"把 NP 一 VP 倒"在句中有提领作用，也就是提示下文的作用，表示此话未完，往往需要后续句，意思才完整。如：

把厕所一占倒，我等不及了。

把灯一亮倒，不费电吗？

把脸一冷倒，不晓得哪个得罪他了。

把嘴巴一翘倒，哪个惹你了吵？

（二）除谓语结构的制约外，还有一些其他的句法因素对处置句式有制约。

1. 处置对象 NP 一般为受事，也允许某些施事充当，这和普通话类

---

① 见陈淑梅《鄂东方言语法研究》，江苏教育出版社 2001 年版，第 135 页。

似。例如下例"野猫"是施事，罗田方言 16 种处置句式有 15 种都可以成立。

W_1：箇野猫跳到灶上了。

D_1：把箇野猫跳到灶上了<small>把只野猫跳到灶上了。</small>

D_2：箇野猫把他跳到灶上了<small>同上</small>。

D_3：箇野猫把跳到灶上了<small>同上</small>。

S_1：把箇野猫把他跳到灶上了<small>同上</small>。

S_2：把箇野猫把跳到灶上了<small>同上</small>。

S_3：箇野猫把他把跳到灶上了<small>同上</small>。

S_4：把箇野猫把他把跳到灶上了<small>同上</small>。

F_1：箇野猫跳到灶上他<small>大意：把这野猫跳到灶上了。</small>

H_1：把箇野猫跳到灶上他<small>同上</small>。

H_2：箇野猫把他跳到灶上他<small>同上</small>。

H_3：箇野猫把跳到灶上他<small>同上</small>。

H_4：把箇野猫把跳到灶上他<small>同上</small>。

H_5：把箇野猫把他跳到灶上他<small>同上</small>。

H_6：箇野猫把他把跳到灶上他<small>同上</small>。

H_7：把箇野猫把他把跳到灶上他<small>同上</small>。

W_1 中如果处置对象为施事，那么无标记处置句就是一般的动词主动句式了，就不是处置句了。除此以外，和受事 NP 处置句一样，各式处置句都成立。可见，无论 NP 是受事还是施事，对有标记的处置句影响不大。当 NP 为施事时，处置意义大大减弱，致使的意味大大增强，这是处置式的扩展用法。

2. 当处置对象 NP 为代词时，受到较大的句法限制，如：NP 为代词的结果补语②，NP 为代词的体貌助词④时，下列句式就不能说，但如果相应处置对象代词改为名词时却可以说。试比较：

D_2：②＊他把他赶跑了。②红明把他赶跑了。

④＊你把他死了就好了<small>意义有变，他死了你就好了。</small>④老东西把他死了就好了。

S_1：②＊把他把他赶跑了。②把红明把他赶跑了。

④＊把你把他死了就好了<small>意义有变，把你和他都死了就好了。</small>④把老东西

把他死了就好了。

S_3：②＊他把他把赶跑了<small>意义有变，他实指，并非复指主语"他"。</small>②红明把他把赶跑了。

④＊你把他把死了就好了<small>意义有变，他实指，并非复指"你"。</small>④老东西把他把死了就好了。

S_4：②＊把他把他把赶跑了。②把红明把他把赶跑了。

④＊把你把他把死了就好了<small>意义有变，把你和他都死了就好了。</small>④把老东西把他把死了就好了。

F_1：②＊他赶跑了他。②红明赶跑了他。

④＊你死了就好了他<small>意义有变，非处置句。</small>④老东西死了就好了他。

H_2：②＊他把他赶跑了他。②红明把他赶跑了他。

④＊你把他死了就好了他<small>句末"他"非复指。</small>④老东西把他死了就好了他。

H_3：②＊他把赶跑了他<small>句末"他"非复指。</small>②红明把赶跑了他。

④＊你把死了就好了他<small>句末"他"非复指。</small>④老东西把死了就好了他。

H_5：②＊把他把他赶跑了他。②把红明把他赶跑了他。

④＊把你把他死了就好了他<small>句末"他"非复指。</small>④把老东西把他死了就好了他。

H_6：②＊他把他把赶跑了他<small>句末"他"非复指。</small>②红明把他把赶跑了他。

④＊你把他把死了就好了他<small>句末"他"非复指。</small>④老东西把他把死了就好了他。

H_7：②＊把他把他把赶跑了他<small>句末"他"非复指。</small>②把红明把他把赶跑了他。

④＊把你把他把死了就好了他<small>句末"他"非复指。</small>④把老东西把他把死了就好了他。

当处置对象为第三人称"他"时，易与句中或句末复指的"他"同音或者是同形，就无法形成复指的效果；当处置对象为第二人称"你"时，就无须"他"进行句中或者句末复指，因为人称代词"你"本身就具备称代作用，如果再加上第三人称"他"进行复指，只会弄得句意混杂不清。因此辛永芬（2011）考察认为：人称代词的自控度最高，当它与施事同形谓语动词前又无显性标记时，施受关系容易混淆，从句法规则的角度讲，人称代词作为受事在代词复指型处置式中不能位于句首。辛永芬的说明也正好解释了这种现象。

三 罗田方言多种处置句式并用的缘由

（一）罗田方言表示处置的说法有 16 种之多，这是罗田方言的特别之处，表现了方言语法的灵活性，虽然说法很多，但都是有一定的规律，如果用 B_1、B_2、B_3 分别表示"把$_1$""把$_2$""把$_3$"，用"W"表示无标记式，用"F"表示句末复指的"他"，那么 16 种处置句的生成要素就如下例所示：

①栗碳买倒。　　　　　　　　W

②把栗碳买倒。　　　　　　　B_1

③栗碳把他买倒。　　　　　　B_2

④栗碳把买倒。　　　　　　　B_3

⑤把栗碳把他买倒。　　　　　B_1B_2

⑥把栗碳把买倒。　　　　　　B_1B_3

⑦栗碳把他把买倒。　　　　　B_2B_3

⑧把栗碳把他把买倒。　　　　$B_1B_2B_3$

⑨栗碳买倒他。　　　　　　　F

⑩把栗碳买倒他。　　　　　　B_1F

⑪栗碳把他买倒他。　　　　　B_2F

⑫栗碳把买倒他。　　　　　　B_3F

⑬把栗碳把买倒他。　　　　　B_1B_3F

⑭把栗碳把他买倒他。　　　　B_1B_2F

⑮栗碳把他把买倒他。　　　　B_2B_3F

⑯把栗碳把他把买倒他。　　　$B_1B_2B_3F$

可见罗田方言如此众多的处置式是用多种表处置的语法手段相互复合的结果。

（二）汉语方言中表示"处置"的语法手段，陈山青、施其生（2011）归纳为以下四种，分别为 B_1 式、B_2 式、B_3 式、F 式。该文对这四种表达"处置"语法意义的手段在各方言中的使用情况进行了详细论证，此处不赘述，只是稍引几处例证。见表 4 - 2①：

表 4 - 2　　　汉语方言中表示"处置"的语法手段

句式	例句
B₁式：最普遍使用的一种，是用一个处置介词加在表示处置对象的 NP 前。	湖南汨罗话：把火车票买哒。 广州话：将间屋卖咗。 泉州话：将/按/共桌拭蜀下 把桌子擦一擦。 广水话：捉到她咬了一口 把它咬了一口。（张艳玲，2016）
B₂式：用处置介词加复指被处置成分的代词，构成介词结构，多数放在动词之前。	湖南汨罗话：火车票把他买哒 把火车票买了。 泉州话：衫裤曝互伊 把衣服晒一晒。 厦门话：该伊请来 把他请来。（转引：石毓智、刘春卉，2008） 福州话：玻璃共伊裰下来。（转引：石毓智、刘春卉，2008） 泗洪话：衣服给它穿上。（周琴，2008） 广东汕头话：我双鞋鳌伊物对地块去 把我的鞋弄哪儿去了？（施其生，1997：138）
B₃式：用一个处置副词放在动词之前。	湖南汨罗话：火车票把买哒 把火车票买了。 汕头话：间厝合伊卖掉 把房子卖了。 安徽芜湖清水话：格碗汤你把喝得 这碗汤你把它喝掉。（胡德明，2006） 江苏泗洪：他玩具给撂得了 他把玩具扔了。（周琴，2008） 安徽枞阳话：戒指你把拿走，我不稀罕。（项开喜，2016）
F：用一个代词（通常是第三人称单数）复指被处置对象，处于宾语位置。	湖南汨罗话：火车票买哒他。 河南罗山话：柴火垛子烧它。（王东、罗明月，2007） 广州话：啲药食咗佢 把这些药吃了！ 上海话：房门锁脱伊 把房门锁上。（黄伯荣，1996：662） 福建连城客家话：这碗饭食撒佢。（转引：石毓智、刘春卉，2008）

———————

① 表 4 - 2 中未加标注的例证来自陈山青、施其生《湖南汨罗方言的处置句》，《方言》2011 年第 2 期。

除了以上四种类型外，罗田方言还有一种无标记类型，就是 W 型。"在普通话里可以删除受事格 NP 的格标后将之移至句首，从而实现受事格主语化，形成无标记介词的句法结构；或者删除受事格标而将之移到句末，实现受事格的宾语化，也能够形成无标记介词的句法结构。"①但在罗田话里，受事格 NP 往往不需要格标，也不需要位移，因此不在句首实现主语化，而在 NP 前直接实现小主语化；当然受事格 NP 也可以经过位移，在句末实现宾语化，但这种句法结构不常用。因此罗田话里受事格标介词的隐现与普通话不完全相同，如：

普通话   罗田话

（9）他把陶瓷碗打破了 ——主语化——> A 陶瓷碗他打破了   A 他陶瓷碗打破了＝陶瓷碗打破了

——宾语化——> B 他打破了陶瓷碗   B 他打破了陶瓷碗

（10）你把教室扫一扫 ——主语化——> A? 教室你扫一扫   A 你教室扫一扫＝教室扫一扫

——宾语化——> B 你扫一扫教室   B *你扫一扫教室

（11）你把饮料喝干净 ——主语化——> A 饮料你喝干净   A 你饮料喝干净＝饮料喝干净

——宾语化——> B 你喝干净饮料   B *你喝干净饮料

可见，罗田方言的受事格在谓语 VP 前是一种优势格式，且常常不需要受事格标"把"，从而形成无标记把字句。这类无标记处置句相对于有标记处置句而言有淡化隐藏施事的作用，如上例中罗田方言中的 A 类句式都等同于相应的"陶瓷碗打破了""教室扫一扫""饮料喝干净"。

金华话（尔扇子门关去_{把门关上}）、上海话（房门锁脱伊_{把房门锁上}）、

① 周琴：《泗洪话处置式句法格式研究》，《南京晓庄学院学报》2008 年第 4 期。

英山话（我们事情办好我们把事情办好）、常宁话（你医生请刮来到没呢你把医生请来没有）、江苏泗洪话（你衣裳洗干净你把衣裳洗干净）等也有这种无标记处置式，其中泗洪话经常用在祈使句中，而罗田方言这种无标记处置句可以用在疑问句、陈述句、祈使句等各类句式中。如：

（12）你门关倒有你把门关着没有？

（13）你那个事搞好有你把那件事情弄好了没有？

（14）他衣裳扯破了他把衣裳扯破了。

（15）他话说得难听得很他把话说得太难听了。

（16）你菜园弄下子你把菜园清理一下。

（17）你猪食提过去你把猪食拎过去。

例（12）、（13）用在疑问句中，例（14）、（15）用在陈述句中，例（16）、（17）用在祈使句中。

（三）罗田方言里各式处置式语法手段中的"B₂式"和"F式"都是用复指来强调的效果，这也是此两式产生的动因，而"B₃"式则是从"B₂"式省略虚化而来的。B₃式在近代文献中《金瓶梅》《醒世姻缘传》《聊斋俚曲集》①早已经存在，如：

（18）又想李瓶儿来头，教你哄了，险些不把打倒揣字号去了。（《金瓶梅》第七十二回第953页）

（19）那司官胆大，还不把放在心里，迟了两三日，方才淡括括的覆将上去。（《醒世姻缘传》第九十回第817页）

（20）监生自恃了自己有钱，又道不过是吊死人命，又欺侮狄希陈是个署印首领小官，不把放在心上。（《醒世姻缘传》第九十四回第852页）

（21）可着他赌气子把坑害！（《聊斋俚曲集·磨难曲》第1454页）

此类处置式可以根据语境和上下文将省略的处置对象补出，例（18）省略的是"我（潘金莲）"，句意为"差点把我冷落搁置了"。例（19）、（20）省略的受事根据上文分别为"覆本"和"移尸听检"这两件事。例（21）省略的也是"我"，是指"舜华把我（张鸿渐）

① 这三部作品我们依据的主要版本分别是：人民文学出版社2000出版，陶慕宁校注的《金瓶梅词话》；岳麓书社2014年出版的《醒世姻缘传》；上海古籍出版社1986出版，路大荒整理的《蒲松龄集》中的《聊斋俚曲集》。再根据蒲先明整理，邹宗良校注的1991年国际文化出版公司出版的《聊斋俚曲集》补入《琴瑟乐》一种。

坑害"。

陈山青、施其生（2011）认为："'把他'的功效在于加强处置，'他'的意义是个羡余信息，容易虚化，所以在很多方言中呈现出一定的虚化倾向。"具体虚化过程本章第三节将会详述，罗田方言"把他"虚化为"把$_3$"，但"把他"作为一种处置手段依然独立存在，和"把$_3$"并存，因而有余下句式并存：

$\begin{cases} D_2：栗碳把他买倒。 & B_2 \\ D_3：栗碳把买倒。 & B_3 \end{cases}$

$\begin{cases} S_1：把栗碳把他买倒。 & B_1B_2 \\ S_2：把栗碳把买倒。 & B_1B_3 \end{cases}$

$\begin{cases} H_1：栗碳把他买倒他。 & B_2F \\ H_3：栗碳把买倒他。 & B_3F \end{cases}$

$\begin{cases} H_4：把栗碳把买倒他。 & B_1B_3F \\ H_5：把栗碳把他买倒他。 & B_1B_2F \end{cases}$

这种现象并不鲜见，汕头方言、安徽芜湖清水话、汨罗方言中，B_2式与B_3式都是共同并存发展的。

（四）句末复指式在普通话中不允许存在，然而在现代汉语方言中却普遍使用，甚至在一些方言中句末代词复指式是处置式表达的最主要的语法手段。如：

孝感方言：你还不赶快把这些东西丢了它｜我把你气死它。（左林霞，2001）

河南罗山话：把电视关它｜婚结它。（王东、罗明月，2007）

鄂东方言：把酒喝了它｜把饭倒它。（陈淑梅，2001：130）

九江方言：你再翻生，就等的我把你脚打断了佢｜时候不早了，快点走佢。（干敏，2011）

厦门方言：该伊请来把他请来｜许本册该伊买来把那本书买来。（转引：石毓智、刘春卉，2008）

福州方言：玻璃共伊裰下来｜汝哥共伊告地来。（转引：石毓智、刘春卉，2008）

汕头方言：我双鞋汝佮伊物对地块去我的鞋你给弄哪儿去了｜我对汝佮伊卖掉我把你给卖了！（转引：石毓智、刘春卉，2008）

其中厦门方言、福州方言、汕头方言的复指代词放置于谓语动词前。

罗田方言代词复指型处置式相比介词型处置式而言，更加简约易用，因而罗田人更常用代词复指型处置式。

关于处置式句末复指式的历史来源，Peyraube（1985、1996）认为它可能是唐代汉语一种与之同型结构的反映；曹广顺、遇笑容先生（2000）认为其"源于中古汉译佛经中的'取＋宾＋动词＋之'，一是介词'把'替换了'取'，二是代词'它/她'替换了'之'，这些只是简单的词语替换，和语法格式无关"；石毓智等（2008）也认为是源于早期汉语处置式的代词回指；林华勇、李敏盈（2019）也认为粤语的"佢"的语法化过程与"佢"的回指/复指功能和述补结构 VC 有关：早期粤语中句末的"佢"一般都可按代词理解，具有回指功能，但也可作处置标记解，到了 20 世纪中叶，句末"佢"常出现非指代用法，完成了"代词→处置标记"的演变。各家看法不一，目前没有形成定论。一般认为，由于宾语前置后留下一个空位，所以需要一个代词来填补这个空位，而这个代词在句尾没有实在的意义，所以很容易就虚化了，于是今天方言里就留下了虚化程度不同的痕迹。

其实，这种句末代词复指型处置式在近代汉语文献中也有用例①：

（22）你今日既不肯去，我把天下的山都收了他，看你睡在哪里。（明·罗懋登《三宝太监西洋记》）

（23）我有六船宝贝，放下海去，海水焦枯。我如今趁天师不在，我去把个海来煎干了他，致使他的宝船不能回去。（明·罗懋登《三宝太监西洋记》）

（24）还把身心细识之。（《敦煌文书·维摩诘经讲经文》）

不管是哪种说法，方言里的句末复指处置式不是方言自身独创发展的，而是古汉语经过近代汉语发展在方言中的遗留。

（五）周礼全（1961）指出："自然语言有三方面的意义：表述客观事物的情况，是语言的表述意义；表现说话人对事物的态度，是语言

---

① 前两类来自魏兆惠、张玉翠《汉语处置式中代词回指的普遍性、共性和差异性》，《宁夏师范学院学报》（社会科学版）2012 年第 1 期；后 1 例来自袁宾、徐时仪、史佩信、陈年高主编《二十世纪的近代汉语研究》，书海出版社 1996 年版，第 462 页。

的表现意义；激起听话人的行动，是语言的激动意义。"① 我们把语言的表现意义和激动意义统称为语用含义。处置句式顾名思义是具有处置性的，而"处置性"实际上是一种语用意义。对于处置的理解，范晓在《汉语的句子类型》中是这样解释的："用'把'字将某事物（人、物、事件）特提后作为句子后边谓语性词语的陈述对象，也可以说，用'把'字将某事物特提后对其施以或使用某种动作行为（或活动、变化等），从而引发某种结果或情状。"② 这就是处置句的特性。根据周、范两位先生的研究，我们推导出处置式有语用特性，同时有处置强弱之别。按照处置强度我们可以分为最强处置式、强式处置式、一般处置式和弱式处置式。在罗田方言中，处置格式众多，形成了一个处置系列式，它们所表示的语用意义也有所不同。如表 4 – 3：

表 4 – 3　　　　　　　罗田方言中各种处置格式的语用意义

语用区别 例句	语用意义			处置强度			
	表示	表述	激动	最强式	强式	普式	弱式
①栗碳买倒。	+	+	−	−	−	−	+
②把栗碳买倒。	+	+	−	−	−	+	−
③栗碳把他买倒。	+	+	−	−	−	+	−
④栗碳把买倒。	+	+	−	−	−	+	−
⑤把栗碳把他买倒。	+	+	−	−	+	−	−
⑥把栗碳把买倒。	+	+	−	−	+	−	−
⑦栗碳把他把买倒。	+	+	−	−	+	−	−
⑧把栗碳把它把买倒。	+	+	−	+	−	−	−
⑨栗碳买倒他。	+	+	+	−	−	−	+
⑩把栗碳买倒他。	+	+	+	−	−	+	−
⑪栗碳把他买倒他。	+	+	+	−	−	+	−
⑫栗碳把买倒他。	+	+	+	−	−	+	−
⑬把栗碳把买倒他。	+	+	+	−	+	−	−
⑭把栗碳把他买倒他。	+	+	+	−	+	−	−
⑮栗碳把他把买倒他。	+	+	+	−	+	−	−
⑯把栗碳把他把买倒他。	+	+	+	+	−	−	−

① 转引自范开泰《语用分析说略》，《中国语文》1985 年第 6 期。
② 范晓：《汉语的句子类型》，书海出版社 1998 年版，第 151 页。

1. 处置句式都是有一定处置意义的，具有主观性，一般都包含了人对事物的态度，因而处置句都不仅有语言表示意义，也有语言表现意义，所以各式处置句的表示意义都为"＋"，表现意义也都为"＋"；句末复指处置句一般都用在祈使句中，表达祈求、建议、命令、催促、提醒劝解等语气，这些能使受话人有所行动，激起听话人的行动，所以也都具有语言的激动意义，因而，句末复指处置句除了语言表现意义为"＋"外，激动意义也都为"＋"。

2. 处置强弱是相对而言的，无"把"字标记处置句因缺乏显性处置标记而处置强度最弱，如例①、⑨；有一个"把"字处置标记为普通处置式，如例②、③、④、⑩、⑪、⑫；有两个"把"字处置标记为强式处置式，如例⑤、⑥、⑦、⑬、⑭、⑮；有三个或三个以上的"把"字处置标记为最强式处置式，如例⑧、⑯。"句末复指"成分在罗田方言里更多用来调节音节，承担完句功能，同时也能起舒缓语气，表示祈使和劝说的功用，在加强处置强度上并不显著，所以暂且未将其纳入影响处置强度的考虑之中。

3. 经过区分我们发现，例②—④、⑤—⑦、⑩—⑫以及⑬—⑮，无论是语用意义还是处置强度都是相同的。如：

A 组：②把栗碳买倒。　　　　　B_1

　　　③栗碳把他买倒。　　　　B_2

　　　④栗碳把买倒。　　　　　B_3

B 组：⑤把栗碳把他买倒。　　　B_1B_2

　　　⑥把栗碳把买倒。　　　　B_1B_3

　　　⑦栗碳把他把买倒。　　　B_2B_3

C 组：⑩把栗碳买倒他。　　　　B_1F

　　　⑪栗碳把他买倒他。　　　B_2F

　　　⑫栗碳把买倒他。　　　　B_3F

D 组：⑬把栗碳把买倒他。　　　B_1B_3F

　　　⑭把栗碳把他买倒他。　　B_1B_2F

　　　⑮栗碳把他把买倒他。　　B_2B_3F

A、C 两组的区别，主要在于"把₁""把₂""把₃"之间，B、D 组的区别实质上也是在于"把₁""把₂""把₃"之间。从上文可知，

"把₃"来源于"把₂他"中"他"的弱化脱落，"把₂他"中代词复指的是"把₁"中名词"NP"，实质上并无区别，因此"把₁""把₂""把₃"表示的语用意义与处置强度相同是可以理解的。同时，A、B、C、D 四组的语用意义与处置强度相同也可以反证"把₁""把₂他"与"把₃"二者功能相同，意义一致。

（六）汉语其他方言表示比较强的处置意义时，也是同时使用两种以上的处置手段。如表 4 - 4：

表 4 - 4　　　汉语其他方言表示比较强的处置意义时的手段①

句式	例句
B₁+F 式	湖南汨罗话：把火车票买哒它。 河南罗山话：你再乱说，我把你杀了它。（王东，罗明月，2007） 广州话：将啲药食咗佢把这些药吃了！ 孝感话：你把我打死它。（左林霞，2001） 大冶话：把带着牌打了渠把这张牌打出了。（汪国胜，2000：8）
B₁+B₂ 式	湖南汨罗话：把火车票把他买哒把火车票买了。 湖南常宁话：拿脸得佢洗干净点儿把脸洗干净点。（占升平，2013） 泗洪话：给衣服给它穿上。（周琴，2008） 潮州话：伊将个碗甲伊扣破喽。（黄伯荣，1996：665） 汕头话：伊对凄凄惨惨趁来许几个钱拢盩伊输到白白去他把辛辛苦苦赚来的几个钱全给输光了。（施其生，1997：137）
B₁+B₃ 式	湖南汨罗话：把火车票把买哒把火车票买了。 泗洪话：给衣服给穿上。（周琴，2008） 普通话：把房子给卖了。
B₂+F 式	湖南汨罗话：火车票把他买哒他把火车票给买了。 泉州话：许的钱着共伊开伊了那些钱要把它花完。（李如龙，1997：123） 衫裤共伊曝伊欸把衣服晒干。（李如龙，1997：123）

① 未加标注的例证来自陈山青、施其生《湖南汨罗方言的处置句》，《方言》2011 年第 2 期。

续表

句式	例句
$B_3 + F$ 式	湖南汨罗话：火车票把买哒他把火车票给买了。
$B_2 + B_3$ 式	湖南汨罗话：火车票把他把买哒把火车票给买了。
$B_1 + B_2 + F$ 式	湖南汨罗话：火车票把他把买哒他把火车票给买了。

以上种种加强方式，从表面上看是两种或两种以上手段并用，实质上离不开处置对象的复指，复指可以句中复指"$B_1 + B_2$"式、"$B_1 + B_3$"式、"$B_2 + B_3$"式，也可以是句末、句中复指并存式"$B_2 + F$"式、"$B_3 + F$"式、"$B_1 + B_2 + F$"式，无论哪种复指式，都可以强调处置对象，加强对对象进行处置的意义。从指称上看，复指性代词的指称意义较虚，罗田方言可以指称第一人称，也可以指称第二人称，还可以指称复数，如：

你有本事把我杀他。

我把你拿去丢他我把你丢掉。

你嗟吵死人得，我把赶出去他你们吵死人了，把你们都赶出去。

别的方言也可以如此，复指代词指称第一人称，如孝感话：你把我打死它；指称第二人称，如河南罗山话：你再乱说，我把你杀了它；指称复数，如泉州话：许几个学生共伊叫人来把那几个学生叫进来。

由此看来，多种形式处置式的形成及其并存造就了罗田方言如今众多繁复的各式处置句。罗田方言的特色是保留的形式较多，用法灵活，这都是各种处置形式自身发展的结果。其中有三种形式都是使用"把"字，一种是"句末复指式"，这四种形式相当活跃，都可以并用，也可以分开使用，其结构有 5 种用单一形式（W 类、D 类三种和 F 类），6 种用两种形式（S 类前三种和 H 类前三种），4 种用三种形式（S_4 与 H_4、H_5、H_6）和 1 种用四种形式（H_7）的处置句。汉语方言中用单一形式或双重形式表示处置式比较常见，如罗田方言这类用三种甚至是四种形式的目前来看还是比较少见的。叠加的处置标记越多，标记度越高，越少见，相应的使用频率越低。但两个处置标记的叠加，尤其是处置介词和处置代词的叠加在方言中还比较普遍。[1] 这

---

[1]　董秀英：《汉语方言处置式的标记模式》，《华中学术》2017 年第 2 期。

一系列的处置式反映了处于中部过渡地带罗田方言的复杂多样，其具体形成原因尚待进一步研究。

第三节　罗田方言的无宾"把"字句①

一　引言

（一）研究对象

罗田方言中表示处置"把木炭买了"的意义，有以下几种说法：

①栗炭木炭买倒他。｜②把₁栗炭买倒。｜③栗炭把他₂买倒。｜④栗炭把₃买倒。

①式是句末复指式，②式是一般把字句，③式是复指把字句，④式就是无宾把字句。关于句末复指式、处置介词把₁的成因前人已经作过深入研究，此处不赘述。我们研究的重点是表处置的提宾介宾结构"把₂NP"如何语法化为处置副词"把₃"（即例④），以及人们所谓的"把"表示的"终于、一下子、一直、突然、意外、感叹、死命地、威胁地、已经"等副词义，应是源于处置句式所赋予的主观性语义。

（二）以往的相关研究简述

对无宾把字句中"把"的定性，目前主要有两种观点：

第一种观点认为"把"是副词，表示意外、感叹、全都、一下子，与处置无太大关系。汪平所著的《贵阳方言词典》中，提到贵阳方言"把"的副词用法，认为"把+谓语+了"中的"把"，表示说话人对新出现情况的惊喜、感叹等感情，谓语可以是动词或形容词，动词短语，甚至是名词，如："你把来了｜酒把吃完了｜她把爱看书了｜他家哥把去美国了｜马路把重新修过了｜小华都把大人了"。邢福义（2001）认为"这些'把'都用作状语，其基本语义是'已经'，同时表示说话人对新出现情况的惊喜、感叹等感情"。陈淑梅（2006）较详细地论述了"把"的时间副词意义、度量副词意义、范围副词意义，只认为是单纯的副词。这种观点的长处是观察细致，但是忽视各义项之

---

① 本小节部分内容以《湖北罗田方言的无宾"把"字句》为题发表于《方言》2021年第2期。

间的关系，特别是与处置句式的关系，造成单个词语的义项烦琐。

第二种观点认为"把"是表示处置的副词或介词。赵元任（1979：168）指出，在北京话里"把""被""给"等的宾语有时候出现省略，不影响意义，他举的例子是"我告送他别把玩意儿弄坏了，他偏把（它）弄坏了"。显然，赵元任也认为"把"在这里表示处置。胡德明（2006）认为虽然"把"后没有宾语，但还是要看作是"把"字句，是一种无宾把字句，"把"在这里是处置副词。项开喜（2016）也把这种句式称作是处置式，但是他认为"把"字句中，"把"的根本功能是引出受事成分，所以认为"无宾"这种说法不够准确，应该说是受事成分功能性前置，或功能性脱落，"把"在这里是处置介词。陈山青、施其生（2011）也认为这是一种处置句式，认为这种把字句来自于复指把字句"把₂他"中复指代词"他"的缩略。这种看法的长处是抓住了"把"的表处置的核心作用，但是并未进一步展开讨论，具体论证无宾把字句中"把"的来源。

我们认为：无宾"把"字句中"把"字的副词用法与处置介词用法之间有一脉相承的关系，而其中"把"可能源于复指把字句中复指代词的脱落。以下以罗田方言为例讨论之。

二　罗田方言无宾把字句的特点

罗田方言无宾把字句可以表示为"NP_1 +（NP_2）+ 把 + VP"（S_1），其中"把"表示处置，因其后面没有出现宾语，直接紧贴谓语VP，我们称之为处置副词"把"。用例如下：

（1）洋芋他把卖了 把土豆卖了。

（2）锅里有饭，你把吃它 锅里有米饭，你把它吃掉。

（3）那个吹风机我昨儿看你在用，么可能搞落。你好好想想，把放哪儿去了 那个吹风机我昨天看你在使用，怎么可能搞丢，你好好想想，把它放哪里去了？

（4）落了50多天的雨，今昼把晴了 下了50多天的雨，今天总算把天空晴朗了。

（5）惯式女儿他把看得比么事都重要 他把娇宠女儿看得比什么事情都重要。

NP_1可能出现在本小句中，如例（1）"洋芋"；也可能出现在前面的小句中，如例（2）的"饭"；也可能出现在前面的语句中，如例（3）"吹风机"；也可能不出现，但大家所共知的，如例（4）"天空"。NP₁ 主要是名词性成分，但少数也可能是谓词性的成分，如例（5）"惯式女儿"。

NP₂可以自由隐现，出现的如例（1）、（5）的"他"、例（2）的"你"，也可以不出现，但是一种语境默认，如例（1）、（3）、（4）等。NP₂通常为施事。

（一）无宾把字句的结构特点

1. 与一般把字句相比，无宾把字句中的 NP₁ 定指性比较高。NP₁ 前都可以加上表示定指的指示代词"这个""那个"，意义通顺流畅。虽然 NP₁ 前面没有定指性词语，如例（1）—（5），但它处在主语位置，又是正在谈论的话题，交际双方都是默认知晓的。

如果 NP₁ 不明确，交际会出现障碍。如：

甲：哎呦，我正昼今天把忘记了？

乙：忘记了么事什么？

甲：忘记了带点菜给你，出门太急了。

2. 一般把字句中 NP₁ 可以是受事、工具等客体性语义成分，也可以是施事成分，罗田方言无宾把字句同样如此。如：

（6）那个梨子你把吃它你把那个梨子吃掉。（受事）

（7）箇狠的镰刀你把砍豁了一个口子这么厉害的镰刀你都把它砍缺了一个口子？（工具）

（8）箇个鸭子把跑了把那只鸭子跑了。（施事）

（9）他屋的几伤心，细伢儿把死了他家很造孽，把一个小孩儿都死了。（施事）

3. 罗田方言无宾把字句否定副词不能放在"把"字后面。如：

（10）＊洋芋他把不卖了。

（11）＊锅里有饭，你把不吃它。

（12）＊那个吹风机我昨儿看你在用，么可能搞落。你好好想想，把不放哪儿去了？

（13）＊落了50多天的雨，今昼把不晴了。

（14）＊惯式女儿他把不看得比么事都重要。

无宾"把"字句有比较强烈的主观性句式语义，就是所谓的移情性。一般来说，出现的事物会产生意外的移情，不出现事物不会有移情性，所以无宾把字句否定副词不能放在"把"字后面，在这一点上，其他方言中也没有例外，如安徽芜湖清水方言中，无宾把字句的否定副词一样也不能放在"把"字后面。

（二）无宾把字句的语义特点

1. "把"字的词汇意义

罗田方言里的"把"字有丰富的词汇意义，不是纯粹地表示处置的标记。它在罗田方言既作动词，表示"给予""握持""使役"义；又作介词，表示"被动""处置"义，而且有一些副词用法，表示"全、都"。如：

（15）简好的东西，把点我哈。（表"给予"）

（16）事情把他做，没有问题的。（表"使役"）

（17）麦把猪吃了。（表"被动"）

（18）门把好，我要抬桌子进来。（表"握持"）

（19）灰太大了，把窗子关着。（表"处置"）

（20）头发把白了。（表"全、都"）

一般认为，"把"的"给予"义语法化为"使役"义，"使役"义语法化为"被动"义法；"把"的"握持"义语法化为"处置"义，罗田方言也不例外。而表示"全都"的副词义应该源于词义的感染（详见下文）。

2. 无宾把字句的语义特点

在罗田方言中，无宾把字句具有"弱处置性"。处置的强弱是相对而言的，无宾把字句因缺失受事宾语NP_2，是处置句式的非完备构式，其句式的处置义较隐蔽。因而，经常被人们所忽视，根本不认同这是处置句，而其中的"把"只是副词。如：

（21）这事把记起来了。（终于）

（22）你把来了，我等了你3个小时。（总算）

（23）现菜驮得把倒他。（一下子）

（24）他脸把死倒。（一直）

（25）疯狗让他把打死了。（突然）

（26）卖了几天，洋芋把卖完了。（全、都）

（27）他把绳子把拉倒。（死命地）

（28）你不听话，一下儿把丢他。（威胁、警告）

（29）他家哥把去了美国。（惊喜、感叹）

（30）酒把吃完了。（惊喜、感叹）

（31）路把重新修过了。（惊喜、感叹）

按照陈淑梅（2006）的说法，例（21）—（25）中"把"表示"终于、总算、一下子、一直、突然、已经"等时间副词义；例（26）表示"全、都"的范围副词义，例（27）第二个表示"死命地"的度量副词义，例（28）表示"威胁、警告"的语气副词义。据汪平（1994）研究，例（29）—（31）"把"表示说话人对新出现情况的惊喜、感叹等感情，而据邢福义（2001）研究，例（29）—（31）"把"表示"已经"，作状语。

3. 无宾把字句的语用特点

沈家煊（2002）认为"把"字句的主观性首先体现在说话人的"情感"上，这就是所谓的移情现象。无宾把字句其实也是一种处置式，这种句式与一般"把"字句相比，语用上具有更强烈的主观性。

"把"表示"终于、总算、一下子、一直、突然、已经"等时间副词义项，都是"把"字句移情的现象，当"把"所表示的VP经过很长的过程或努力之后，说话人所钟情的愿望或结果终于得以体现，这时就有了"终于、总算"之义，如"卖了几天，洋芋把卖完了"；当说话人所不愿的结果得以发生时，如"你要买洋芋？那怎么办呢，昨儿洋芋把卖完了"，这里的"把"就有"一下子、突然"的意义；说话人所希望的结果得以发生，这时就有了"已经"之义，如"他总算把走了，像个爹样"。说话人所不希望的状态持续，这时就有了"一直"之义，如"他脸把死倒"。因而，"把"表示的"终于、总算、一直、突然、已经"等时间副词义应源于"把"字句式的主观性。

"把"表示的"很厉害、死命地"之类的度量副词义，也是无宾"把"字句移情的现象。我们认为，"把"字句经常体现说话人对受事量的主观判断，主观量经常跟移情交织在一起，当说话人对于"把绳子拉倒"这种属性主观估价大于预期时，处置对象"绳子"就成了说话人所"厌恶"的对象，因而这种"把"表示的"很厉害、使命地"之类度量副词义也应源于"把"字句式的主观性。

"把"表示的"威胁、警告、惊喜、感叹"之类的语气副词义，也是无宾"把"字句移情的现象。沈家煊（2002）认为"显然把字句表达的威胁和警告的语气更重，对处置对象的移情程度也高"，因而在此句式中，此种"把"表示的"威胁、警告"义应源于"把"字句句式主观性。同理，因"把"字句语用上具有更强烈的移情性，"把"表示的"惊喜、感叹"之类的语气副词义也应源于"把"字句式的主观性。

综上，人们所言"把"表示的"终于、总算、一直、突然、已经"等时间副词义，"很厉害、死命地"等度量副词义，以及"威胁、警告、惊喜、感叹"等语气副词义应归为处置句式所赋予的主观性语义，实际上是一种句式赋义的结果。因而，我们主张将这些语义归因于把字句的构式义①，相应的"把"字也应该视为处置副词。

三　处置副词"把"的来源

罗田方言的无宾把字句是如何演变而来的？无宾把字句中的"把"是如何由处置介词虚化为处置副词的？

我们将无宾把字句"NP_1 + 把$_3$ + VP"称为"S_3"式，一般把字句"把$_1$ + NP_1 + VP"称为"S_1"式，句中复指把字句"NP_1 + 把$_2$他 + VP"称为"S_2"式。"S_3"可以变换成"S_1"和"S_2"：

牛把跑了→把牛跑了→牛把他跑了。

其中，S_2与S_3结构基本相同，唯一的差别是S_2有一个复指前面 NP_1 的代词，S_3省略 S_2 中复指代词就成了无宾把字句，因而我们先假设是无宾把字句 S_3 来自 S_2 句中"把$_2$他"的复指代词脱落，"把$_3$"就是源于"把$_2$他"中复指代词的脱落。下文我们将结合其他方言讨论。

（一）句中复指代词被省略是可能的

语言发展中介词宾语消失也是有先例的。如：

泗洪话中，可以用"给它/他"来表示处置，形成"NP 施 + NP

---

① 一个句式就是一个结构完型，就是一个整体，整体大于部分之和，它不能是对把字句组成部分的分析和分解中推断出来。

受 + 给它/他 + 给 + VP"（你把书放着吧｜你书给它给摆葛宁个），当语气减弱"它/他"轻读，复指代词容易脱落，形成了"给—给"形式（把书放在桌上｜书给—给摆葛桌子上），"给—给"中间明显有一个语音延长，它们是省略代词复指成分"它/他"而形成的具有临时性的复合介词，这也表示这个复指代词"它/他"是一种羡余成分，并不一定是必需的，容易脱落。

据石毓智（2004）研究，北京话中处置标记"给"后也经常省略受事（一着急我给贴错了｜英语我懂呀，"刷刷"两下我就给写得了）。

胡德明（2006）指出"把"的宾语"它/他"只是个形式宾语，其所指已在上文出现，因此被省略的可能性更大。

因而，这里的"它/他"基本上是冗余信息，它的存在只是为了满足介词"把"的结构。

（二）汉语方言中存在着从"（3）把$_2$他→（3'）把$_副$他"的过渡性功能 AB 形式

功能主义的历史句法理论认为，句法演变往往是一个具有连续统性质的渐变过程，一个形式 X，在其功能由 A 变为 B 的过程中通常有一个可以观察到的中间阶段或过渡性功能 AB（即 A→AB→B）。因此，在一个特定的共时状态，如果观察到某个形式具有 AB 这种过渡性功能，那么就可以断定这个形式的 A 功能和 B 功能之间具有衍生关系。[①] 具体就"把$_3$"而言，"（3）把$_2$他→（3'）把$_副$他"这一步就是中间阶段或过渡性功能"AB"。如汕头方言中"合伊把他"就可提供此例证[②]：

（32）间厝合伊卖掉房子把他卖了。

（33）唔听话我对汝合伊缚起来不听话我把你给捆起来。

例（32）中"合伊"可以看作"介词复指成分"的"（3）把$_2$他"，其中"伊"复指"间厝"，而例（33）中的"合伊把他"已经看不出多少复指的意义，其中"伊"显然不是复指第二人称的"汝"，"合伊"在此只能看成处置副词。随着复指意义的淡化，常常同时发生形式上的缩略，合音或脱落为一个单音节词，如厦门方言、揭阳的"合

---

① 转引自吴福祥《再论处置式的来源》，《语言研究》2003 年第 3 期。

② 施其生：《汕头方言的几种句式》，《方言论稿》，广东人民出版社 1996 年版。

伊"脱落为"合"或合音为［kai］的产物，成了一个处置副词。① 同理，在罗田方言中，"把₂他"中的"他"已经不是他本来的意义"第三人称代词单数"，如：

（34）这些东西把他丢他。

（35）这些人把他恨死了。

从上两例可以看出，"他"已经不论单复数，也不限于人称，意义虚化，基本无所指，因而在罗田方言中"把他"已经看不出有多少复指意义了。随着意义的淡化、虚化，形式上发生缩略或者省略，于是罗田方言的"把₃"成了这一过程的产物，这时，已经完全没有"他"原本的意义了，而只留下一个表处置的语法意义，原先的介词结构也就变成一个处置副词了。

（三）江淮官话黄孝片的无宾把字句中的"把"应该是"把"与"他/它"的合音

在 2017 年第二届南方官话国际学术研讨会上，与会者用江淮官话黄孝片方言宣读的无宾把字句中例句，根据听感，李如龙先生明确指出，黄孝方言中的无宾把字句中的"把"有一个半音节的长度，应该是一个合音，可能是"把"与"它/他"的合音，此种情况与闽语的"合伊"合音为［kai］的情况类似。李如龙先生的讲评进一步从语音上印证了，无宾把字句中的"把"就是源于复指把字句中复指代词的弱化、脱落。

（四）处置副词"把"功能扩展——词义感染

处置宾语 NP_1 的脱落，处置副词"把"成为焦点，并有可能进一步功能扩展，滋生一些其他意义，如前文所说的范围副词"都"的意思，这种意义在罗田方言中也是客观存在的，如：

（36）他一家人把来了一家人都来了，一桌子坐不下去了。

（37）头发把白了头发突然全白了。

（38）这些题他把做错了这些题目他都做错了。

（39）那些面粉我把和了我把那些面粉全部和成了面。

（40）简些东西我把把他了哪些东西我全部给它了。

---

① 黄燕旋：《揭阳方言的复指型处置句》，《语言研究集刊》2012 年第 15 辑。

例（40）前一个"把"表示"全部"义，第二个"把"表示"给予"义，例（36）—（39）中的"把"字除了表示处置义外，还表示"都""全"义，这种意义应该不是把字句式本身所具备的，那到底是无宾把字句的功能扩展呢？还是因为其在不同语境中的衍生义呢？然而在不同语境中的衍生义，必须具备一定的相似性，但此处"把"表示"都、全部"的意思与"把"其他的意义并无相似性。因而，这种推论应该是不存在的。结合"把"和表示"给予"义的"与"经常连用，因词义感染而具有"给予"义这一研究思路启示了我们①。词义发生变异，不一定来自词义本身的引申，而是来自邻近词义的同化，伍铁平（1984）称为"词义感染"，张博（1999）称为"组合同化"。所谓"词义感染"指的是不同于词义引申的一种词义变异现象，某词的本义不是从本体自身上衍生出来的，而是从另一词客体上移植过来的。同理，罗田处置副词"把₃"在很多时候也是和表示"全部、都"的范围副词"下［ha⁵³］"连用。如上文所举"把"表示范围副词"全、都"义的用例，可以在"把"前加上范围副词"下"：

（41）他一家人下把来了，一桌子坐不下去了。

（42）头发下把白了。

（43）这些题他下把做错了。

（44）哪些面我下把和了。

（45）箇些东西我下把把他了。

加上"下"以后，"把"的处置义就得到了凸显。因为受事 NP 省略，"下"与"把"贴合更加紧密，"下"的范围副词就强行感染给了"把"，使得"把"语义结构格局调整：当有范围副词"下"时，"把"表示处置副词；当没有范围副词"下"时，"把"除了表示处置义外，还兼表范围副词"全部、都"义。这种语义感染目前还可能处于发展阶段，并未完全挤掉"把"的处置义，因此这种句式尚宜看作处置句。

综上，处置副词"把"的来源，应与复指把字句中复指代词的脱

---

① 参见黄晓雪、李崇兴《方言中"把"的给予义的来源》一文，他们认为在近代汉语中，"把"和"与"经常在一起表示给予，"把"就传染上了"与"的给予义，《语言研究》2004 年第 4 期。

落相关，复指代词的脱落后，处置副词"把"成为焦点，进一步功能扩展，因其与范围副词"下"的连用，感染上了"全、都"等范围副词义。

四　结语

处置副词"把"源于复指把字句中复指代词的脱落，相应无宾把字句形成了。人们脱离了"把"字句的句式语义特征，观察到无宾把字句中的"把"有"终于、总算、一下子、一直、突然、已经"等时间副词义，"很厉害、死命地"等度量副词义，以及"威胁、警告、惊喜、感叹"等语气副词义，设置了多个义项。这些义项多半是冗余而不必要的，而且都应源于"把"字句式的主观性。因而任何一个词，在不同的语境中，其词义都有小异而不构成另一义项。此时应多考察其句式语用特征，不应单列一个个义项，而使系统的简单性受损。

形式分析是为功能解释服务的。朱德熙（1982：81）曾说过：凡是得不到形式上验证的语义分析对语法研究来说是没有价值的。陆丙甫（2005）也指出，"缺乏形式区分的意义分析，在研究初始阶段是完全必要的。但作为描写的结果，应该把那些与语法无关的描写都消除，把能够合并的尽量合并。这样才能看出语法形式和语法意义的对应关系"。因而，我们现在不妨说：凡是在功能上得不到解释的形式分析，都是没有新描写主义价值的。

我们的探讨还是初步的，尚有很多工作要做。我们只对罗田方言、泗洪方言、闽南方言等进行观察，还有很多问题值得进一步研究。比如近代表处置的"把"又经历了哪些变化？各个方言中的同类现象，是因为它们同出一源、相互影响的结果，还是因为它们复指代词的脱落而独立发展出来的？对这些问题的回答无疑会加深我们对汉语方言的认识。

本章小结

罗田方言处置式有 16 种之多，从不同标记形式角度，可以分为五类：（1）无标记型；（2）单"把"字句；（3）多"把"字句；

（4）句末复指式；（5）混合式。当谓语为连动式、兼语式，动词后带其他成分，以及动词后无其他连带成分但动词前有"当""朝"等介词结构时，所受的句法限制较少，基本都能用在各种处置式中。为单"把"字句或多"把"字句时，罗田方言处置句与普通话和其他方言一样，谓语不能为光杆动词；当含有句末复指"他"的处置式（即F式和H式），罗田方言处置句与普通话和其他方言不一样，谓语可以为光杆动词，这可能与句末复指的"他"在此有完句的功效有关。只要句式中未出现"把$_3$"，罗田方言处置句式否定副词"不"可以用在"把"字后面。处置对象NP一般是受事，同时也允许某些施事充当，这与普通话类似。但当处置对象NP为代词时，易与句中或句末复指的"他"同音或者同形，这样受到较大的句法限制，很多处置句式都不能使用。

罗田方言表示处置句有多种说法，但都有一定的规律，都是用多种表处置的语法手段相互复合的结果，其中有三种形式是使用"把"字，一种是"句末复指式"，这四种形式相当活跃，都可以并用，也可以分开使用。其结构有5种用单一形式（W类、D类三种和F类），6种用两种形式（S类前三种和H类前三种），4种用三种形式（S$_4$与H$_4$、H$_5$、H$_6$）和1种用四种形式（H$_7$）的处置句。汉语方言中用单一形式或双重形式表示处置式比较常见，如罗田方言这类用三种甚至是四种形式的目前来看还是比较少见的。

罗田方言无宾把字句的"把$_3$"处置副词来自于介词复指把字句中复指代词的脱落，无宾把字句在方言中反复使用，具有较强的主观特性，如表示"意外""终于""一下子""威胁/警告"等移情句式语义。同时因为处置宾语NP$_1$的脱落，处置副词"把"成为焦点，并有可能进一步功能扩展，滋生一些其他意义。如其经常和范围副词"下"连用，感染上"全部、都"的意思，当"下"省略情况时，也可以表示"全部、都"义，而当"下"存在的情况下，就只表示处置副词的意义。

第五章　双宾语句

自从黎锦熙《新著国语文法》（1924：35）第一次提出"双宾语"这一术语来，双宾语句的研究就没有间断过，吕叔湘、朱德熙《语法修辞讲话》中明确指出"一个动词有时候会有两个宾语，多半是一个指人，一个指物"①，学界对双宾语句的关注也逐渐增多。近年来，随着国外各种语法理论流派的引进，汉语学界对双宾语句的研究也呈现了一种多元化的态势，学者们从结构主义、认知语法、转换生成语法、句式语法、历史语法、配价语法及类型学理论出发对双宾语语句进行了阐述。他们涉及很多方面：双宾语句的判断标准，结构划分、动词的分析、双宾语句中的两个宾语的关系、双宾语句动词与两个宾语之间的关系，双宾语句的历史发展及演变过程、双宾语句的衍生过程、双宾语句的原型、双宾语句的句式整体意义等。但是分歧也很大，双宾语句是句法分析中比较麻烦的一类句型，至今对双宾语语句的外延大小、内部小类的划分、结构层次的切分等，认识还相当不一致。有的学者只承认"送给他一本书"之类的双宾语；有的学者分出表示"给予、取得、认同"等几类；有的总结出了近20类；有的确定的双宾语句范围更大，认为将"吃了他三个苹果"这样的句子分析为双宾结构比较合理。通常人们认为双宾语结构中的宾语只能是受事宾语，不能是其他宾语②，也有人认为双宾语句中的宾语并不限于受事宾语③。随着语法研究的深入，尤其对动宾关系研究的深入，施事宾语、目的宾语、表称宾语，甚

---

① 吕叔湘、朱德熙：《语法修辞讲话》，中国青年出版社1979年版，第13页。

② ［日］太田辰夫：《中国语历史文法》，蒋绍愚、徐昌华译，北京大学出版社1987年版，第33—35页。

③ 邵敬敏：《汉语语法的立体研究》，商务印书馆2000年版，第152页。

至是准双宾语，如工具宾语、处所宾语①、数量宾语、方式宾语等类别也逐渐被纳入了双宾结构②。还有学者从句法形式出发，用生成语法理论来界定双宾语结构的句法特征。

有关研究见表 5 - 1。

表 5 - 1　　　　　汉语双宾动词和双宾语句结构研究统计表

作者	作品	分类依据	分类	具体类型
黎锦熙，刘世儒 1959	汉语语法教材	动词语义和形式	2	授予类、教示类
赵元任 1979	汉语口语语法	动词语义	4	给予类、取得类、教类、借类
朱德熙 1982	语法讲义	动词语义	3	给予类、取得类、等同类
马庆株 1983	现代汉语的双宾构造	述宾结构与宾语语义关系	14	给予类、取得类、准给予类、表称类、结果类、原因类、时机类、叫唤类、使动类、处所类、度量类、动量类、时量类、O_1 为虚指类
李临定 1984	双宾句类型分析	动词语义	11	"给"型、"送"型、"拿"型、"吐"、"吓"型、"问"型、"托"型、"叫"型、"欠"、"瞒"、"隔"、"限"型、"V给"型、"VP"型、"习惯语"型
徐枢 1985	宾语和补语	O_1 O_2 是否单独和谓词联用	4	$V + O_1$（可以说）＋ $V + O_2$（可以说） $V + O_1$（不可以说）＋ $V + O_2$（可以说） $V + O_1$（可以说）＋ $V + O_2$（不可以说） $V + O_1$（不可以说）＋ $V + O_2$（不可以说）
陈建民 1986	现代汉语句型论	动词语义	4	给予类、取得类、给予取得类、处所类

---

① 王建军：《古汉语中的处所类双宾语句探析》，《语文学刊》2005 年第 9 期。

② 详见马庆株（1983），如"数量词语"又称"假宾语"，虚化代词"他"充当的宾语称"虚指宾语"。

续表

作者	作品	分类依据	分类	具体类型
汪化云 1993	双宾句的再认识	动·名$_1$·名$_2$之间的关系	3	真双宾句、准双宾句、类双宾句
范晓 1998	汉语的句子类型	O_2转移方向	3	"交"类动词，"接"类动词、"借"类动词（兼向动词）
顾阳 1999	双宾语结构	按照"给"字的分布	2	NP$_1$ V NP$_3$ 给 NP$_2$ NP$_1$ 给 NP$_2$ V NP$_3$
张伯江 1999	现代汉语的双及物结构式	给予方式的隐喻	6	现场给予式、瞬时抛物类、远程给予式、传达信息类、允诺指派类、命名类
陆俭明 2002	再谈"吃了他三个苹果"一类结构的性质	施事、与事、受事的受益受损	2大类 8小类	A "给予"义 B 非"给予"义 B$_1$ 近宾语为与事的非"给予"义 B$_1$（a）使施事有所获取 B$_1$（b）使与事、受事有所获取 B$_1$（c）使与事受益 B$_1$（d）使与事有所损失 B$_1$（e）使施事、与事有所得 B$_1$（f）使施事有所得，与事有所损失 B$_2$ 近宾语为受事的非"给予"义
石毓智 2004	汉英双宾结构差别的概念化原因	谓语动词的方向性（O_2转移方向）	3	给予类、索取类、予夺不明类
黄正德 2007	汉语动词的题元结构与其句法表现	分解词义	2	给予、获取
余义兵 2019	再论双宾语句构式语义——兼谈双宾语句的范围和分类	构式整体语义	2	致使－受益、致使－受损

从表 5 - 1 可以看出，学者们对双宾语句的分类一般都是立足于动词的语义特征，其中使双宾语的范围扩大化的是马庆株和李临定，在研究上突破传统研究方法的是范晓和陆俭明。研究方言的双宾语句，同样也应从考察动词入手，这是因为一方面能进入双宾语句的动词是有限的，对之进行详细考察有助于全面了解双宾语句；另一方面因为动词的语义特征同两个宾语的语义搭配关系影响双宾句两个宾语的先后次序。因而，本章考察罗田方言双宾句也将是从考察双宾语动词入手。

普通话中，一般都是间接宾语在前，直接宾语在后，而在南方方言中很多都是直接宾语在前，间接宾语在后，因而这种特殊语序双宾语句是方言学界讨论较多的。余蔼芹（1993）认为南方方言基本上都是用这种特殊的语序，湘语邵阳话（孙叶林 2006）、益阳话（徐慧 2001：269）、吴语金华汤溪话、客家梅县话、赣语泰和话、粤语香港话（李如龙、张双庆 1997）、江淮官话湖北赤壁话（陈莉琴 2009）、鄂东话（汪化云 2003）等方言普遍存在这种特殊的双宾语句。刘丹青（2001）也讨论了方言给予类特殊语序式的分布和成因，张振兴（2003）综合列举了崇明方言、广州方言、南京方言、杭州方言、益阳方言、柳州方言、长沙方言、湘潭方言等给予动词双宾句特殊语序，并把给予类特殊语序作为南方方言语序的重要句法参项。同时，方言界也开始注意到非给予类动词双宾语句，认为很多非给予动词也可以进入特殊语序构成表给予义的双宾句式。项梦冰（1997：314）描写了客家话连城方言中取得类动词构成的特殊语序，如"买一幢屋佢"，并把它称为"假双宾句式"，以别于给予类动词双宾语句，汪化云（2003）将之称为"类双宾句"。除了对非给予动词进入双宾句的关注外，有些学者开始试图解释南方方言特殊双宾句的成因，林素娥（2008）认为：若从发生学的关系来看，古汉语应与普通话的渊源关系更为密切，为何特殊语序双宾语句在普通话中销声匿迹，却能够在南方方言中从一种非基本的句式发展为基本句式。她进一步考察认为古汉语这种特殊的双宾语句式是语用促成的，与汉语南方方言中倒置式（特殊语序双宾句）有区别，不赞成将古汉语和汉语南方方言中的这两种相似的结构处理为继承关系，认为南方方言 VO_pO_r 式（动词 + 直接宾语 + 间接宾语）与 VO_rO_p 式（动词 + 间接宾语 + 直接宾语）一样，都是基本句式，是南方方言的原生态结构，它们是以不同的语序区别语义，形成结构与语义相对立的关系类型。张敏（2011）从区域类型学、历史语言学、语言地理地图的新视角研究了汉语方言双及物结构南北差异的成因，论证了北方话为 VO_rO_p 式而南方话多为 VO_pO_r 式，其成因主要不是外因而是内因，可归因于通用的给予动词"与"始于宋元之间的衰微和消失以及南方话从二价持拿动词"拿、把、拔、担、驮、痹、约"等衍生出新的三价动词的特殊历史。他对汉语方言双及物结构的配置作了全面考察，并指出更具类型学意义的南北差异其实不是双宾 VO_rO_p、VO_pO_r 式对立，而是双宾 VO_rO_p 与介宾补语之间的对立，这一局面的形成他归之于外因，认为这两种格式的交替式在上古、中古汉语里一直并存，却在近现代变成大体以长江为界南北互补分布的局面，这是两千年来汉语语法大变局的一部分，其形成与 SOV 型非汉语对北方话的影响有密切关系。张敏先生的解释新颖、全面，有一定的参考性。然而，尽管方言学界对这种特殊的语序讨论较多，但一般也都局限于给予义动词构成的双宾语句，对非给予类动词双宾语句关注甚少，并称之为"假双宾语句""类双宾语句"，这样似乎有点忽视方言双宾语句式的系统性和整体性。因此本章将全面讨论各类动词构成的双宾语句，并不局限于给予类双宾语句。

双宾语句式是一种特殊的句型，一般而言，双宾语句指的是一个动词后面带两个名词性的成分，其中一个是直接宾语，表示物，另一个是间接宾语，表示人。为了叙述方便，我们将直接宾语记作"$O_直$"，间接宾语记作"$O_间$"，因此我们可以把双宾语句和与之相关的介宾补语式表示为：$S+V+O_间+O_直$（Ⅰ式），$S+V+O_直+O_间$（Ⅱ式），$S+V+O_直+X+O_间$（Ⅲ式）。本章将考察罗田方言双宾句的各种句法表现，将涉及双宾句动词、双宾语句式特点，双宾语句式两个宾语的次序以及宾语的介引成分。

第一节　罗田方言的双宾动词

本节对双宾语句的分类，立足于罗田方言的特征，并参照各位学者如朱德熙（1982）、马庆株（1983）、汪国胜（2000）、石毓智（2004）、陈莉琴（2009），将双宾语句分为"把送"类、"抢扯"类、"租借"类和其他类。

一 "把送"类动词

"把送"类动词具有"给予"的语义特征，是双宾语句中典型的双宾动词，按照朱德熙先生的描述，就是指"与者"（A）主动使"与者"所与，亦是"受者"所受（C）由"与者"转移到"受者"（B）。那么在这个语言系列中，C 由 A 向右转移到 B，是一种右向移动，因而我们称"把送"动词是"右移"的。常用的有把、送、寄、喂、卖、换、交、找、付、奖、赔、退、教、让、输、找找零、补、发、支、带、留、陪嫁、贴补、介绍、传染、过继、移交。跟普通话不同的是，这类动词所构成的双宾句一般是间接宾语 $O_间$ 在后，直接宾语 $O_直$ 在前，如：

（1）你把点东西我你给我一点东西。

（2）大舅送了两壶茶油我大舅送给我两壶茶油。

（3）那个人好黑心，卖了几块水货表他卖给他几块水货表。

（4）你赔点柴我，哪个叫你把我的山都砍光了你赔偿点柴给我，谁让你把我家山上的树都砍光了。

（5）你支点钱徐飞，他亘地没钱用得你给徐飞一点钱，他真的一点钱都没有。

（6）我那时结婚，穷得要死，你妈屋的也只陪嫁两床被子她我们结婚那时很穷，你妈家里也只是陪嫁了两床被子给她。

（7）我三毛三十岁了没媳妇，你介绍个人儿他我家三毛都三十岁了，还没找媳妇，你帮他介绍一个对象。

从以上诸例可以看出，给予类动词组成的双宾语句一般都是采用Ⅱ式，此Ⅱ式可以转换成普通话中相应Ⅰ式，意义不变。如：

（8）你把我点东西你给我一点东西。

（9）大舅送了我两壶茶油大舅送给我两壶茶油。

（10）那个人好黑心，卖了他几块水货表卖给他几块水货表。

（11）你赔我点柴，哪个叫你把我的山都砍光了你赔偿点柴给我，谁让你把我家山上的树都砍光了。

（12）你支徐飞点钱，他亘地没钱用得你给徐飞一点钱，他真的一点钱都没有。

（13）我那时结婚，穷得要死，你妈妈屋的也只陪嫁她两床被子我们结婚那时很穷，你妈妈家里只是陪嫁了两床被子给她。

（14）我三毛三十岁了没媳妇，你介绍他个人儿我家三毛都三十岁了，还没找媳妇，你帮他介绍一个对象。

虽然能转换成普通话中的Ⅰ式，但在罗田方言中还是以Ⅱ式为常。在普通话里，含有"给予"义动词并非都是单音节的，有些是双音节的，如"推荐、批发、分配、转交、转卖、归还、赠送、托付、贴补"等，这种双音节"给予"义动词在罗田方言里可接受程度较低，都相应转换成单音节给予动词"推、批、分、交、卖、还、送、托、贴"，这可能是因为方言的口语性较强、倾向于使用简约的单音节给予动词，用双音节给予动词的说法在语感上会比较文气，显出了几分勉强，不是地道的方言口语，只有少数双音节给予动词"介绍、陪嫁、传染"等能用。

在罗田方言中，表示"给予"义很少用"给"，一般用"把"。如：

儿子：你给点我呢。

父亲：给……给，给么裸给什么？蹩腔蹩调的。

儿子：好……好好，你把点我。

从上面对话中，可以看出，老一辈人对于青少年用"给"字表示很不满，他们认为青少年丢掉了方言中传统的味道，有点忘本，用"给"是"蹩腔蹩调"的行为。对于父辈的不满，青少年只好遵从，满足老辈人的愿望，改成"把"来表示给予义。可见，罗田方言中，偶尔用"给"字是普通话影响的结果，其方言中并不存在用"给"表示给予义。张敏（2011）将此类现象归因于：通用给予动词"与"在宋元之间开始衰微和消失，而在宋末元初新兴的给予动词"给"只是在长江以北各地方言播撒，南方方言因北人南下，大规模移民业已结束，并未受到新形式的"给"的波及，于是南方话从二价持拿动词"拿、把、拔、担、驮、痱、约"等衍生出新的三价动词表示给予。如此看来，用"持有"义动词表示"给予"义，不是罗田方言中单一现象，在南方方言中也普遍存在。

二 "抢扯"类动词

"抢扯"类动词都有"取得"义语义特征，主要包括两类，一是

"拿抢"类，二是"撕扯"类。

（一）"拿抢"类

按照朱德熙先生的描述：就是指"失者"（A）主动使"失者"所失，亦是"得者"所得（C）由"受者"（B）转移到失者（A）。那么在这个语言系列中，C 由 B 向左转移到 A，是一种左向移动，因而我们称"拿抢"类动词是"左移"的，刚好与"给予"类动词相反，句式语义特征应是"取得"。"拿抢"类也是很常见的"取得"义动词，常见的有"偷、抢、扣、[hu²⁵]骗、赢、买、拿、捉、讨、得、缴、抓、搞、占、黑、抽、敲、收、赚、落获得、捞偷、收缴、租借"等。跟普通话一样，这类动词所构成的双宾句一般是直接宾语 $O_直$ 在后，间接宾语 $O_间$ 在前，如：

（15）你[hu²⁵]骗我几多钱？有得良心的你骗了我多少钱？你这个没有良心的。

（16）除去开支，你今年落我几多钱除去开支，你今年赚了我多少钱？

（17）箇个人黑心得很，你敲他一笔那个人心很黑，你去弄他一笔钱。

（18）春球儿昨儿晚上捞偷了我一窠子鸡，我追到街上去也冇追倒春球昨天晚上偷了我家一窝鸡，我追到街上也没找到。

（19）你搞了他么事？搞得他箇样的呾你偷了他什么东西，弄得他这样地骂。

（20）他老子霸强得很，总是占别家屋的东西他父亲很霸道，总喜欢抢占别人东西。

（21）今年运气差得很，打牌总输，光小毛就赢了我几千块我今年运气差，打牌总输，仅小毛就赢了我几千块。

在以上句式中，直接宾语一般不能是光杆名词，一般都是"数量名"结构，如例（15）、（16）、（18）；例（17）、（21）是"数量"结构，省略了名词"钱"；例（19）、（20）虽然不是"数量名"结构，但也不是光杆名词宾语。这可能是因为直接宾语位于句末，一般都承载着新信息，而光杆名词所附含的新信息量不够。

在这类双宾语中，客体（C）的领受关系是向左移的，在动作发生之前。$O_间$（失者）是 $O_直$（客体）的拥有者，是动作行为实施后的损失者，也就是说"取得"类双宾语句中，$O_间$ 与 $O_直$ 之间具有领有关系。

在普通话中，这类动词形成的双宾语句中，一般也可以在直接宾语与间接宾语之间加上表领有关系的"的"，从而使双宾语句转换成了单宾语句。在罗田方言中，两个宾语之间也可以加上表领有关系的"的"，或者是跟普通话"的"功能相当的"个"。如：

（22）你［hu²⁵］骗我<u>的</u>几多钱_{你骗了我家多少钱}？冇得良心的。

（23）除去开支，你今年落得我<u>的</u>几多钱_{你今年给我多少钱}？

（24）箇个人黑心得很，你敲他<u>个</u>一笔_{那个人很黑心，我敲他一笔钱}。

（25）春球儿昨儿晚上捞偷了我<u>的</u>一窝子鸡，我追到街上去也冇追倒。

（26）你搞了他<u>个</u>么事_{你弄了他什么东西}？搞得他箇样的吧_{弄得他这样地骂}。

（27）他老子霸强得很，总是占别家<u>的</u>屋的东西。

（28）今年运气差得很，打牌总输，光小毛就赢了我<u>的</u>几千块。

在邵阳方言、大冶方言中，这类句式两个宾语之间往往不能插入表示领有关系的"的"或者"个"，因此孙叶林（2004）认为这种领属关系只是一种深层次的语义关系，未表现为语法形式上的偏正结构，其领属关系没有语法化。虽然如此，单就罗田方言而言，这种领属关系是可以通过加领有关系的"的"或者"个"来显现。只是方言具有口语化、简洁化的特征，在不影响表达的前提下，普遍都是选择最简单、最直接的表达方式，也就是未加"的"或者"个"的双宾表达式。①

上面所举的"拿抢"义动词构成的双宾语句整个句式都是表达"取得"义情况，这类双宾语句是不能转换成Ⅱ式的。但是"取得"义动词也可以构成间接宾语在后，直接宾语在前的Ⅱ式双宾语句，此时句式意义发生了改变，不再表示 A 从 B 那里取得了 C，而是表示 A 取得了 C 给予 B，例如：

（29）二叔搞了两万块钱我，我买车就不么差钱了_{二叔给了我两万元，我买车就不缺钱了}。

---

①　李临定（1984：31）认为这一类型的双宾语句，从语义上看，有领属关系，但仍然可以看作是双宾语句。李宇明（1996）考察认为，单宾和双宾虽然是两种不同的句法现象，但是它们之间没有泾渭分明的界限，认为双宾句存在一条由五个接点组成的从单宾到双宾的连续带，其中像罗田方言这样"两个宾语之间倾向于不用'的'的，倾向于分析为双宾"。

（30）你担点柴我，灶膛都冇得烧_{你拿点柴火给我，灶膛没有柴了}。

（31）你看我几爱你呀，抢这多糖儿_{你看我是多么爱你，抢了这么多糖果给你}。

（32）你抽几张纸我，我冇得纸写字了_{你给我几张纸，我没有纸写字了}。

（33）到他屋去么事都不肖带得，买点水果他细伢儿_{到他家什么都不用带，买点水果给他的小孩}。

（34）等下儿，我捞两根黄瓜你_{等一会儿，我偷两根黄瓜给你}。

（35）我收两件衣裳你，看你衣服都破了_{我给两件衣服给你，看你的衣服都破了}。

以上例句中，虽然动词表示的是"取得"义，但是整个句式表达的是"给予"义，因而可以转换成Ⅱ式。

（二）"撕扯"类动词

这类动词有"获取"义，应该将之归类于"取得"义动词，其最大特点是间接宾语是动作服务的对象。"撕扯"类动词是施事A对某物C实施某个具体的动作行为，从而对某物C产生某种影响，使某物C被分解或是脱离原来的整体，转交给A。① 常见的"撕扯"类动词有"撕、扯、斫_砍、剪、摘、切、挖、拣_{挑选}、割、砍、宰、劈、剁、称、掰"等。在罗田方言里，"撕扯"类动词一般构成双宾句Ⅰ式，例如：

（36）哪个这黑心，趁我到街上去了，剁了我一院子白菜。

（37）箇个大娘太狠了，扯了我几根头发_{那个女人太厉害了，扯掉了我几根头发}。

（38）你冇得草稿纸了，撕我几张_{把我的撕几张给你}。

（39）你是冇得吃得了？分你半个饼子。

"撕扯"类动词都是表示具体动作行为方式的动词，它们本身并不含有"取得"或者是"给予"义。在罗田方言中，"撕扯"类的动词都能构成双宾句Ⅱ式，句式意义是：A撕扯C给B，即整个句式表示的是"给予"义。如：

（40）有没有信纸，撕几张我_{撕几张纸给我}。

---

① 陈莉琴：《赤壁方言双宾句及相关问题研究》，硕士学位论文，首都师范大学，2009年。

（41）你等下儿，我剁几个包菜你_{我剁几棵包菜给你。}

（42）我摘点落生你，你拿回去炒了吃_{我摘点花生给你，你拿回家炒了吃。}

（43）你屋的没柴烧火烘得，我挖个树桩子你_{你家没有柴烤火，我挖棵树}桩子给你。

（44）恶的黄瓜长得几好份儿得，我摘几根你_{我家黄瓜长势好，我摘几根}给你。

以上例句都是双宾句Ⅱ式，与Ⅰ式表达相反，它们表达的是"给予"义，如"我剁几个包菜你""撕几张我"等。也就是说句式不同，由"撕扯"类动词构成的双宾句所表达的意义也不同。

值得注意的是：其一，这类动词在普通话中是不构成双宾语句的，因为在语义上并不涉及人和物两个对象，之所以有给予义，是因为进入双宾句格式后，句式临时赋予他们一种"给予"义，从上述普通话对译中可以看出来。

其二，"撕扯"类动词虽然在句式Ⅰ中可以表示"给予"义，但是与"给予"类动词不一样，给予类动词可以跟直接宾语和间接宾语分开说，而撕扯类动词不能，比如：

"给予类动词"：我把点钱你→我把你｜我把钱

"撕扯类动词"：我撕张纸你→我撕张纸｜＊我撕你

其三，这类动词构成的双宾语句的直接成分一般要求带"（数）·量"成分，其中数可以省略掉，量不能省。

三　"租借"类动词

还有几个很特殊的动词在双宾语句中的语义特征是"予夺不明"，它既表示"给予"义，也表示"取得"义，它们是异义同形动词。这类动词不多，有"借、租、赊、换、匀、分、舀、盛、倒、支、放、输、丢、落_{丢失}、摔_丢、甩、留"等。它们都有内向 V_进 和外向 V_出 两个义项，那么在这个语言系列中，当表示 V_进 这个义项时，C 是由 B 向左转移到 A，是一种左向移动，跟"抢扯"类动词有很多相似之处，是"左移"的，一般用句式Ⅰ；当表示 V_出 这个义项时，C 是由 A 向右转移到 B，是一种右向移动，则跟"把送"类动词有很多相似的地方，是"右移"的，一般用句式Ⅱ。因而范晓（1998：52）称这类双宾语动词为兼向动词。普通话中只有句式Ⅰ这一种语序，也就是说间接宾语在前，直接宾语在后，当"租借"类动词进入普通话双宾句时，句子就会产生歧义，例如：

（45）王明借了小红一台笔记本电脑。

（46）王明换了小红一台笔记本电脑

例（45）可以理解为王明从小红那里借了一台笔记本电脑，是借进，也可以理解为小红借给了王明一台笔记本电脑，是借出。例（46）亦如此。

在罗田方言中，这类动词都可以进入双宾句式Ⅰ与句式Ⅱ，如：

（47）屋的做屋，他借了我一万块钱。

屋的做屋，他借了一万块钱我。

（48）要办制衣厂，村委会租了他一间屋。

要办制衣厂，村委会租了一间屋他。

（49）细胜儿赊了他一箱子啤酒。

细胜儿赊了一箱子啤酒他。

（50）水民换了薇薇一条烟。

水民换了一条烟薇薇。

（51）红明支了他1000块钱。

红明支了1000块钱他。

（52）你放他点水。

你放点水他。

（53）不能把钱用光了，我要留他点钱。

不能把钱用光了，我要留点钱他。

（54）你输他点钱。

你输点钱他。

（55）我走时儿丢了他几百块钱。

我走时儿丢了几百块钱他。

以上双宾语句式Ⅱ，罗田人会毫不犹豫地理解为$V_{出}$的意思，整个句式意义表示"给予"。也就是说，当"租借"类动词进入句式Ⅱ，整个句式就不会有歧义，它只表示"给予"。句式Ⅰ虽然在理论上可以理解为"取得"，也可以理解为"给予"，但在罗田方言中，因为表示

"给予"时倾向于使用句式Ⅱ，因而句式Ⅰ在没有特别的语境说明情况下，相应倾向于理解为"取得"，如"他从我这里借了一万块钱"，"村委会从他那里租了一间屋"。因而，"租借"类动词进入句式Ⅰ在罗田方言里一般也不会有歧义。

在罗田方言中，尽管人们将"租借"双宾句式Ⅰ默认为"取得"义，但为了表意准确，一般会采用"S＋找＋O$_间$＋V$_进$＋O$_直$"的句式，该句式表示的意义是"S从O$_间$V$_进$O$_直$"，例如：

（56）屋的做屋，他找我借了一万块钱家里做房子，他找我借了一万块钱给他。

（57）要办制衣厂，村委会找他租了一间屋他租了一间房子给村委会。

（58）细胜儿找他赊了一箱子啤酒他赊了一箱子啤酒给细胜儿。

（59）水民找薇薇换了一条烟薇薇换了一条烟给水民。

（60）红明找他支了1000块钱他给了红明1000块钱。

（61）你找他放点水他放了点水给你。

（62）不能把钱用光了，我要找他留点钱他留点钱给你。

（63）你找他输点钱他输点钱给你。

（64）我走时儿找他丢了几百块钱我走的时候他给了几百块钱给我。

这种格式不仅表意精确，同时具有地道的方言味道，使用频率也高。

在普通话中，"租借"类双宾动词形成的双宾语句存在歧义，在罗田方言中情况却非如此，罗田人习惯于将Ⅰ式理解为"取得"式，即是V$_进$；将Ⅱ式理解为"给予"式，即是V$_出$，这样就不存在歧义。同时为避免歧义的可能，人们还可以用其他句式来表述。

四　其他类

其他类动词，即不包含"把送"类、"抢扯"类、"租借"类。按照其意义和用法的不同，可以分为以下几类。

（一）"叙称"类

"叙称"类有"叙说"类和"称呼"类两种，它们都是言语行为动词，因而归为一类。句式意义是"叙称者 A 以言语形式给予某对象 B 某内容 C"，表示资讯获得和思想上的交流，直接宾语具有较抽象的性质。在罗田方言中，"叙说"义动词有"问、讲、教、求、托拜托、告告状、说、唱、带捎话、支支招、告告诉、考、烦、辅导、答应、答复、请教、交代、打听、麻烦、汇报、通知、嘱咐"等；"称呼"义动词有"喊、叫、称、呾骂、骂、[ȵe²¹]叫"等，用口语中一般用[ȵa²¹]，读书人喜欢用"称"。在罗田方言中，这类"叙称"类动词形成的双宾句除了"带捎话、说、劝、讲、唱、支、托"以外，只能用双宾句式Ⅰ，例如：

（65）你妈妈成天的呾，呾你么事你妈妈整天都在骂你，她骂你什么？

（66）我伢儿成绩不好，你辅导下儿他数学我家孩子成绩不好，你帮他辅导一下数学？

（67）我问你个事儿我向你打听一件事儿，你爸爸还做不做厨师？

（68）通知学生一件事情，明天要搞劳动。

（69）班主任告了你一状，说你老打游戏机，等下儿回去驮打班主任告了你一状，说你经常玩游戏机，你等会儿回家要挨打了。

（70）他老子经常骂他二百五他父亲经常说他是傻子。

（71）他[ȵa²¹]她细姑奶你叫她小姑奶奶。

例（65）—（69）是"叙说"义双宾语句，例（70）、（71）是"称呼"义双宾语句。"叙称"义动词构成的双宾句，表达传递信息、交流思想的过程。在普通话中由"称呼"义动词构成的双宾句，当间接宾语为人称代词，直接宾语为亲属称谓时，句子有两解，如："你[ȵa²¹]她细姑奶"，既可以理解为双宾，表示"他称呼她小姑奶奶"，也可以理解为单宾，表示的意义是"他喊的人是小姑奶奶或他在喊她的小姑奶奶"，这样会造成歧义。但在罗田方言实际口语交流中，就不会发生这种情况。这是因为罗田方言人称代词表示领格时，会发生音变，此时人称代词如"你、我、他"的声调都由原来的非入声调变调为入声调。而在"称呼"义双宾语句中，人称代词的声调不发生改变，读它本来的音，因此就不会有歧义产生。

"叙称"义双宾语句一般都用Ⅰ式，只有少数几个"叙说"义动词，如"带捎话、说、讲、唱、劝、支、托"用Ⅱ式，如：

（72）你真昼回骆驼坳是吧？带一个话儿我女儿，叫她过三天回来一趟你今天是回骆驼坳吧？帮我捎带一个信给我女儿，让她三天以后回来。

（73）等下儿，说个事儿你下等一会儿，我跟你说件事情。

（74）愁眉苦脸的，讲个笑话儿你不高兴，给你讲个笑话。

（75）听说你箇细坨儿在幼儿园学了好多东西，唱个歌儿我听说你这个小孩子在幼儿园学了不少东西，那唱个歌儿给我听。

（76）我劝两句你，莫想不开我劝说你两句，不要想不开。

（77）我托个事儿你，明昼你上街帮我带个胖头鱼儿回来我托付你一件事情，明天上街帮我带一条胖头鱼回来。

（78）你么箇傻，我支个招儿你你怎么这样傻，我教你一个方法。

当然他们也可以用Ⅰ式，意义也不变。

（79）你真昼回骆驼坳是吧？带我女儿一个话儿，叫她过三天回来一趟。

（80）等下儿，说你个事儿下。

（81）愁眉苦脸的，讲你个笑话儿。

（82）听说你箇细坨儿在幼儿园学了好多东西，唱我个歌儿。

（83）我劝你两句，莫想不开。

（84）我托你个事儿，明昼你上街帮我带个胖头鱼儿回来。

（85）你么箇傻，我支你个招儿。

虽然以上诸例都可以说，但是以Ⅱ式为常见双宾句式。为什么这几个动词双宾语句的两个宾语可以移位？真正原因，我们也无法确认。或许这种句子是一种"熟语"，是历史遗留下的尾巴，或许是经过某些方言的变迁，或者使用频率较高，语法化程度较高，与"把送"类给予动词一样可以用在两种句式中。在粤语中，"问"类动词双宾语句式不能用句式Ⅱ，说明句式Ⅰ更具有共性特征。

与前文几类双宾动词相比较，"叙称"类动词构成的双宾句有点特殊，由"把送"类、"抢扯"类、"租借"类等动词构成的双宾句，它们的直接宾语一般都是具体可见、可触的事物，而"叙称"义动词构成的双宾句中的直接宾语是叙称的内容，是概念领域较为抽象的事物。这类动词可以看成是"给予"义动词从物质领域到话语领域的一种隐喻拓展①，是双宾语句的进一步延伸。

---

① 孙叶林：《邵阳方言双宾句的动词与双宾语序》，《船山学刊》2005 年第 4 期。

（二）"差欠"类

"差欠"类动词是 A 欠缺 B 某个事物 C，罗田方言中，包含"差欠"类的动词不是很多，是个封闭的词类，常用的有"差、该欠、欠、少、瞒、园藏、短、缺"，此类动词构成的双宾句一般用句式Ⅰ，例如：

（86）你该我几多钱？还还不还你欠了我多少钱，怎么还不还钱？

（87）我还差你 1000 元，等几天我结账了_{还我还欠你 1000 元，过几天我发工资了还你}。

（88）那个卖牛肉的真黑，短了我一斤称_{那个卖牛肉的真黑心，少了我一斤称}。

（89）别个的你下把了，就缺我一份儿_{别人的你都给了，就差我一份}。

（90）你找他，他园你几本书了_{你找他，他藏了你几本书}。

"差欠"类动词双宾句中的直接宾语都是当前的受损者，"差欠"类动词虽然不多，但是在方言口语交际中使用频繁，是一类常见的双宾句动词。

（三）"泼洒"类

罗田方言中，"泼洒"类双宾句动词主要有："泼、倒、吐、洒、喷、淋、扬、撒、蹭、溅、滋、踩、屙、惹、搽、染、糊"等。这类动词的直接宾语前都带有"一身""一头""一脚"等一类表示周遍的"一·量"结构，整个句子所表示的事情对间接宾语来说是被动地接受，通常是不愉快的。由这类动词构成的双宾语句主要用句式Ⅰ。如：

（91）我在树下眍醒，有算倒崔儿屙我一头屎，我艮得要吐了_{我在树下睡觉，没有想到小鸟儿拉了我一头屎，太恶心了}。

（92）你说话莫朝得我，喷了我一脸的馋_{你说话别对着我，喷了我一脸口水}。

（93）你么搞的，踩我一脚的泥巴_{你怎么弄的，踩了我一脚泥巴}。

（94）死凑卡儿的，出门就淋我一身的雨_{真不走运，出门了就被淋了一身雨}。

（95）这细伢儿胃不好，刚吐了我一身的奶_{小孩儿胃不好，刚吐了我一身奶}。

方言口语交际中，人们为了力求话语的简约，遵循省时省力原则经常会省略"一＋量＋名"中的名词，例如：

（96）我在树下睏醒，有算倒雀儿屙了我一头，我艮得要吐了。

（97）你说话莫朝得我，喷了我一脸。

张伯江（1999）认为"数·量·名"只有计量意义而没有实体意义时，名词往往可以省略不说。从上面例句来看，直接宾语"一+量+名"更加强调计量的周遍意义。

（四）"花用"类

"花用"类动词一般都是包含着"花费、消耗"等语义特征的词汇。在罗田方言中，此类词有"花、用、费、吃、喝、抽、落丢失、败、烧、耗、浪费、消费、耗费"等，"花用"类动词一般用在双宾句式Ⅰ中。如：

（98）三胜一年出国花了我 10 万块钱，这些钱都是我东扯西拉凑起来的。

（99）箇个败子，一年不晓得败了我几多东西这个败家子，一年不知道弄掉我多少东西。

（100）他总让我等着，已经耗我半个月了已经浪费了我半个月时间。

（101）你么箇会烧柴，煮个粥烧了我一灶旯旯柴你烧柴火太浪费了，煮稀饭就烧了我一灶柴火。

（102）你浪费我一个星期，我亘地等死了你浪费我一整个星期，我快等死了。

"花用"类动词构成的双宾语句，与"取得"义动词一样，直接宾语、间接宾语二者之间有领属关系。二者不同在于"取得"义动词中施事者 A 是获益者，间接宾语 B 是受损者；"花用"义动词中的间接宾语 B 是受损者，施事者 A 未必是获益者，它只是实施某个动作使间接宾语受损，自己未必获利。"花用"类动词双宾语句的直接宾语与间接宾语之间存在领属关系，但在罗田方言中，二者之间一般不能加上表示领属关系的"的"，具体原因可能是罗田方言如果表示领属关系一般都是通过间接宾语人称代词的变调来实现，如我 $[\eta o^{45}]$ 变调为 $[\eta o^{213}]$。而在此类格式中，人称代词是不能变调的。如：

（103）*三胜一年出国花了我的 10 万块钱，这些都是我东扯西拉凑起来的。

（104）*箇个败子，一年不晓得败了我的几多东西。

（105）＊他总让我等着，已经耗我的半个月了。

（106）＊你么簡会烧柴，煮个粥烧了我的一灶旮晃柴。

（107）＊你浪费我的一个星期，我亘地等死了。

如以上诸例，"花用"类动词双宾语句的直接宾语，一般都是"数量名"结构。

（五）"制作"类

罗田方言"制作"义的动词有"炒、削、做、打_{编织}、画、缝、绣、补、剪_{剪纸}、开_{开具}、连_{缝补}、揉、赶_{制作}、盖、起_{建造}、煮、熬、煎、搓、印、冲、煨、炖"等，这是个开放的类，一般都是制作"吃、穿、玩、用"等日常生活所需用品，因而在词汇意义上，它们都有"创造、制作"等语义特征，受事（C）是创造的结果。"制作"义动词都是典型的二价动词，它的两个必有论元中一个是施事论元，一个是结果论元，双宾语句中动词只跟直接宾语结果论元有语义关系，因而在普通话中这类动词一般不用于双宾语句。但在罗田方言中，这类制作类动词也是可以构成双宾句的，句式意义是"施动者 A 将制作/形成/产生的某物 C 给予某个对象 B"，但只能构成双宾句式Ⅱ。例如：

（108）你打件毛衣你爸爸_{你织件毛衣给你爸爸}。

（109）妈妈你炒个鹅毛豆我，好大时有吃了_{妈妈你炒一个青豆给我，我好久没吃了}。

（110）村长开个证明我，我要拿到县里办事_{村长开个证明给我，我要拿到县城里办事}。

（111）过年我连两件衣裳伢儿_{过年我做了两件衣服给孩子}。

（112）晚上你赶点切面我，我拿去送我奶_{晚上你做点面条给我，我拿着去送给我奶奶}。

（113）你搓根绳弟弟，他喜欢跳绳_{你搓一根绳子给弟弟，他喜欢跳绳}。

（114）大炮，你明昼有时间有？你起个厕所我_{大炮，你明天有时间没有，做个厕所给我}。

这些"制作"义动词本身不带任何给予义，在普通话中也不能进入双宾句式中，但是在罗田方言中当它们进入句式Ⅱ，就具有了"给予"义，A 制作某个成品，并将成品 C 给予 B。从某个方面来说，B 是 A 服务的对象，因此在罗田方言中可以用"跟"引出服务的对象，于是"制作"义动词双宾语句可以转换成"S + 跟 + O$_间$ + V + O$_直$"，例如：

（115）你跟你爸爸打件毛衣。

（116）妈妈你跟我炒个鹅毛豆，好大时冇吃了。

（11）村长跟我开个证明，我要拿到县里办事。

（118）过年我跟伢儿连两件衣裳。

（119）晚上你跟我赶点切面，我拿去送我奶。

（120）你跟弟弟搓根绳，他喜欢跳绳。

（121）大炮，你明昼有时间有？你跟我起个厕所。

转换成此类句式更加口语化、表达意思更清楚。

（六）"放置"类

"放置"类双宾句的动词都具有"位移"的语义特征，即施动者 A 主动地使受事转移至放置的地方 B，是一种右向移动，从表达的事件来看，与"给予"类双宾语句式是一致的。在罗田方言中，这类动词有"放、驮、拿、搁、挂、存、摆、插、别插住、铺、安、搬、提、戴、拎、落、塞、盖、兑勾兑、倒、抽、灌、晾、存、披、摊摆开、铺开、栽、装、挑、安插、寄存、安放"等。这类动词构成的双宾语句表达将受事放置于某处，因而间接宾语不是指某物，而是指处所，这是此类动词双宾语句特别之处。典型的受事间接宾语应该是有意志力、自主的指人的名词，但根据神会原则（empathy principle，Kuno，1976），我们可以认定某些处所词、机构名称等同样可以作为受事间接宾语理解。"放置"义动词双宾句，只能是句式Ⅱ。如：

（122）你把细伢儿驮哪儿去啊？我驮细伢儿家婆屋的你把小孩子背到哪里去？我背小孩儿去外婆家。

（123）挑桶水缸里，晚上没水吃饭得挑桶水到缸里去，晚上没有水做饭了。

（124）挑点塘泥巴菜园里挑点池塘泥巴到菜园里。

（125）接点水缸里接点水到缸里。

（126）放点盐锅里放点盐到锅里。

（127）存一万银行存一万元钱到银行，留五千自己花。

（128）落一只雀儿树上一只小鸟飞到了树上。

普通话中，这类句子一般不会使用双宾语句，往往用另一种结构

"（S）＋往＋方所＋V＋O_{受事}"来表示，但在罗田方言中，一般不这样讲，直接用双宾语句式Ⅱ。而在古代汉语中，处所类词语充任宾语本身就是一个通例，如：蹲乎会稽，投竿东海（《庄子·外物》）；吴子御之笠泽（《左传·哀公十六年》）。自魏晋南北朝以后，因存在句、处置句和一般状语的崛起，这种带处所宾语的放置类动词双宾语句在口语性的文献中逐渐衰退，但在方言中还有所保留。

（七）"急吓"类

这类动词在罗田方言里比较少，主要有"急、吓、累、憋、出、烫、冰、哭、忙、笑"。"急吓"类动词双宾语句的直接宾语不是谓语动词的直接受事，而是表示一种结果，这类双宾语句一般采用句式Ⅰ，例如：

（129）你吓我一身汗。

（130）细伢儿哭我一身眼泪水。

（131）你累我一身病。

（132）你笑我一身汗。

（133）我忙你半天。

（134）憋他一肚子火。

（135）出他一回丑。

"急吓"类动词双宾语中的直接宾语都是一种消极、不好的结果，间接宾语是被动的接受者，对此张国宪（2001）认为"急吓"类动词双宾语句式是对句式Ⅰ原始消极语义的直接继承[①]。

"急吓"类动词双宾语句的语义关系可以作如下分析：

你吓我＋［致使］我有一身汗→你吓了我一身汗。

因而，"急吓"类动词双宾语句中隐含一种"致使"义语义关系。

通过上文的分析，我们可知，罗田方言的双宾结构分为："把送"类、"抢扯"类、"租借"类、"其他"类（包括"叙称"类、"差欠"类、"泼洒"类、"花用"类、"制作"类、"放置"类、"急吓"类）。比较这些双宾句的语法结构所表示的句式意义，就能看出双宾

---

① 张国宪认为从语言认识心理上，"给予"双宾句式（原型是句式Ⅱ）是受益句式表现积极意义，"索取"类双宾语句（原型是句式Ⅰ）是从一种受损句式表现消极意义。

句结构就是经验世界中事物转移现象的规律在语言中的投射，由于动词的语义特征不同而产生了不同的信息组织方向以及句式意义（见表 5－2）。

表 5－2　　　　　　　　罗田方言双宾句结构表示的句式意义

构成要素／结构类型		施动者 A	间接宾语 B	直接宾语 C	句式方向	句式意义
"把送"类		受损者	受益者	客体	右向	给予
"抢扯"类		受益者	受损者	客体	左向	取得
"租借"类		受损/受益者	受益/受损者	客体	双向	给予/取得
其他类	"叙称"类	叙称者	受称者	叙称语	右向	给予
	"差欠"类	差欠者	受损者	客体	左向	取得
	"泼洒"类	泼洒者	受损者	客体	右向	给予
	"花用"类	花用者	消耗者	客体	左向	取得
	"制作"类	制作者	受益者	制作品	右向	给予
	"放置"类	放置者	处所	放置物	右向	给予
	"急吓"类	致使者	受损者	客体	左向	致使

我们相信罗田方言特殊双宾句式Ⅱ的出现是有条件、有限制的，并非是一种随意自由的语序。希望通过对这些动词的分类，起码做到符合研究罗田话双宾语序的一个基本要求——描写上的充分。在下一节里，我们将比较分析罗田方言特殊双宾句句式特点及双宾句式Ⅱ在其他方言里的分布情况，务求达到解释上的充分。

第二节　罗田方言双宾句句式特点

罗田方言的双宾句有两种语序，构成了两种句法格式，一种是间接宾语在前，直接宾语在后，即句式 S＋V＋O$_间$＋O$_直$（Ⅰ式），这类格式是普通话所固有的；另一种是直接宾语在前，间接宾语在后，即 S＋V＋O$_直$＋O$_间$（Ⅱ式），这类格式是普通话所没有的，是罗田方言的特殊双宾语序。

我们将各类动词双宾语句所表现的句式意义、语序选择以及其双宾语位置能否移动,移动之后是否改变意义归纳为表5-3。

表5-3 　　　罗田方言双宾句的句式意义、语序选择及位置移动

结构类型 ＼ 构成要素		位移特征	句式意义	句式类型	可变换不改变句意	可变换改变句意	不可变换
"把送"类		右向	给予	Ⅱ	+	-	-
"抢扯"类		左向	取得	Ⅰ	-	+	-
"租借"类		双向	给予/取得	Ⅱ/Ⅰ	-	+	-
其他类	"叙称"类	右向	给予	Ⅰ	-	-	+
	"差欠"类	左向	取得	Ⅰ	-	-	+
	"泼洒"类	右向	给予	Ⅰ	-	-	+
	"花用"类	左向	取得	Ⅰ	-	-	+
	"制作"类	右向	给予	Ⅱ	-	-	+
	"放置"类	右向	给予	Ⅱ	-	-	+
	"急吓"类	左向	致使	Ⅰ	-	-	+

一　双宾语句是一个连续统

长期以来双宾句研究热点,就在于学者们对它的性质和范围有诸多不同的看法,如马庆株(1983)界定的范围最广,只要形式是VN_1N_2的句子就是双宾句,顾阳(1999)认定的范围最窄,认为马氏所说的客体宾语和予夺宾语才是双宾语句,但是学界一直认同"给予"类动词(也就前文所言的"把送"类动词双宾语句)构成双宾语句最典型的原型范畴。结合罗田方言的各类动词构成双宾语句来看,确实如此。体现在以下四点:

(一)"把送"类动词双宾语句是典型的"给予"类双宾语句,因此使用南方方言双宾语句经常使用的句式Ⅱ,且还可以变换成句式Ⅰ,变换后意义不变,这说明"给予"类双宾语句语法化程度最高,改变两个宾语的语序,意义也不发生改变。

(二)"抢扯"类动词双宾语句是"取得"类双宾语句的代表,因

"抢扯"类动词词义的"理想认知模型"中间接宾语"被扯抢者"与直接宾语"抢扯物"这两者参与角色"凸现"的情形是不一样的，间接宾语"被扯抢者"是凸现角色，"抢扯物"是非凸现角色，就使用与普通话相同的间接宾语在前的双宾句式Ⅰ语序。这类双宾语句也可以变换成句式Ⅱ，但转变为句式Ⅱ后，凸现角色与非凸现角色改变位置，句式意义也发生了变化，由"取得"义变换成了"给予"义，这从另一个方面说明句式语义的控制作用大于动词本身的语义。

（三）"租借"类动词双宾语句是"予夺不明"类双宾语句，因为动词本身的语义具有 $V_{进}$ 和 $V_{出}$ 两个义项，理论上可以既表示"给予"义，又表示"取得"义，在罗田方言中情况却非如此，罗田人习惯于将Ⅰ式理解为"取得"式，即是 $V_{进}$，将Ⅱ式理解为"给予"式，即是 $V_{出}$，这样都不存在歧义。虽然他们可以互相转换，转换后句式意义却有变。功能主义的历史句法理论认为，句法演变往往是一个具有连续统性质的渐变过程，一个形式 X，在其功能由 A 变为 B 的过程中通常有一个可以观察到的中间阶段或过渡性功能 AB。[①] 这种"租借"类动词双宾语句亦可以看作是"把送"类动词双宾语句与"抢扯"类动词双宾语句的中间状态的"AB"。

（四）"其他"类（包括"叙称"类、"差欠"类、"泼洒"类、"花用"类、"制作"类、"放置"类、"急吓"类）动词双宾句相对于前三类而言，典型性程度较低，主要体现在不能随意变动两个宾语的位置，转换语序后，意思就表达不清。因而，很多语言学家把这些"其他"类动词双宾语句称为"假双宾语句"或者是"类双宾语句"。

比照以上四点，我们可以把罗田方言双宾语句的连续统表示如下：

"把送"类动词双宾语句 ＞ "租借"类动词双宾语句 ＞ "抢扯"类动词双宾语句 ＞ "其他"类动词双宾语句

正如李敏（2007）所言：双宾动词的开放性和双宾语句式的连续统性质是相互联系的，正因为其开放性，所以从典型的双宾语句到不典型的双宾语句是一个连续统。正因为这是一个连续统，所以对某些句子

---

① 转引自吴福祥《再论处置式的来源》，《语言研究》2003 年第 3 期。

的判定可能存在问题。①

二　罗田方言选择不同双宾语句语序的条件

句式语法认为，不同的词类序列代表着不同的句式，但是句式并不等于构成句式的词语简单相加，一个句式就是一个完型，一个结构整体，整体大于部分之和，它不能仅从组成部分的分析推断出来。双宾句式也是一个句式，一个完型，典型的双宾句式语义是"施动者有意识的使事物发生转移"，当向右方移动时，就表现为"施动者有意识地使事物给予受动者"，句式语义核心就是"给予"，这时罗田方言双宾语句就采用句式Ⅱ；当向左方移动时，就表现为"施动者有意识地使事物取得使领属权归于自身"，句式语义核心就是"取得"，这时罗田方言双宾语句就采用句式Ⅰ。因而，当改变直接宾语与间接宾语方向时，"抢扯"类动词双宾句就改变了句意，由"施动者有意识地使事物给予受动者"转换成了"施动者有意识地使事物强制的索取性转移到自身"。体现了句式意义一旦形成，就反过来赋予了某些构成成分以临时的意义，"抢扯"类动词双宾句就是如此。前文所言"制作"义动词本身不带任何给予义，在普通话中也不能进入双宾句式中，但是在罗田方言中当它们进入句式Ⅱ，就具有了"给予"的意义。

虽然句式语义控制作用大于动词本身，但是我们仅仅用句式语义来分析罗田方言双宾语句语序的选择，而不考虑动词语义特征的要求，显然解释不够全面。因而我们应该采用柔性的办法处理，把握句式语法就是一种语法研究中的"综合"。② 句式语法认为每一种句式都是一个"完型"，有其独特的内涵和论元结构，句法成分不可能在不发生价值变化的前提下完成移位，语言结构式也不会在不发生语义变化的前提下形成变换关系。③ 毫无疑问，双宾句式Ⅰ和双宾句式Ⅱ是两种不同的句式，直接宾语与间接宾语的移位理应受制于语义。双宾句动词是能对其所在的双宾句法格式起制约作用的，其不同的语义特征至少能制约"施

---

①　李敏：《现代汉语双宾语句的再认识》，《语言教学与研究》2007 年第 6 期。

②　沈家煊：《语法研究中的分析和综合》，《外语教学与研究》1999 年第 2 期。

③　张国宪：《制约夺事成分句位实现的语义因素》，《中国语文》2001 年第 6 期。

动者使事物转移的方向"，也就是说罗田方言双宾句语序的选择与双动词的语义特征有密切的关系。如："把送"类动词的语义特征是"与者"（A）主动使"与者"所与，亦是"受者"所受（C）由"与者"转移到"受者"（B），那么在这个语言系列中，C是由A向右转移到B，是一种右向移动，"把送"类动词具有"右移"语义特征；"抢扯"类动词的语义特征是"失者"（A）主动使"失者"所失亦是"得者"所得（C）由"受者"（B）转移到失者A，在这个语言系列中，C是由B向左转移到A，是一种左向移动，因而"抢扯"类动词具有"左移"语义特征；"租借"类动词具有 $V_{进}$ 和 $V_{出}$ 两个义项，那么在这个语言系列中，当表示 $V_{进}$ 这个义项时，C是由B向左转移到A，是一种左向移动，表示"取得"义，是"左移"的，当表示 $V_{出}$ 这个义项时，C是由A向右转移到B，是一种右向移动，表示"给予"义，是"右移"的，因而"租借"类动词具有双向位移特征；其他类动词因为语法化程度不高，一般都采用跟普通话句式相同的句式Ⅰ，其中"制作"类、"放置"类双宾语动词因其来源不同（省略介词"得""到"而来），采用特殊句式Ⅱ。因此，就典型的双宾句而言，罗田双宾句动词当表示右向的位移特征时，就进入句式Ⅱ，表示"给予"；当表示左向的位移特征时，就进入句式Ⅰ，表示"取得"。

从表5-3可以看出，罗田方言双宾句有两种语序，一种是句式Ⅰ，一种是句式Ⅱ。这两种不同的句式语序选择条件限制主要表现在两个方面。一方面当双宾句动词表示"右"向位移的语义特征时，就会选择"施动者有意识地使事物给予受动者"句式特征的Ⅱ式（其他类双宾语句因语法化程度不高，典型性程度不足暂且排除在外）。双宾句动词表示"左"向位移的语义特征时，就会选择"施动者有意识地使事物取得使领属权归于自身"句式特征的Ⅰ式；另一方面，当双宾语句动词具有"转向"的语义特征时，就可以变换句式，由Ⅰ式转换成Ⅱ式，如"把送"类动词，或者是由Ⅱ式转换成Ⅰ式，如"抢扯"类动词；当双宾语句动词不具有"转向"的语义特征时，句式Ⅰ式与Ⅱ式就不具备转换条件，如"其他"类双宾动词。这体现了动词语义特征对句式语义的制约作用。

一般认为，鄂东方言双宾句中两个宾语的位置较灵活，"两种形式，同样普遍"，此说似乎可商榷。黄伯荣（1996）① 对此也提出过疑问，认为这两种句式也并非同样普遍，而语序选择是受动词和直接宾语的影响。他认为语序比较自由的只有一类，即动词有告知、给予义，直接宾语为体词性成分的一类。其他几类则是不自由的：一类是动词有询问义（只限于口语中常见的"问、请、教"等极少的几个词），直接宾语为体词性成分，以句式Ⅱ为常；一类是表示未予义和称叫义（"该、欠、差"）的，也只能用句式Ⅰ；另一类是动词有询问、告知义，直接宾语为非体词性成分，也同样只能用句式Ⅰ。黄伯荣对各类双宾动词构成的双宾语句的不同的语序进行了很好的探索，也给予了笔者启发，遗憾的是只对少数几类双宾句动词进行描写，所提出的动词双宾句语义类型有限。表5-3可以反映出罗田方言双宾语并不是一边倒地采用句式Ⅱ，即使带有给予、传递意义的双宾动词，直接宾语和间接宾语的位置也不是可以自由地、随意地颠倒换位的。因而，罗田方言双宾句的语序选择是有条件、非常受限的。

　　罗田方言作为鄂东方言的代表之一，前文对其各种类型动词的双宾语句进行描写，并且分析了各类双宾语句对句序选择条件的限制，也能一定程度上解释鄂东方言双宾句式选择的动因。应该说鄂东方言的句式Ⅱ是"给予式"双宾句的原型，句式Ⅰ是"取得式"双宾语句的原型，其他类双宾语句（除了来源于介词省略的）也以句式Ⅰ为原型。

三　南方方言选择不同双宾语句语序的条件

　　上文提到罗田方言双宾句式Ⅱ是"给予式"双宾句的原型，双宾句式Ⅰ是"取得式"双宾语句的原型，其他类双宾语句（除了来源于介词省略的）也以双宾句式Ⅰ为原型。

　　下面我们将进一步在南方方言中进行验证：

　　鄂东方言，属于江淮官话："制作"类双宾语句表达制作某物给予对方的意思，以句式Ⅱ为常；"取得/移动"类双宾句表达取得/移动某物以给予某个对象的句式义，以句式Ⅱ为常；"舍弃"类双宾句表达弃置/留置/拿出某物以给予某个对象的句式义，亦以句式Ⅱ为常（汪化

---

① 参见黄伯荣《汉语方言语法类编》，青岛出版社1996年版，第729页。

云，2003）。

安陆方言，属于江淮官话："给予"义双宾语句以句式Ⅱ为常；"取得"义动词所构成的双宾语句以句式Ⅰ为常；"称说"义、"告知"类双宾语动词也是以句式Ⅰ为常（盛银花，2012）。

宿松方言，属于赣方言："给予"义双宾语句以句式Ⅱ为常，两个宾语可以移位，不改变句意；"取得"义动词所构成的双宾语句以句式Ⅰ为常，两个宾语可以改变移位，移位后意义有变；"打、抄"类双宾语句以句式Ⅱ为常，句式有给予义（梅光泽，2004）。

大冶方言，属于赣方言："给予"义双宾语句以句式Ⅱ为常，两个宾语可以移位，移位后同样不改句意；"取得"义动词所构成的双宾语句以句式Ⅰ为常，两个宾语可以改变移位，移位后意义有变；其他类的"叙说"类、"泼洒"类、"差欠"类、"称叫"类、"学帮"类动词等所构成的双宾语句只有一种语序，那就是句式Ⅰ；"抄写"类只容许句式Ⅱ，不能移位（汪国胜，2000）。

赤壁方言，属于赣方言："给予"义、"取得"义双宾语句语序及移位情况与罗田方言相同；其他类中"该欠"类、"叙称"类、"花用"类、"喷洒"类等动词所构成的双宾语句只有一种语序，那就是句式Ⅰ；"制作"类、"放置"类等动词所构成的双宾语句与罗田方言一致，使用句式Ⅱ（陈莉琴，2009）。

嘉鱼方言，属于赣方言："给予"类动词所构成的双宾语句以句式Ⅱ为常；"取得"类动词所构成的双宾语句以句式Ⅰ为常；"言说"类、"称呼"类等以句式Ⅰ为常；制作类动词所构成的双宾语句以句式Ⅱ为常（谢文芳，2010）。

邵阳方言，属于湘方言："给予"义、"取得"义、"抄写"义双宾语句语序及移位情况与罗田方言相同；其他类中"差欠"类、"叙说"类、"吃用"类等动词所构成的双宾语句只有一种语序，那就是句式Ⅰ（孙叶林，2005）。

长沙方言，属于湘方言："给予"类和"教"类双宾语句以句式Ⅱ为常；"取得"类动词所构成的双宾语句以句式Ⅰ为常；"借"类双宾语，句式Ⅰ、句式Ⅱ均可（徐艳蓉，2010）。

安义方言，属于赣方言：与普通话双宾句式一样，都采用句式Ⅰ

（万波，见李如龙，1997：265—268）。

泰和方言，属于赣方言："给予"类动词所构成的双宾语句可以用句式Ⅰ，也可以用句式Ⅱ；"取得"类动词所构成的双宾语句只能用句式Ⅰ，可以移位，但句意改变（戴耀晶，见李如龙，1997：240—241）。

苏州方言，属于吴方言："给予"类动词所构成的双宾语句以句式Ⅱ为常，但也可以用句式Ⅰ；"取得"类动词所构成的双宾语句以句式Ⅰ为常；非给予动词如"问、教、吹、敲"等动词所构成的双宾语句以句式Ⅰ为常（刘丹青，见李如龙，1997：13—14）。

高淳方言，属于吴方言："给予"类动词所构成的双宾语句以句式Ⅱ为常，其中介词"把"未省略（如"把根烟把我"）；"取得"类动词所构成的双宾语句以句式Ⅰ为常；表示"等同"类动词所构成的双宾语句以句式Ⅰ为常（石汝杰，见李如龙，1997：31—33）。

温州方言，属于吴方言："给予"类动词所构成的双宾语句可以用句式Ⅰ，也可以用句式Ⅱ，其中介词"给"未省略（如"我送一本书给小李"）；"取得"类动词所构成的双宾语句只能用句式Ⅰ（潘悟云，见李如龙，1997：68—71）。

福州方言，属于闽方言："给予"类动词所构成的双宾语句可以用句式Ⅰ，也可以用句式Ⅱ；"取得"类动词所构成的双宾语句只能用句式Ⅰ；表示"等同"类动词所构成的双宾语句以句式Ⅰ为常；"借、租"类动词双宾语，句式Ⅰ、句式Ⅱ均可（陈泽平，见李如龙，1997：118—119）。

泉州方言，属于闽南方言："给予"类动词所构成的双宾语句可以用句式Ⅰ，也可以用句式Ⅱ，句式灵活；"取得"类动词所构成的双宾语句只能用句式Ⅰ，语序不能改变；表示"等同"类动词所构成的双宾语句以句式Ⅰ为常（李如龙，1997：128—129）。

汕头方言，属于客家话：与普通话句式一样，都采用句式Ⅰ（施其生，见李如龙，1997：143）。

连城方言，属于客家话："给予"类动词所构成的双宾语句可以用句式Ⅰ，也可以用句式Ⅱ，句式灵活；"取得"类动词所构成的双宾语句只能用句式Ⅰ，可以移位，但改变了句意；"借、租"类动词双宾语，句式Ⅰ、句式Ⅱ均可，但有歧义（项梦冰，见李如龙，1997：180—183）。

　　梅县方言，属于客家话："给予"类动词所构成的双宾语句可以用句式Ⅰ，也可以用句式Ⅱ；"教、问、告知、请示"类只能用句式Ⅰ；"取得"类动词所构成的双宾语句与普通话一样，只能用句式Ⅰ；表示"等同"类动词所构成的双宾语句只能用句式Ⅰ（林立芳，见李如龙，1997：233—234）。

　　香港粤语："给予"类动词所构成的双宾语句以句式Ⅱ为常；"取得"类动词所构成的双宾语句只能用句式Ⅰ，可以移位，但句意改变（张双庆，见李如龙，1997：282—283）。

　　从上面的方言材料，我们可以推测出：其一，句式Ⅰ与Ⅱ在南方方言中同时使用，分布区域密集，功能发达，使用两种语序覆盖的方言有江淮官话、湘语、赣语、粤语、客家话、吴语、闽语等各南部方言区；其二，句式Ⅰ与Ⅱ互补分布，使用句式Ⅱ都是给予类双宾语句，使用句式Ⅰ一般都是"取得"义动词宾语句；其三，"取得"义句式一般不采用句式Ⅱ[①]；其四，少数地区方言，如汕头方言、安义方言与普通句式一样，都采用句式Ⅰ，这可能是因为这些区域的人早在旧 $V_{给}$ 衰微期前已移走，躲避到山区，直接继承了上古汉语与事型给予动词"与"[②]，因而采用句式Ⅰ。

　　根据双宾语语序在南部方言的分布情况，我们可以推断：南部方言的双宾句式Ⅱ是"给予式"双宾句的原型，双宾句式Ⅰ是"取得式"双宾语句原型，其他类双宾语句（除了来源于介词省略的）也以双宾句式Ⅰ为原型。双宾句式Ⅰ与句式Ⅱ并存使用，且后者作为南方方言优势双宾句语序，形成了给予义和取得义双宾句对立的格局。

---

　　① 关于"取得"义动词宾语不使用句式Ⅱ，邓思颖（2003：63）早就发现粤语中表示取得义动词基本上不允许倒装，黄伯荣（1959）和张洪年（1972）也很早就注意到表示取得义的动词不允许倒置双宾句。为了排除取得义的例子，李新魁（1995：573）提出了一些限制，他认为粤语双宾语句能否倒置跟动词的语义特征有关，含有意识的"予以"才能倒置。张双庆（1997：256）也观察到只有在给予义的粤语双宾句子里，两个宾语的位置才可以"颠倒"。其实这种规律不仅仅限于粤语，在整个南部方言都是如此。

　　② 参见张敏《汉语方言双及物结构南北差异的成因：类型学研究引发的新问题》，《中国语言学集刊》2011 年第四卷第 2 期，第 97、152 页。

汉语南方方言利用语序区别语义，形成了双宾构式与构式义对应的关系类型。

第三节　介引成分"得"①

介宾补语句在上古、中古汉语里一直与双宾句并存，也见于今天几乎所有南方方言及南方官话中，但在元明清之后逐步退出了北方官话。介宾补语句的特点就是动词后既带宾语也带介词短语。为了叙述方便，我们可以把双宾语句表示为：S＋V＋$O_间$＋$O_直$（Ⅰ式），S＋V＋$O_直$＋$O_间$（Ⅱ式）。在双宾句式Ⅱ"S＋V＋$O_直$＋$O_间$"的间接宾语前插入介引成分，就形成了介宾补语句式 S＋V＋$O_直$＋X＋$O_间$（Ⅲ式）。罗田方言中，介引成分一般使用"得［te］"或"到［tau］"。介引成分"得"或"到"的语法功能没有区别，"到"轻读就为"得"，"得"重读就为"到"，一般认为"得"是"到"的弱化，可视为同一音节的不同语音变体或书写形式。为了便于称叙，一致写成"得"，并称之为"得"字介宾补语句。如：

（1）你把点东西得我你送一点东西给我。

（2）大舅送了两壶茶油得我大舅送了两壶茶油给我。

（3）你今年落几多钱得我你今年给多少钱给我？

（4）光小毛就赢几千块得我光小毛就赢了几千块给我。

（5）剁一院子白菜得我剁一院子白菜给我。

（6）扯几根头发得我扯几根头发给我。

（7）他借一万块钱得我他借一万块钱给我。

（8）村委会租一间屋得他村委会租一间屋给他。

（9）说个事儿得你哈说一件事情给你。

（10）你打件毛衣得你爸爸你打件毛衣给你爸爸。

（11）村长开个证明得我村长开个证明给我。

（12）我驮细伢儿得家婆屋的我背小孩背到娘家去。

---

①　此节以《罗田方言介宾补语式的介引成分"得"》为题发表于《三峡大学学报（社会科学版）》2020年第5期，同时转载于吴福祥、杨永龙、龙海平主编《语法化与语法研究》第十辑，商务印书馆2021年版。

（13）挑桶水得缸里_{挑一桶水到缸里}。

其中，例（1）、（2）中的"V"是"把送"类动词；例（3）—（6）中的"V"是"抢扯"类动词；例（7）、（8）中的"V"是"租借"类动词；例（9）中的"V"是"叙说"类动词；例（10）、（11）中的"V"是"制作"类动词；例（12）、（13）中的"V"是"放置"类动词。

例（1）—（13）去掉"得"，在罗田方言里就形成了双宾句式Ⅱ"S + V + O$_直$ + O$_间$"，如：

（14）你把点东西我_{你送一点东西给我}。

（15）大舅送了两壶茶油我_{大舅送了两壶茶油给我}。

（16）你今年落几多钱我_{你今年给多少钱给我}？

（17）光小毛就赢几千块我_{光小毛就赢了几千块给我}。

（18）剁一院子白菜我_{剁一院子白菜给我}。

（19）扯几根头发我_{扯几根头发给我}。

（20）他借一万块钱我_{他借一万块钱给我}。

（21）村委会租一间屋他_{村委会租一间屋给他}。

（22）说个事儿你哈_{说一件事情给你}。

（23）你打件毛衣你爸爸_{你打件毛衣给你爸爸}。

（24）村长开个证明我_{村长开个证明给我}。

（25）我驮细伢儿家婆屋的_{我背小孩背到娘家去}。

（26）挑桶水缸里_{挑一桶水到缸里}。

例（14）—（26）表达的句式义与例（1）—（13）的"得"字介宾补语句没有差别。一般而言，为了表达的清晰明确，会选择"得"字介宾补语句；为了经济简省，会选择双宾句式Ⅱ。

我们研究的重点是罗田方言中此类"得"字介宾补语句与"双宾语"句的关系，以及"得"字介宾补语句中"得"的来源。

一　罗田方言"得"字介宾补语句与双宾语句的关系

将以上各类双宾语句在罗田方言中能否插入介引成分"得"，以形成"得"字介宾补语句的情况，统计为表5-4。

表 5-4　罗田方言能否插入"得"字形成"得"介宾补语句的情况

结构类型 / 构成要素		句式类型	能否加入介引成分	例句
"把送"类		Ⅱ	能	（27）你把点东西得我你送一点东西给我。 （28）大舅送了两壶茶油得我大舅送了两壶茶油给我。
"抢扯"类	"拿抢"类	Ⅰ	否	（29）？你今年落得我几多钱你今年给我多少钱？ （30）？光小毛就赢得我几千块光小毛就赢了我几千块。
		Ⅱ	能	（31）你今年落几多钱得我你今年给多少钱给我？ （32）光小毛就赢几千块得我光小毛就赢了几千块给我。
"抢扯"类	"撕扯"类	Ⅰ	否	（33）＊剁得我一院子白菜。 （34）＊扯得我几根头发。
		Ⅱ	能	（35）剁一院子白菜得我剁一院子白菜给我。 （36）扯几根头发得我扯几根头发给我。
"租借"类		Ⅰ	否	（37）？他借得我一万块钱他借给我一万块钱。 （38）？村委会租得他一间屋村委会租给他一间屋。
		Ⅱ	能	（39）他借一万块钱得我他借一万块钱给我。 （40）村委会租一间屋得他村委会租一间屋给他。
其他类	"叙称"类	Ⅰ	否	（41）＊呫_骂得你么事。 （42）＊他老子经常骂得他二百五。
		Ⅰ/Ⅱ①	否/能	（43）？说得你个事儿哈说给你一件事情。 （44）说个事儿得你哈说一件事情给你。
	"差欠"类	Ⅰ	否	（45）？你该得我几多钱你欠我多少钱？ （46）？短得我一斤称少我一斤称。
	"泼洒"类	Ⅰ	否	（47）？喷得我一脸的馋喷我一脸的口水。 （48）？踩得我一脚的泥巴踩了我一脚的泥巴。
	"花用"类	Ⅰ	否	（49）？三胜一年出国花得了我 10 万块钱三胜出国一年花了我10万块钱。 （50）？已经耗得我半个月了已经耗我半个月了。

① 几个"叙说"义动词，如"带_{捎话}、说、讲、唱、劝"等动词双宾语句两式均可用。

续表

结构类型 \ 构成要素		句式类型	能否加入介引成分	例句
其他类	"制作"类	Ⅱ	能	(51) 你打件毛衣得你爸爸 你打件毛衣给你爸爸。 (52) 村长开个证明得我 村长开个证明给我。
	"放置"类	Ⅱ	能	(53) 我驮细伢儿得家婆屋的 我背小孩背到娘家去。 (54) 挑桶水得缸里 挑一桶水到缸里。
	"急吓"类	Ⅰ	否	(55)？ 你吓得我一身汗 你吓了我一身汗。 (56)？ 你累得我一身病 你累了我一身病。

　　加"＊"表示不能说，加"？"表示能说，但是加上的"得"在此类句式中是"结构助词"，与直接宾语和间接宾语之间的"得"不具备同一性。

　　从表5－4可以看出，只有间接宾语居后的双宾句式Ⅱ才可以插入介词"得"，形成介宾补语句式Ⅲ。这些间接宾语居后的句式Ⅱ通常被赋予了"给予"义，如表中的"把送"类、"制作"类、"放置"类动词构成的双宾句式，还有些表达给予句式义的"租借"、"抢扯"类动词构成的双宾句式。如果采用句式Ⅰ，间接宾语前就不能插入"得"，如例（33）、（34）、（41）、（42）；插入介引成分"得"能说，但句式改变，如例（29）、（30）、（37）、（38）、（43）、（45）—（50）、（55）、（56）。此句式中的"得"不再是起介引作用的"得介"。

　　"给予"义双宾语句中，间接宾语居后的双宾语句式Ⅱ能插入介引成分"得"，似乎是通则，这也说明了句式Ⅱ与介宾补语结构有比较密切的关系。更加普遍的看法是，它并非原生双宾形式，而是介宾补语式（与格结构）省略与格介词的结果，不少学者如清水茂（1972），Xu&Peyraube（1997）、刘丹青（1997）、项梦冰（1997）、汪国胜（2000）、邓思颖（2003）等在讨论粤语、吴语、客家话、赣语里双宾句式Ⅱ的来历时均持此说，亦即省略式Ⅲ中的介词"X"就产生出双宾句式Ⅱ来。对此，张敏（2011）也给予了更多的证据支持，认为南部方言中介宾补语句式Ⅲ的高频使用，按照奥卡姆剃刀原则，会导致语言成分的磨损或缩减，与事介词就很自然脱落，因而认为"省略说"应是不易之论。① 这种观点也广为历史语言学界所接受。为此，张敏先生提出了三条普遍规律：

A. 给定任何一个给予类双宾Ⅱ式用例，都存在一个间接宾语式（Ⅲ式）与之相对应；反之不必然。

B. 只能用Ⅰ式、不能用Ⅱ式的非给予类双宾结构，一定没有相应的间接宾语式。

C. 表达边缘性给予类事件的双宾Ⅱ式在某一方言或某一场景里的可接受性，与相应的间接宾语式在同一个方言或同一场景可接受性的程度大致相当。

张敏先生用这三套规律表达了介宾补语句式Ⅲ与双宾句式Ⅱ之间的紧密关系。根据刘丹青（2001），介宾补语式作为汉语方言里最优势的双及物形式得到观念距离象似性这一最优先原则的支持。这种介宾补语式自中古汉语以来就产生，是来自连动结构后一个动词的弱化。刘文亦指出，双宾句式Ⅱ之所以常用于汉语的双宾句，是话题前置和重成分后置两个倾向性原则合力的结果。② "语言中的某一成分所表示的意义如果不甚显著的话，那它就容易在人们的印象中逐渐消失掉……"（祝敏彻，1957）③ 据此，我们也认同双宾句式Ⅱ来源于介宾补语式中的"介入成分"的省略。

我们再看"得"在罗田方言中所起的介引作用，它引进前一个动作 V 所涉及的对象，起介词作用，"得"的介入对句式意义无影响。普通话中"制作"类、"放置"类动词是单及物二价动词，只能将一个受事题元赋予其后的宾语，因而普通话中双及物句式里的与事论元必须依赖另一赋元成分"X"才能被引入。相应罗田方言也可以插入介引成分"得"，但这个"得"是可有可无的。虽然"得"介入的作用对句式语义没影响，但对句式结构有影响，"得"的引入，改变了句子的结构，将句子由原来的双宾句式Ⅱ转换成了"得"字介宾补

① 张敏：《汉语方言双及物结构南北差异的成因：类型学研究引发的新问题》，《中国语言学集刊》2011 年第四卷第 2 期。

② 刘丹青：《汉语给予类双及物结构的类型学考察》，《中国语文》2001 年第 5 期。

③ 祝敏彻：《论初期处置式》，《语言学论丛》第一辑，新知识出版社 1957 年版。

语句。

二　其他方言中Ⅲ式的介引成分

双宾句间接宾语前使用介引成分，这种情况不光是罗田方言中有，许多南方方言中也有，只是所介引成分形式上会有所不同。下面将各地双宾句加入介引成分的"$S + V + O_直 + X + O_间$"的介宾补语句式的使用情况统计为表 5 - 5。

表 5 - 5　　　　　　　　各地介宾补语句式的使用情况

方言	介引成分	例句	来源
江淮官话鄂东方言	得	（57）我做个灯儿得小毛。 （58）我送了三块钱盘缠得他女儿。	黄伯荣，1996：729
赣语宿松方言	在	（59）送十八块钱在奶奶。	唐爱华，2005
赣语泰和方言	得	（60）乾旺叔要还一笔钱得你。 （61）木生买矣一块地基得水生。	戴耀晶，见李如龙等，1997：244
赣语大冶方言	了	（62）你扣一百块钱了渠。 （63）咱买两套衣裳了渠。	汪国胜，2000
赣语安仁方言	得	（64）得本书得你。	陈满华，1995：231
赣语赤壁方言	搭	（65）我还要找七块钱搭他。	陈莉琴，2009
赣语安义方言	到	（66）渠借得十块钱到我。 （67）我租得一间房到渠。	万波，见李如龙等，1997：267
湘语新化方言	来	（68）送封信来你。 （69）寄张贺年片来同学。	罗昕如，1998：302
湘语益阳方言	得	（70）把杯茶得我。 （71）还一百块钱得他。	崔振华，1998：290
湘语邵阳方言	把	（72）把本书把我。 （73）借一块钱把你。	储泽祥，1998：192—193
吴语温州方言	给	（74）学校奖他一套大百科全书给他。 （75）我送一本书给小李。	潘悟云，见李如龙等，1997：58

续表

方言	介引成分	例句	来源
吴语苏州方言	拨	（76）拨一条活鱼拨郑国葛子产给一条活鱼给郑国的子产。 （77）俚拨仔交交关关衣裳拨乡下葛亲眷他给了许许多多衣服给乡下的亲戚。	刘丹青，见李如龙等，1997：12
闽东方言福州话、长乐话	乞	（78）书驮蜀本乞我给我一本书。	林寒生，2002：118
闽语福建永春话	互	（79）这赔一本书互我。	林连通、陈章太，1989：191
闽语汕头方言	分	（80）厂奖卅摩托车分伊。 （81）伊无发电影票分我。	施其生，见李如龙等，1997：145
客家方言长汀方言	得	（82）你交一封信得大哥，送几本书得老弟。 （83）女这几色果子拿得石水（尝），解那一斗米量得大伯（食）。	饶长溶，1997
客家方言连城方言	分/拿	（84）偷一张邮票分/拿我。 （85）收两百块钱分/拿尔。	项梦冰，见李如龙等，1997：182
客家方言广东南雄珠玑话	过	（86）拿一本书过伊。	林立芳，庄初生，1995：135
客家方言石城话	等	（87）送份礼等渠。	曾毅平，2003
客家方言梅县话	分	（88）二姑分一张邮票分� 。 （89）工会发张邮编分劂。	林立芳，见李如龙等，1997：235
粤语香港话	畀	（90）我送咗一本书畀佢。	邓思颖，2003：67

从表5-5可以看出，苏州话的"拨"，温州话的"给"，永春话的"互"，香港话的"畀"，梅县话、汕头话、连城话的"分"，泰和话、安仁话、益阳话、长汀话、鄂东话的"得"，南雄珠玑话的"过"，闽东话的"乞"，安义话的"到"，邵阳话的"把"，大冶话的"了"，赤

壁话的"搭"，石城话的"等"，宿松话的"在"，新化话的"来"，都是跟罗田方言介词"得"相当的语法成分。它们只是在不同的方言中，其对应的语音形式不同。

参照曹志耘《地图集》第96图，我们可以观察到，南方方言在双宾给予式中，多采用句式Ⅱ或者是介宾补语式Ⅲ，北方话多用句式Ⅰ且基本不使用介宾补语式，这可能与北方话"动词后不容任何介宾结果"以及"动词后不容双宾构型（即两个NP）之外的任何双成分"（张敏，2011）这两个演变趋势相关，而含有两个动后成分介宾补语式恰好违背了这两个演变的大趋势，故其出局势所必然。相对于南方话而言，第一个演变趋势"动词后不容任何介宾结果"在唐五代已大体完成，南方话受到了较大影响，但程度不及北方话；第二项演变主要形成于元明清时期，南方话受到的影响较少，因此介宾补语式才有广泛使用的可能性。

三　"得"的相关研究

"得"表介引成分的介词用法在其他方言区和汉语史中也存在，学界早已注意到这一语法现象，但对其来源却是见仁见智。

前贤们早已注意到"得"和"到""在"的介词用法之间有紧密关系。徐丹（1994）、太田辰夫（1987）、林焘（1962）、赵元任（1979）、陈刚（1985）等大致观点是"得"的介词用法来自"在/到"的音变。郭熙（1986）认为，由于［ts］与［t］发音部位相同，这促使其发音方式有互转的可能性。王兴才（2008）认为，介词"得"的"到""在"意义当由"得"的本义引申演嬗而来。这些观点都具有一定程度的合理性。总之，介词"得"和"到""在"有不可分割的关系。

黄晓雪（2007）将介引成分来源分为了三种：一是源于给予义动词，如"把""分""互""拨"等；二是源于处所介词，如"在""到"等；三是源于表完成的动态助词，如"得""了"等。但根据一些方言事实和"得"与"到""在"的紧密关系，黄晓雪"三个来源说"有待商榷。

罗田方言、武汉方言的介引成分"得"重读时可以念"到"，有时候也可以用"把"作为介引成分，如：

（91）你把本书得/到我。

（92）你把本书把得/到我。

（93）你把本书把我。

（94）你把本书我。

从例（91）—（93）可以看出，在罗田方言、武汉方言中的介引成分"得""到"和"把"可以互换，不影响句意。鄂东方言、武汉方言的"把得""把到"都可以表示"给予"义，"得"与"到"的作用相同①。不仅在罗田方言中如此，"得"表"给予、到、在"义在其他方言地区也存在，学界早有关注，如长沙、南昌、芜湖、孝感等地方言的"得"用作介词可以表示"给予、到、在"等意义。

黄文的观点认为"得""了"源于完成时态助词，不确。其例证主要来自汪国胜（2000），认为大冶方言中介引成分"了"的功能作用相当于完成时态"了"，而据笔者深入调查，大冶方言的介引成分"了"不一定是用在完成时态中，这种介引成分可以用在将来时态的祈使句中，如：明日送本书了渠。｜下个星期买两套衣服了渠。

张敏（2010）也有考察，他认为：大多数方言与格标记的形式是"过、到、倒、得、来、勒、了"等，其来源是方所（目标）标记，多由趋向动词虚化而来。虽然有些方言也用"V给"同形的与格标记，但历史文献及方言比较的证据显示它们均为晚起，更早的形式仍是与方所标记同形者。张敏先生的研究，似乎能在下列两种语言现象中得到印证：

罗田方言里的"得""到"可以作为一种处所介词，甚至是一种方所标记，用于位移空间有关的动词后面引出方所，如：

（95）甲：你把手机搁得/到哪儿了？乙：搁（得/到）床上了。

"放置类"动词双宾句间接宾语前都可以加上"得/到"引出方所，如：

（96）接点水得/到缸里。

（97）放点盐得/到锅里。

---

① 关于"得""到"的产生，张敏（2011：153）认为这是因为由"持拿义"动词"把"产生"给予义"时，与事角色的赋元需要依靠其他赋元成分，常常要含一个与事标来形成复合形式，"得""到"就是这种赋元成分，笔者认为有一定的解释力。

在古代汉语中，早就有用处所介词引出间接宾语，如介词"于"，既可以引出处所："投之于江"（《论衡》），"置炉于炭火中"（《抱朴子·内篇》），也可以引出间接宾语"公问族于众仲"（《左传·隐公八年》）。

罗田方言中的介引成分"得"是否也是源自古汉语"于"的遗迹呢？笔者认为虽然有一定的道理，但仍不算是最合理的解释。"得""到"固然可以作为一种方所标记，放在处所宾语前引出方所，但这毕竟不是介引成分"得/到"在双宾语句中的主要作用，其大部分功能应是前附于指人的给予对象前面，表示转让关系。因而这种转让关系是含有给予的意义。黄伯荣（1996：730）论及鄂东方言双宾句介引成分"得"的省略与否的条件时，证明"得"有给予意义的。

那罗田方言的介引成分"得"的来源到底是什么？考察泰和、益阳、长汀、安仁、常宁、鄂东等地方言包括罗田方言的"得"并不表示完成时态，其主要作用跟普通话中介引成分"给"相当，表示一定的"给予"义。不仅是"得"，其他方言中的"过、到、把、了、搭、拉、来"的功能和普通话的"给"也差不多，都是用在与事对象的前边，表示转让关系。因此，我们认为各方言的介引成分功能相同，只是语音形式不同，因而不应把他们的来源割裂开来，认为分别来自不同的来源。

四　介引成分"得"的来源

（一）从词义变化来看，介引成分"得"来源于"给予"义的嬗变。

汉语中包括各种方言普遍存在着给予义动词向介词的转化，如"给"（普通话）、"与"（古汉语、山西临汾话、闽南话）、"把"（鄂东方言、湖北通山）、"畀"（广东话）、"拿"（赣方言）、"分"（客家话）、"拨"（吴语）等等。我们认为，介引成分"得"是由动词"得"的"给予"义虚化而来的。如很多方言中"得"可表"给予"义或兼表"介引成分"。

（98）他得给了人家一拳，还有理吗？（东北官话，转引自王兴才，2008）

（99）得不得我？再不得我，我告诉老师咯给不给我？再不给我，我告诉老师去。｜妈妈买哒只乌猪得我吃妈妈买了个乌龟给我吃。（赣语安仁方言，转引自朱军、张展，2011）

（100）得你一甲碗给你一只碗。｜得杯水得我给我一杯水。（赣语常宁方言，转引自占升平，2010）

（101）你阿可以送一本书得我你可不可以送一本书给我？（赣语泰和方言，转引自郭羚，2018）

（102）得其吃给他吃！（赣语耒阳话，转引自兰小云、刘立新，2014）

（103）拿一袋盐得我拿一袋盐给我。（赣语通山方言，转引自华娇，2011）

（104）箇件衣服得你穿这件衣服给你穿。（湘语衡阳方言，转引自周偈琼、林源，2009）

（105）得侬吃给你吃。｜本书得侬望这本书给你看。（吴语金华方言，转引自曹志耘，1996：247）

（106）你交一封信得给大哥。｜送几本书得给老弟。（闽语福建长汀，转引自饶长溶，1997）

朱军、张展（2011）说：安仁方言里的"得"字双宾语句及相关句式与普通话"给"字句相近，有双宾"得其一本书"和连动式"买一本书得其"，作介词时，有介宾补语式"送一本书得其"和复合式"送得其一本书"。① 赣语耒阳方言、常宁方言中的"得"兼表"获得"与"给予"义。

汉语方言特别是赣语中的"得"作动词比较有特色，"得"是内外双向同体动词，既能够表示获取义，又能够表示给予义。杨树达先生的"施受同辞"观点能够很好地解释这一现象。在现代汉语中仍有"借、租、贷"等少数双向同体动词，英语中也有"lend, rent"这样的双向同体动词。古汉语词汇学中如"乞/丐：求也，与也"的反训，充分反映了双向同体动词的特点。词义的特点决定了词义引申的方向。"得"

---

① 朱军、张展：《湖南安仁话的"得"字与"得"字句》，《南华大学学报》2011 年第 5 期。

之所以能产生给予义，还是由其本义"获取"决定的，因为既然有了"获取"的结果，那么"给予"就有可能。

罗田方言"把"是比较强势的"给予"义动词，因此，"得"表示"给予"在此方言中不常见，但是罗田方言和赣语有亲缘关系（徐英2017），因此不影响我们得出结论："得"的"给予"义来自"获取"义，介引成分"得"来自"给予"义，它的虚化有其词义演变的基础。

（二）从语境影响来看，"得"常与"给与"义动词连用与同现，诱使"得"虚化为引进对象、目标等功能的介词。

"得"放在"给与"类动词后引进给与对象或关联对象，这一介词用法不仅在罗田口语中存在，而且还见于汉语的其他方言，如：

（107）把这材料给得教务处王老师。｜这香蕉把得那小孩。（西南官话重庆话，转引自王兴才，2008）

（108）送得他。｜拿得他看。（西南官话武汉话）

（109）他昨天把得给我的十块钱，我都用光了。｜他交得我一封信。（江淮官话孝感话，转引自王求是，2018）

（110）几只好碗送得他打尽哒。（湘语长沙话，转引自黄伯荣，1996：529）

（111）编成这种白话报，印起出来，把得给列位来看。｜才买来的鱼就送得猫拖起去哒才买来的鱼就送给猫拿去吃了。（长沙话，转引自张大旗，1985）

（112）渠介囡许得汤溪他的女儿许给了汤溪（的一户人家）。（吴语金华汤溪话，转引自曹志耘，2001）

（113）两块钱卖得你。（赣语常宁话，转引自占升平2010）

（114）阿比佢多出一块钱，卖得我吗我比他多出一块钱，卖给我吧！（赣语宜丰话，转引自邵宜，2007）

（115）我把锁匙交得你。（赣语樟树话，转引自习晨，2019）

（116）等我话得你听让我说给你听。（赣语永修话，转引自刘纶鑫，1999：720）

（117）借得他借给他。（赣语湖口、星子、修水、高安、新余、吉安、永丰话，转引自刘纶鑫，1999：633）

（118）过里来，我做得你望过来，我做给你看。（赣语耒阳话，转引自

兰小云、刘立新等，2014）

（119）借得我_{借给我}。（赣语南昌话，转引自徐阳春，1998）

（120）钱早还得他了_{钱早还给他了}。｜（介绍信）我把得张主任了。
（赣语通山方言，转引自华娇，2011）

"得"经常与"给与"类动词连用，因受语境的制约和影响，"得"
对前面动词的依附并与前面动词词义的重合，减弱了它的动词性，进一
步虚化为介词"给"义。"结构性语义羡余是语法化的特色诱因"（江
蓝生，2016）①。当"动词＋得＋宾语"中的宾语成分不表动作结果，
也不表达动作完成、实现的状态，而是表动作的目标或归向时，放在
"给与"义动词后面的"得"，在人们认知心理的作用下，就可能朝着
具有引进对象、目标等功能的介词进行虚化。语法化是一个连续统，每
个实词的虚化都有各自的诱因和具体的演变历程。正是"得"经常与
这种"给与"义动词的连用与同现，就促成"得"开始走上虚化的道
路，并在功能特征上发生一定转变。

可见，"得"用作介词表示"给与"义，不仅有其本义引申的基
础，而且其具体运用的语言环境也是一个很重要的外在诱因。

**（三）从句法位置的改变来看，介宾补语式是来自连动结构后一个
动词的弱化，介引成分"得"可能来自动词"得"的"虚化"。**

萧红（1999）认为"动₁＋直＋动₂＋间"很可能是在当时复杂谓语
包括"并列谓语""连动式""动补式"等发展日益成熟大环境的直接
影响下产生的。"动₁＋直＋动₂＋间"式结构与"连动式"相同，只是
动词语义受到限制，它们更像一般的"连动式"。如：

（121）争持牛羊酒食献飨军士。《史记·高祖本纪》

（122）乃出其怀中药予扁鹊。《史记·扁鹊仓公列传》

（123）遂取所爱阏氏予东胡。《史记·匈奴列传》

如上例（121）—（123），动₂一旦弱化，连动式"动₁＋直＋动₂＋
间"就演变成介宾补语式"动₁＋直＋X＋间"式。据萧文考察，动₂最
后统一为"与"大约在唐五代。因此从汉语语法史来看，介宾补语式

---

① 江蓝生：《超常组合与语义羡余——汉语语法化诱因新探》，《中国语文》2016年第
5期。

自中古汉语以来就产生，是来自连动结构后一个动词的弱化。

随着这种结构日益增多以及语义重心向主要动词倾斜，其"给予"义特征因不易被感知而被削弱、被泛化，于是便对这种结构进行了重新分析，在连动式上的基础再发展成为功能词，因此就出现了将原来连动结构重新分析为一种动补结构的新情况。随着重新分析而带来的结构上的改变，"得"的意义也就不再那么具体实在。于是就在原有"给与"意义的基础上进一步虚化为引进给与对象的介词。

这种推测可以在一些汉语方言里得到证实。在鄂东、孝感、武汉、益阳、太湖、赤壁、通山、阳新、长沙等地的方言中都可以用"把得/把到"表示"给予"。如，罗田方言句式Ⅲ中，同样也可以在介引成分前加给予动词"把"，句式意义不变，如：

（125）你把点东西把得/到我 你送点东西给我。

（126）大舅送了两壶茶油把得/到我 大舅送了两壶茶油给我。

（127）光小毛就赢几千块把得/到我 仅小毛就赢几千块给我。

（128）剁一院子白菜把得/到我 砍一院子白菜给我。

（129）扯几根头发把得/到我 扯几根头发给我。

（130）你打件毛衣把得/到你爸爸 你织几件毛衣给你爸爸。

（131）村长开个证明把得/到我 村长开个证明给我。

从例（125）—（131）来看间接宾语前是实义动词还是介引成分，表达句式义无差别，这说明"得"字介宾补语句和连动句式之间有紧密关系。

"得"字变化的起点是动词"得"进入连动式，处于第二动词位置的"得"字在语境（语义、前面动词词义等）影响下动词性减弱，引起结合关系变化（对动词选择性减弱），再进一步到"给予"动词义逐渐消失，最终发展成只表示介引语法意义的功能介词。汉语许多动词历时演变规律告诉我们，处于句子非中心主要位置的动词往往会减弱动词性甚至于虚化[①]。"给予"动词"得"也就虚化为介词。事实上，罗田当地人说普通话一般把介引成分"得"对译为"给"。

---

① 刘坚、曹广顺、吴福祥：《论诱发汉语词汇语法化的若干因素》，《中国语文》1995年第3期。

罗田方言的双宾句中只有间接宾语居后的句式Ⅱ才可以用介词"得"，这些间接宾语居后的句式Ⅱ通常被赋予了"给予"意义。这种特殊的句式Ⅱ有可能来自介宾补语句式Ⅲ（$S + V + O_直 + X + O_间$）中的介词"得"的省略。"得"字介宾补语句则可能是来自连动句后一个动词的弱化，"得"虚化为表"引进给予对象或者关涉对象"的介词。

我们认为汉语方言"得"的介词用法，源于"得"的词义引申虚化、句法环境影响、句法结构演变的合力作用。当介词"得"引进给予对象或者关涉对象时，"得"就可以根据上下文分别理解为介词"给""到"或"在"。"动词 + 直接宾语 + 得 + 间接宾语"中的动词更多的是把送类动词，即使是一般动词，那么一旦放到这样的语境中，语境也赋予其"位移""给予"的临时意义。由此我们可以知道介引成分"得"是由"给予"义动词发展来的，其发展途径是表"获取"义的"得"先虚化为表"给予"义的"得"，表"给予"义的"得"再虚化为表"介引"的"得"，即"获取义→给予义→介引义"。事实上，"得"表介引成分的用法在汉语南北方言中都有分布，但是其用法是复杂多样的，呈现出"你中有我，我中有你"的状况。本节以罗田方言为例，对汉语方言介引成分"得"的语法化研究，试图为我们今后类型上的比较研究提供了更多的语言事实。

本章小结

通过对罗田方言双宾句式语法特征的综合考察，我们大致可以归纳如下：

（一）罗田方言的双宾句有两种语序，构成了两种句法格式，一种是间接宾语在前，直接宾语在后，即句式 $S + V + O_间 + O_直$（Ⅰ式），这类格式是普通话所固有的；另一种是直接宾语在前，间接宾语在后，即 $S + V + O_直 + O_间$（Ⅱ式），这类格式是普通话所未有的，是罗田方言的特殊双宾语序。另外一种和双宾句有密切关系的，在间接宾语前加入介引成分的 $S + V + O_直 + X + O_间$（Ⅲ式），因为加入了介引成分"得"，句法结构改变，但是表达的句式意义与双宾句相同。

（二）能够进入罗田方言双宾句动词主要有："把送"类、"抢扯"

类、"租借"类、"其他"类（包括"叙称"类、"差欠"类、"泼洒"类、"花用"类、"制作"类、"放置"类、"急吓"类）。罗田方言的"把送"类动词双宾语句有两种句式，直接宾语与间接宾语可以直接移位，句意不发生改变；"抢扯"类动词双宾语句一般使用句式Ⅰ，直接宾语与间接宾语可以直接移位，转换成句式Ⅱ，但移位后句意发生改变；"租借"类动词双宾语句因为动词的歧义性，具有同时表示 $V_{进}$ 和 $V_{出}$ 两个义项，理论上可以既表示"给予"义，又表示"取得"义，在罗田方言中习惯于将Ⅰ式理解为"取得"式，即是 $V_{进}$，将Ⅱ式理解为"给予"义，即是 $V_{出}$，这样都不存在歧义；"其他"类（包括"叙称"类、"差欠"类、"泼洒"类、"花用"类、"制作"类、"放置"类、"急吓"类）相对于前三类而言，不能随意变动两个宾语的位置，转换语序后，意思就表达不清，其中"制作"类、"放置"类主要使用句式Ⅱ，"叙称"类、"差欠"类、"泼洒"类、"花用"类、"急吓"类只能构成句式Ⅰ。总之，表示"给予"句式义的，一般可以选用句式Ⅱ或句式Ⅰ，其中以Ⅱ式为常，表示"取得"义双宾句只能使用句式Ⅰ。

（三）根据双宾语典型性特征，可以把罗田方言双宾语句的连续统表示如下："把送"类动词双宾语句＞"租借"类动词双宾语句＞"抢扯"类动词双宾语句＞"其他"类（包括"叙称"类、"差欠"类、"泼洒"类、"花用"类、"制作"类、"放置"类、"急吓"类）动词双宾语句，其中"把送"类动词双宾语句是最典型的原型范畴，"其他"类动词双宾语句典型程度最低。

（四）双宾句式是一个完型，典型的双宾句式语义是"施动者有意识的使事物发生转移"，当向右向移动时，就表现为"施动者有意识的使事物给予受动者"，句式语义核心就是"给予"，这时罗田方言双宾语句就采用句式Ⅱ；当向左向移动时，就表现为"施动者有意识的使事物取得使领属权归于自身"，句式语义核心就是"取得"，这时罗田方言双宾语句就采用句式Ⅰ。因而，当改变直接宾语与间接宾语的方向时，"抢扯"类动词双宾句就改变了句意，由"施动者有意识地使事物给予受动者"转换成了"施动者有意识的使事物强制的索取性转移到自身"。体现了句式意义一旦形成，就反过来赋予了某些构成成分以临时的意义。虽然句式语义的控制作用大于动词本身，但是不考虑动词语义特征的要求，显然不够。当双宾语句动词具有"转向"的语义特征式时，就可以变换句式，由Ⅰ式转换成Ⅱ式，如"把送"类动词，或者是由Ⅱ式转换成Ⅰ式，如"抢扯"类动词；当双宾语句动词不具有"转向"的语义特征时，句式Ⅰ式与Ⅱ式就不具备转换条件，如"其他"类双宾动词。这体现了动词语义特征与句式语义之间的制约关系。

（五）通过考察南部方言双宾句资料，我们可以推断出：南部方言的双宾句式Ⅱ是"给予式"双宾句的原型，双宾句式Ⅰ是"取得式"双宾语句原型，其他类双宾语句（除了源于介词省略的）也以双宾句式Ⅰ为原型。双宾句式Ⅰ与句式Ⅱ并存使用，且后者作为南方方言优势双宾句语序，形成了给予义和取得义双宾句对立的格局。汉语南方方言利用语序区别语义，形成了双宾构式与构式义对应的关系类型。

（六）只有间接宾语居后的句式Ⅱ才可以用介词"得"，这些间接宾语居后的句式Ⅱ通常被赋予了"给予"意义，因而罗田方言中特殊的句式Ⅱ有可能来自句式Ⅲ（$S+V+O_直+X+O_间$）中的介词"得"的省略。"得/到"在双宾语句中的主要作用，其大部分功能应是前附于指人的给予对象前面，表示转让关系，因而这种虚词是含有给予的意义。在罗田方言、鄂东方言、武汉方言、益阳方言、太湖方言、赤壁方言、通山方言、阳新方言、长沙方言中都可以用"把得/把到"表示"给予"，比照其他方言中给予动词可以用作介入成分，我们也可以大胆推测，介引成分"得"是由"给予"义动词发展来的，其发展途径是表"获取"义的"得"先虚化为表"给予"义的"得"，表"给予"义的"得"再虚化为表"介引"义的"得"。因此，我们可以说在罗田方言、鄂东方言、武汉方言、益阳方言等地的介入成分"得/到"是来自给予动词的词义引申虚化、句法环境影响、句法结构演变的合力作用的结果。

第六章　比较句

比较是辨别两种或两种以上同类事物的异同，是语言中一种重要的语义范畴。在汉语方言里，比较有着多种不同的表达形式，从而构成了各种不同的比较句式。《马氏文通》中将汉语的比较句分为平比、差比、极比三种。《马氏文通》之后，现代学者在讨论汉语的比较句时基本采用这一分类。因差比句比较复杂，我们将差比句进一步分解为几个次类（胜过句、不及句、递比句）来细化和深化对差比句的观察和分析。本章拟借鉴国内外语言调查的常规做法，结合汉语内部比较，依据我们的调查材料和学界相关成果，探求罗田方言比较句的句法类型特点。

从构成上看，比较句通常包含比较项（比较的对象）、比较值（比较的结论）和比较词。比较项包括比项（A）和被比项（B），A项和B项可以是体词性成分，也可以是谓词性成分。比较值有时是表示属性的形容词W，有时比较句则还带有一种量化值（或称附加值）J。

比较词在方言中所用的形式不尽相同，就罗田方言而言，常用的比较词主要有"把/比、不敌/不及、跟……一样/差不多、强似/胜似、有/没/有得、如似/及于、不如似/不让似/不及于/不同于、最/顶/到头"等。

关于比较点（D）的隐现、位置及相关条件，无论是北京话还是方言，情况都很复杂，本章不作考察。

第一节 平比句[①]

平比表示相比较的事物在比较点方面相同或相近，没有高低之分。

一 肯定式

（一）A＋B＋（D）＋一样/差不多儿＋（W）（1.1.1式）

"一样/差不多儿"既可以看作是比较后置词，也可以看作是比较的结果。比较点D和比较结果W可以不出现，也可以出现。

1. 比较点D不出现时，"一样/差不多儿"是比较的结果，表示比较项A与B总体上相同或差别不大，可以是名词性结构也可以是谓词性结构。例如：

（1）兴菜兴麦子一样种菜和种麦子是一样的。

（2）早上吃粥吃饭一样的早上吃粥和吃饭是一样的。

（3）出去做屋里做差不多儿外出打工和在家做事差不多。

比较点蕴含在谈话的语境中，如例（1）可能谈的是种植两种农作物的投资、收入、难度等。

2. 出现标明了比较结果的W，例如：

（4）二婶二叔一样大二婶和二叔年龄一样大。

（5）细的大的差不多儿重老幺和老大差不多重。

（6）这间房那间房差不多宽这间房子和那间房子差不多的大小。

（7）两个外甥般长般大的两个外甥长得一样高。

"般长般大"是习惯说法，是"一般长一般大"的简说。

3. 比较点D出现，例如：

（8）二婶二叔年纪一样大二婶和二叔年龄一样大。

（9）细的大的轻重差不多儿老幺和老大差不多重。

（10）这间房那间房大小差不多儿这间房子和那间房子差不多的大小。

比较点一般是名词性成分。可以是名词，如"年龄、样子、身高、

---

① 本节内容以《湖北罗田方言的平比句》为题，发表于邢向东主编《语言与文化论丛》第五辑，中国社会科学出版社2022年版。

体重";也可以是正反并列的具有遍指意义的形容词,如"大细、大小、高矮、长短、好坏、早晚、轻重、宽窄、粗细、远近、软硬、胖(肥)瘦、快慢"等,组合后的句法功能也是名词性的。

(二) A＋合/跟/像＋B＋差不多儿/一样/样的 (1.1.2 式)

这种句式的结构特点是:用前置比较词"合/跟/像"引出被比项,"差不多儿/一样/样的"是后置比较词,比较点一般要在上下文中指出来,可前可后。

1. 用"合/跟"引出被比项,表示 A 跟 B 在某一方面相同,比较点一般在句首或句尾指出来,此格式不能用"像"来引出比较项。例如:

(11) 你说的合/跟他说的差不多儿_{你说的内容跟他说的内容差不多儿。}

(11) 你说的合/跟他说的差不多儿你说的内容跟他说的内容差不多儿。

(12) 礼我送的合/跟他送的一样的我送的礼跟他送的礼一样的。

(13) 割麦合/跟插秧样的,腰痛得很割麦和插秧一样的,腰很痛。

例(11)的比较点隐含在句式中,例(12)的比较点在句首,例(13)的则在句尾。

2. 用"合/跟/像"引出比较项,表示两个事物在某一方面具有相似性。例如:

(14) 他合/跟/像个恶的伢儿一样,整天在我的跍倒他像我家孩子一样,整天在我屋里待着。

(15) 她合/跟/像个二幸子一样,整天儿[se²¹]着个口子她像个傻子样,整天咧着嘴傻笑。

(16) 他屋合/跟/像恶屋一样,敞敞亮亮的他家像我家一样,很敞亮。

例(14)中"他"和"自己孩子"具有相似性——整天待在说话者自家的屋子里;例(15)"她"和"二幸子"之间有相似性——整天咧着嘴傻笑。例(16)他家的房子跟我家的房子具有相似性——敞亮。

例(14)、(16)比较对象 B "恶的""恶屋"都是领格,"我"为领格的读音恶[ŋo²¹³]。比较对象 B 也称之为基准,作为一个重要参项在有些语言中也有形态问题。如刘丹青(2004)研究指出,在俄语中,基准名词不需要另加英语 than 那样的虚词,但是要取第 2 格(领格),如:Он сильнее брата他比哥哥有力气。сильнее有力气是形容词的比较级形式,基准 брата弟兄是名词第 2 格形式,没有另用虚词。罗田方言在此与俄语领格标记有相类的地方。

在这种平比句中，"像"应是受普通话影响借用过来的，"合/跟"的用法应该更地道、更本土化，并且相对于"跟"，"合"更常见。何洪峰（2001）指出的黄冈方言"像/合个"句式的比较项 B 大多是消极义，"合/跟"句式没有这个倾向；用"合个"的句子没有否定式，用"合"的句子有否定式。对此，我们认为这种说法稍许欠妥。此式中的"个"本应属后，是数量短语"一个"的简说，表示不定指。但简说后，因受韵律制约，"个"就和前面的单音节比较连词"合/跟/像"组合构成复音比较词"合个/跟个/像个"。同时在黄冈方言中，"合个"也有否定式，如：这几天儿你冇合个二幸子样到处瞎跑。

平比句的比较标记"合"字在《聊斋俚曲》中经常出现，并且出现频率不低，高过了"和"的使用频率。冯春田（2000：313）认为，"和"跟"合"是同一个介词，"合"只是"和"的方言词形。在罗田方言、山东淄博等地方言里，至少从清代开始，介词"和［xə］"便读作［xuə］，"合"是记录这个词音的字。对此我们表示赞成。

"像"类和"跟"类皆是动态的平比，在先秦就已产生。"像"类词依次是"犹、若、如、似、像"的兴替（朱冠明，2000），源自动词，由比拟而来。"跟"类词依次是"于/与、同、和、跟"，源自介词和连词，由比较而来（黄健秦，2010）。黄文认为，"像"类和"跟"类发生了类推糅合，交互渗透，最后并存。这种情况在罗田方言也是真实存在的。

（三）A + 有 + B + W（1.1.3 式）

这种句式表示主比项 A 与被比项 B 两种事物大致相等。比较结果 W 可以出现，也可以不出现。

1. 用"有"时，比较结果 W 不能省去，而且习惯于在 W 前加程度副词"箇"来修饰以凸显比较句的构式义。"箇"在此表示"这么""那么"的意思。"有"的前边有时也出现"也"字，表示 A 和 B 的同一关系。"有"作为领有、存在义动词，在该格式中语义指向都是比较结果 W，表示比较主体 A 达到了比较基准 B 的程度。例如：

（17）他有你箇大他和你一样这么大。

（18）媳妇也有女儿箇孝顺媳妇和女儿一样这么孝顺。

（19）宜昌也有黄冈简热宜昌和黄冈一样这么热。

2. 这种比较式有时除了出现 B 项外，还会在 B 后边出现比较点，比较点通常是一个动词结构。

（20）三毛也有你简爱吃鱼三毛和你一样这么爱吃鱼。

（21）二姨儿也有大姨简爱呫人二姨和大姨一样这么爱骂人。

（22）他也有他爸长得简高他和他爸一样长得这么高。

例（20）"爱吃鱼"是比较点，是说在"爱吃鱼"上，三毛和你是一样。

"有"类是动态的平比，来源与"像""跟"不同，产生较晚，直到宋元时期才可表平比意义，指代性的"这/那"进入"有"类平比很晚，在直到清初的典籍中才能找到用例（黄健秦，2010）。黄文认为"有"类格式中，"有"是由企及、达到义而来，但受"像""跟"这两类的类推影响，有前置为比较词的倾向。形象地说，"像"类和"跟"类来源不同，却是近亲，"有"类是远房亲戚。

（四）A + 赶得倒/敌得到 + B（1.1.4 式）

"赶得倒/敌得到"就是"比得上"。这种句式表达的是在某方面 A 和 B 差不多，比较点往往位于句首。例如：

（23）种田你要赶得倒/敌得到他就好了种田你要比得上他就好了。

（24）过日子我赶得倒/敌得到他过日子我比得上他。

（25）读书你赶得到他一点读书你比得上他一些。

（26）这个色气赶得倒那个色气这个颜色比得上那个颜色。

比较点可以是动词结构，也可以是名词结构。相对而言，"赶得倒"使用得更多、更常见。

与 1.1.4 式大致相当的比较词还有"折/敌"，"折/敌"是"抵、顶/抵得上"的意思；还可以用"折得倒/贴得到/要当"，表示"可以抵/顶得上"的意思。这样用时比较值 W 一般不出现，比较点 D 一般在句首。例如：

（27）他晓得吃，吃起来一个折/敌两个，做起事来不中，两个折不倒一个他好吃，吃起来一个抵两个，做事不行，两个人抵不上一个人。

（28）你爹几会插秧，他一个折/敌四五个，是个好劳力你爸爸很会插秧，他一个人顶得上四五个，是好劳动力。

（29）他做事掹生得很，一个折得倒/贴得到/要当两个_{他做事麻利不怕}
_{吃苦，一个人抵得上两个}。

（30）大清早吃了一大碗肉，一餐折得倒/贴得到/要当两餐，晏昼
一点都不饿_{大清早吃了一大碗肉，一餐顶得上两餐，中午一点都不饿}。

（五）A＋W＋似＋B（1.1.5 式）

这是一种习惯的比喻说法，先说出比较的结果，再用"似"引出
被比项，不是 A 和 B 相似，"似"在此句式中是动词，相当于普通话的
"如/好像"。例如：

（31）他的手冰似铁_{他的手冷得像铁}。

（32）日子多似狗毛_{日子像狗毛一样多}。

（33）他大着个肚子，丑似猪八戒_{他肚子很大，像猪八戒一样丑}。

比喻本质上就是一种比较。这种格式一般用于比较随意的口语中，
常常存在于口语色彩较浓的俗语、惯用语中。Peyraube（1989）在描述
汉语平比句发展时指出，这种格式是从春秋战国时期到汉代的主要格
式，如"君子之交淡如水，小人之交甘如醴"。李讷、石毓智（1998）
发现，随着形比格式的松动到唐代后期形比句发生了重要变化，出现了
比较级格式与等同级格式混同的现象，这是宋元时期等同级格式兼摄比
较级功能现象的开端。他们二人认为比较级和等同级的混同始于晚唐，
真正的合流发生在宋代。这种格式在罗田方言中更多地也是用于比较级
格式中（见下文 2.4 式）。

二 否定式

（一）平比句中有的没有否定式

如 1.1.5 式的"A＋W＋似＋B"结构；又如带"差不多儿"的句
式，只有反义的说法，如"细的大的差不多儿→细的大的隔得远"；有
的否定式不再是平比句，如"种田你赶不倒他_{种田你不如他}"，反而是差
比句了。

（二）有的有否定式，一般来说有三种形式

1. 用否定义的比较词

比较词是"有"的句式，用"冇得_{没有}"来否定整个句子，罗田方
言中常用简省的合音形式"没［me²¹³］"。例如：

（34）你有他长。→你没/冇得他长。

（35）菜籽油有落生油好吃。→菜籽油没/冇得落生油好吃。

（36）他有你箇高的分儿他有你这么高的分数。→他没/冇得你箇高的分儿。

据王丽（2003）的调查，不管是比较还是比拟，"有"类平比句在近代汉语早期都没有相对应的否定形式，直到《红楼梦》才有否定的比较用法，如"还没有咱们这一半大"。

比较词是"赶得倒/折得倒/贴得到/要当"时，否定式就相应地改成"赶不倒/折不倒/贴不倒/当不倒。例如：

（37）穿一件线裤折得倒穿三条单裤子。→穿一件线裤折不倒穿三条单裤子。

（38）看一个猪婆贴得倒看三个肉猪养一头母猪抵得上养三头肉猪。→看一个猪婆贴不倒看三个肉猪养一头母猪抵不上养三头肉猪。

（39）他一个人要当两个人用他一个人可以当两个人用。→他一个人当不倒两个人用他一个人抵不上两个人用。

严格地说，这种平比句的否定式与肯定式并不平行，因为它们所表达的句式义不是平比，而是不及。

2. 否定比较词

用"不"否定比较词，构成"A＋不合/跟/像＋B＋样/一样/样的"的否定句式。例如：

（40）我不合你样，成天打牌我不像你那样，整天只打牌。

（41）狗不跟猫子样的，哪家有往哪家跑狗跟猫不一样的，不是哪家有吃的就往哪家跑。

（42）男人不像女人样，总是哭哭兮兮的男人不像女人那样总是哭哭啼啼的。

3. 否定比较结果"一样"

用"不"否定"一样"，构成"A＋合/跟＋B＋不一样＋（W）"的否定句式，其中"合/跟"和"W"可以省略。例如：

（43）细的大的不一样，吵人些小的和大的不一样，小的吵闹一些。

（44）细的合/跟大的不一样，吵人些小的和大的不一样，小的吵闹一些。

（45）屋的外面收入不一样高在家的收入和在外面的收入不是一样高。

（46）屋的合/跟外面收入不一样高在家的收入和在外面的收入不是一样高。

（三）有的只有否定式，没有对应的肯定式

1. A＋不＋同于＋B＋W（1.2.3.1 式）

（47）我不同于他，简霸强我不像他那样霸强。

（48）他才不同于你呢，学习简认真他不像你学习那样认真。

（49）他不同于人，总是劣格他跟一般不一样，总是做出格的事。

以上诸例中只有否定的格式，没有肯定说法。这种格式与从魏晋南北朝时期到唐代出现的平比式一样，如"太子德更进茂不同于故（世说新语·方正）"。算是比较句式中较早的历史层次。

2. A＋不＋VP 似＋B（1.2.3.2 式）

此类格式把比较结果嵌在比较项中间使用，虽然用了否定词，但有时表示的是平级比较。其中 VP 既可以是表示"胜过"的词语，也可以是表示"不及"的词语，无论"胜过"还是"不及"的词语，都说明 A 和 B 差不多，没有谁胜谁，谁不及谁。比较点可以出现，如果出现，一般在句首。例如：

（50）他不强似我他不比我强，跟我差不多。

（51）他的个子不长似我他的个子不比我高，和我差不多。

（52）今年的收入不少似去年今年的收入不比去年少，和去年差不多。

有时为了表示两个比较项差不多，表示同一性质的"胜过"和"不及"的正反义词语可以同时并用。如：

（53）她不强似我我也不差似她她不比我强，我也不比她差。

（54）他的个子不高似我我也不矮似她他的个子不比我高，我也不比她矮。

（55）国年的屋不大似恶的，恶屋也不小似塔的国年的房子不比我家大，我家的房子也不小似他家。

有时"A＋不＋VP 似＋B"格式表示差比（下文详论）。"他不强似我"指"等于或差于"，包括了"跟他一样强"和"比他差"两种情况，因而事实上覆盖了等比和差比两种比较，不再是单纯的平比句，因而跟其肯定式在意义上并不完全对称。需要指出的是，绝大多数"A＋不＋VP 似＋B"句式的意义取决于它的表达意向，其中最值得注意的是心理因素，限于篇幅，此处不深究。

第二节　胜过句

两个事物相比较，比较项 A 胜过、优于或超过比较项 B。胜过句的比较值 W 一般都是形容词"大、长、重、宽、贵、效行/好、行、好"等积极义形容词。

一　A + 比 + B + W +（J）（2.1 式）

这种句式表示 A 比 B 要 W，比较结果后面可以有补充量 J，也可以没有补充量。例如：

（1）他读书比你效_{他读书比你行}。

（2）仂个细毛头比他要称手_{这个小婴儿比他要重}。

（3）豇豆儿比黄瓜贵几角钱。

（4）落生比黄豆儿好吃多了_{花生比黄豆好吃多了}。

W 可以是程度最高的一种模糊表达形式，格式一般是"不晓得 W……"或者是其他的说法。例如：

（5）过日子你不晓得比他强几多_{过日子你不知道比他强多少}。

（6）读书你不晓得比他行哪儿去了_{读书你比他好多了}。

（7）他比陈世美拐到日本国去了_{他比陈世美坏多了}。

这种比字式的差比句在南北方言中广为分布，李蓝（2003：223）研究认为："明清以来的白话文献和早期的京腔官话对全国各地汉语方言的影响和渗透，是'比字式'差比句在全国范围内扩展的第一动因。中国进入现代社会后，由于教育的普及程度提高、传媒对社会的影响扩大，普通话的普及等因素则进一步加快了比字式差比句向其他汉语方言扩展的速度。"① 罗田方言也不例外，此类格式现今也在口语中经常使用。

二　A + 把 + B + W（2.2 式）

这种句式在罗田老派方言中还常见使用，比较式"把"前面可以

---

① 李蓝：《现代汉语方言差比句的语序类型》，《方言》2003 年第 3 期。

出现"只怕、可能、不见得不一定、确实、肯定"等表示"猜测、肯定、确实"语气的副词。例如：

（8）今年把去年好过今年比去年好过，今年年成好些。

（9）你莫急他把不起钱，他仂几年赚的把你多你不着急他给不起钱，他这几年赚的钱比你多。

（10）今年把去年冷多了，去年这个时候儿还有穿袄子今年比去年冷多了，去年这个时候儿还没有穿袄子。

（11）他二回读书只怕把你效他将来读书可能比你行。

（12）你的收入不见得把他的少你家的收入不一定比他家的少。

其否定形式是"A ＋ 不 ＋ 把 ＋ B ＋ W"。这是一种有歧义的格式：A≥B。也就是说，A 可能和 B 一样，A 在某方面也可能大于 B。例如：

（13）你的肚子不把他的细你的肚子不比他的小。

（14）我的日子过得不把他的差我家的日子过得不比他家的差。

（15）他的年纪不把我的细他的年龄不比我的小。

（16）今年怕不把去年好过今年可能不比去年好过。

从这种格式讲，例（1）表达的语义有两种，一是"你的肚子和他的一样大"，二是"你的肚子比他的大"。但从一般的表达倾向来看，这种格式往往表达第二种意思。可能因为这是一种模糊的有歧义的表述，平常多用于委婉的表达。如果要明确的表达第一种意思，习惯采用"A ＋ 合/跟/像/ ＋ B ＋ 一样/差不多儿"。表达第二种意思时，习惯于采用"A ＋ 冇得/没 ＋ B ＋ W"句式。

同时，罗田的新派方言中往往将比较词"把"换成"比"，下面格式中的"把"也可以换成"比"。

（17）我今年60，把你要大好几岁。→我今年60，比你要大好几岁。

（18）他长得好快，把你长个头。→他长得很快，比你长一个头。

这种格式的差比句常常要带上量化值。

汪国胜（2000）发现，在大冶方言中这种句式是最常用的差比句；张安生（2016）也指出，西宁、兰州也用"把"字作比较标记。据罗福腾（1992）、苑晓坤（2003）研究，山东方言将此类格式记作"伴"，如：他伴你个子高。他认为，"伴"的此意关涉两个人或物，符合我们对比较标记的基本认识。其次，在山东新泰方言中"伴"的读音为[pã³¹]，与官话的"伴"发音相对应。另外在《醒世姻缘传》中发现了"伴"表示"相比"意思的例子，如："他都是前生修的，咱拿甚么伴他"。罗田方言的比较标记"把"发音与"伴"相近，而不管是大冶方言的"把"，还是罗田方言的"把"都是高度发达的介词和动词，一身多任，具有"被动、处置、使役"等多种标记功能，同时还表示"给予、持拿"等动词义。如果再兼职与此没有意义关联的"比较"标记，诸多义项之间词性、意义或语法作用方面没有共同性或相似性，这样似乎负荷太重，也无必要。功能太多，易造成歧义，影响交际的顺利进行。基于以上的分析，我们推测，"伴"字即是我们这里所说的比较标记"把"的本字。

三 A + W + B + 点儿 （2.3 式）

"W"一般都是形容词"大、好、长、高"等。有些学者称此式为无标记比较句。后加表示差比的程度量词"点儿"，"点儿"是合音词，罗田方言中念 [tʂhər⁴⁵]。

（19）我细他点儿，大他弟儿点儿我小他一点儿，大他弟弟一点儿。

（20）你的两个伢儿二回下要长你点儿你家的两个娃娃以后都要比你高些。

（21）你简会赚钱法子，收入肯定要高他点儿你这样会赚钱，收入肯定比他高些。

（22）我默得老大要高老二点儿，有想到老二更高些我以为老大要高一点，没想到老二更高些。

比较年龄、身材、收入，这种表达方式在罗田方言中比2.2式来得更自然，使用更加广泛，老少皆宜。例如：

（23）他这学期门门课要高小红点儿他这学期门门课要比小红高一点。

（24）我读书要晚你点儿，最低要晚个两年我读书比你要晚，至少要晚两年。

（25）分田地你多了我点儿，最少多了山头儿那块地分田地你比我多分了一点儿，至少多分了山头那块地。

和大冶方言一样，此式中的 B 项都是比较简单的表人的名词或代词，也就是说比较对象一般是人，而且 W 一般也是单音节形容词，似乎不大用双音节或多音节的形容词或其他的成分。

否定形式"A+不+W+B+点儿"一般不用，即使用，也要求 W
是表示消极意义的形容词，并往往要有反问性的后续句。

（26）我做的事不少他点儿，他凭么事拿的比我多我做的事不比他少，
他凭什么拿的钱比我多。

（27）我又不差他点儿，怕么事他我不比他差，怕他什么。

在这种语境中，"A+不+W+B+点儿"实际表达的意义是差比
句，即 A 大于 B，而不包括 A 等于 B。

类似如"点儿［tʂhər⁴⁵］"这类程度补语，其句法功能和表义作用
上在比较句中有明显的升级趋势，是构成差比句的重要制约因素。如果
没有"点儿"，这一类句子就站不住。同样，如绩溪方言的"渠他尔你
高些"，大冶方言"当民办老师你晚我个"，"些""个"也是重要的成
句因素，如果没有"些""个"，这一类句子就站不住。罗田方言的
"A+W+B+点儿"的"点儿"，与赣语大冶方言的"A+W+B+个"
的"个"用法相同，可能是同一功能词在不同的方言中的不同语音
变体。

四　A+W+似+B（2.4 式）

这种句式的特点是首先说出比较结果 W，再用比较词"似"引出
B，有肯定和否定"A+不+W+似+B"两种形式。该句式在罗田方言
中分布最广、最本土。在山东方言中，前贤们也发现了很多这样的
用例。

（一）肯定式与 1.1.5 平级句式相同，但表意有差别，这是差比句，
比较结果只能是无标记的形容词；其次"似"是表比较的介词，"似+
B"相当于"比+B"。例如：

（28）媳妇大似老娘媳妇比老娘重要。

（29）今年要胜似往年今年要比往年强。

（30）还在强似往日几多如今比以往强了许多。

（31）他做生意好似你他做生意比你好。

（32）走细路儿近似走大路儿走小路比走大路近。

（33）屁股高似头屁股比头高。

从以上例句中可以看出，这种句式的比较对象 A 和 B 是同类事物，重在理性说明，表示 A 与 B 之间存有一定的差异。而结构类似的平级句的比较对象 A 与 B 不是同类事情，重在形象描写，表示 X 与 Y 在意象上具有相似、类同之处。有时此类格式的差比句句末还可以出现表示其差异的补充词语。而表比拟的平比句的"似"字句、"如"字句则无此特性。

（二）否定式中的比较结果 W 一般是单音节形容词，表示胜过义，或不及义，这个现象可能与韵律的制约（冯胜利，1997：141—148）有关。在 2.4 式差比句中，轻声的介词"似"在语音上总是黏附在述语之上，即"差似"等连读，构成一个功能相当于动词的单位，如同普通话中的"走向（胜利）、暖在（心里）、生于（1918 年）"一样（张斌，1988：260）。因为人们在口语中习惯使用双音节音步，所以单音节的"似"自然就要求重读的单音节述语与之组合了。

（三）这种否定式并不表达 2.4 式的否定义，而是用否定形式表达胜过的肯定义，因此放在这里讨论。在罗田方言中，否定句比肯定句常用，这是一种相对委婉且可接受程度高的比较，从句式形式上看，在比较点 D 方面，A 不小于或等于 B，实质上是 A 胜过 B，可以营造比较特殊的语用效果。比较项 B 后可跟有具体比较结果的数量补语。例如：

（34）他日子过得不差似你一分_{他家的日子过得不差似你一点儿。}

（35）你不消说得，分家时你分的东西不少似我一点儿_{你不要说，分家时分的东西你不比我少一点儿。}

（36）我不丑似你_{我不比你丑。}

（37）跃平儿的窍儿不少似跃中_{跃平的窍门不比跃中少。}

（四）这种格式在汉语史、各地方言中多见。

"A＋形容词＋似＋B"表示差比始见于宋，元代就非常流行，例如：今年衰似去年些。（刘克庄词）｜食楚江萍胜似粱肉。（竹叶舟，元刊杂剧三十种）（蒋绍愚、曹广顺，2005：420）

明清山东方言小说《金瓶梅词话》《醒世姻缘》《聊斋俚曲集》等文献中，出现这类"似"字句多例。如：他大如我，我还不晓的他老人家没了，嗔道今日怎的不见他。（《金瓶梅》第七十八回 1204 页）｜人生一世，还再有好似那两口子的么？（《醒世姻缘》第四十五回 609

页）｜不做甚么，不做甚么，吃的穿的强似他。（《聊斋俚曲集·翻》第四回 127 页）（戚晓杰，2006）"似"字句在鲁西南的部分地区仍有所保留。（钱曾怡，2001：293）

从朱建颂（2009：36）的有关著作中可以看到，2.4 式结构存在于武汉方言中，并无新老的差异，如一些口语、熟语，"吃饭大似皇帝_{吃饭这事比皇帝大}""老二强似老大_{老二比老大强}""月半大似年_{元宵节比春节大}。"

据陈淑梅（2001：156）调查，这种格式在黄梅方言中用的也较多，只是这个"似"发音近乎"子"，如：我的笔多子你_{我的笔比你多}。在罗田方言中，"似"有时发音也近乎"子"，如：你放心去吃饭，不会多似你一个_{你不会多你一个}。"子"与"似"读音相近，可以视为同一轻读音节的不同语音变体或书写形式。

在罗田方言中，"A＋形容词＋似＋B"既可以表示平比，也可以表示差比（胜过或者不及），这是古汉语不同层级的比较句式在方言中的留存。

"似"可以作前置词的虚词，"似 NP"在汉语中可以构成一个结构，而"形＋似"较难形成一个结构。从来源看，"似"应当属于加在基准名词上的从属语标记。但罗田方言中这里的"似 NP"能否形成一个结构，我们不敢断定。因为动词后的介词由于韵律的原因很容易并入前面的动词，出现结构上的重新分析。如"住＋在学校"→"住在（了）＋学校"（参阅冯胜利，1997：93）。从语感上，我们不排除罗田方言中带"似"的比较句也出现这样的重新分析。

五　A＋W＋过＋B（2.5 式）

此句式同 2.4 式类似，首先说出比较结果 W，再用比较词"过"引出 B，但其常用程度不及 2.4 式。受"过"的语义限制，W 一般是积极义形容词。如：

（38）他高过你_{他比你高}。

（39）小红儿辈分大过你_{小红儿的辈分比你高}。

（40）不肖说的，细峰儿强过你_{不用说，小峰比你强}。

（41）伢个酒店好过哪个酒店_{这个酒店比那个酒店好}。

（42）眉毛长过廓［khuo^{213}］_{额角}，弟兄必定多。

(43) 人心高过天，做了皇帝想成仙。

这种形式仍保留在现代汉语里，如：温和友善永远强过激烈狂暴。邻近的强势方言武汉话也有此用例，如：

(44) 凳子多过了椅子。

(45) 你们都傲强过了他。

(46) 你猾不过他_{你不如他狡猾}。

古汉语先秦时期"苛政猛于虎""巧过其师"，魏晋时期"耿介过人"，近代汉语明清时期"恶过狼虎的"，粤、闽、客等许多方言的"佢细过我"式，闽北方言的"伊悬去我_{他比我高}"式，即墨话等大量山东方言尤其是胶东官话的"他高起你"式，金乡等鲁西南方言的"他大似你"式，恒台等鲁北方言的"打针强的吃药_{打针比吃药强}"式（山东方言例参阅钱曾怡主编，2001），都采用"A + 形容词 + 标记 + B"的语序。语言类型学研究也表明，由"超过"义动词句发展而来，表示一个比另一个更具优势，这种格式的差比句是世界语言中一种比较常见的差比句。

此格式的反义句式，就是在"过"前加上"不"形成"A + W + 不过 + B"，句式义表示不及。如：他高不过你_{他不比你高}。

六 A + 赶 + B + W（2.6 式）

"赶"原义为"追逐"，此处是"赶得上，比得上"，相当于"比"。"赶"的及比用法产生较早，例如：看程门诸公力量见识，比之康节横渠，皆赶不上（《朱子语类》卷一百零一）。"W"可以是积极义词（表示胜过义），也可以是消极义词（表示不及义）。

(47) 今年赶去年强多了_{今年比去年强}。

(48) 乡下的空气赶街上好多了_{乡下的空气比城里好多了}。

(49) 他赶你差远了_{他比你差远了}。

(50) 养猪赶养鸡还是差点儿，猪圈子臭烘了_{养猪比养鸡差一些，猪圈子臭烘烘的}。

这类格式在四川方言、宁夏方言中多见，在罗田方言中只是偶尔可见。例（47）、（48）是胜过句，例（49）、（50）是不及句。

七 A+不让似+B（2.7式）

比较点 D 经常放在句首，或放在句尾，表达"A 不比 B 差"或者是"A 比 B 强"，往往可以接后续句。在罗田方言中年龄超过 60 岁人的口语中经常使用。如：

（51）生产我不让似他<small>生产我不比他差</small>。

（52）小红儿不让似三胜，她几能干<small>小红不比三胜差，她非常能干</small>。

（53）扛嘴我不让似你，要不你试下<small>吵架我不比你差，和我吵架试试看</small>。

2.7 式的反义句式是"A+让似+B+W"，表达"A 比 B 差"，是不及句。如：我么儿让似她，她算老儿<small>我怎么比他差，她不算什么</small>。这也是老派的说法。据温锁林、王跟国（2015）研究，"让"字比较句在山西晋语中常见，是山西方言的特殊句式。罗田方言仅残存这种格式，这也许和历史上移民扩散有关。

八 A+W+B+J（2.8式）

这种句式不用比较词，直接将形容词放在两个比较者之间，其后必带比较的数量。这种格式相当于普通话的"A+比+B+W+J"。例如：

（54）子妹两个隔得远，姐要大弟儿十几岁<small>姊妹两个出生相隔很远，姐姐要比弟弟大十几岁</small>。

（55）他娘的，我做整个月儿的，还少他 10 块钱<small>他妈的，我整个月不停地干活，还比他少 10 块钱</small>。

（56）不管你么想的，他就是强（倒）你一篾儿<small>不管你怎么想，他要比你强一点点儿</small>。

（57）我年纪比你大，要多（倒）你两个伢儿<small>比你多两个孩子</small>。

比较值 W 后可以接助词"倒"，显得更加随意、自然。

这类格式还可以调换"A"和"B"的位置，调换后句中的形容词需换成原句中形容词的反义词，这样表达的意思就和调换前是一样的，且比较格式从形式上看也是一样的。如：子妹两个隔得远，姐要大弟儿十几岁→子妹两个隔得远，弟儿要小姐姐十几岁。

此格式在武汉方言中也多见，如：

（58）我矮他一个头。

（59）张三大李四两岁。

（60）今天高昨天三度。（朱建颂，2009：36）

这种"A＋W＋B"句式早在两汉时期就出现，《史记》中表示甲甚于乙的比较句，何乐士（2005）共举出三句：

（61）所斩捕功已<u>多大将军</u>。（《卫将军列传》）

（62）子贱为单父宰，反命於孔子，曰："此国有<u>贤不齐者五人</u>，教不齐所以治者。"子贱"是"不齐"的字，"贤不齐"即"贤于不齐"。（《仲尼弟子列传》）

（63）专趋人之急，<u>甚己之私</u>。"甚己之私"相当于"甚于己之私"。（《游侠列传》）

（64）退而让颇，名重太山。（《廉颇蔺相如列传》）

我们认为，这种格式实际上是"A＋W＋B"格式，脱落了"于"字标记而形成的。此类格式一直到宋代还偶有发现：读百遍自是强五十遍，二百遍自是强百遍时（《朱子语类》卷八十）。刘丹青（2004）指出，不用比较标记的差比句还有一种可能性是纯粹依靠语序手段，典型的是"主语＋形容词＋基准"式。这可以称为"纯语序型比较句"①。他认为，简单的比较句（不带度量成分等）用纯语序型比较句的方言较少，毕竟形容词带宾语不是类型学上的优势结构。带度量成分纯语序型比较句在汉语中比较常见，如2.8式。这一小类可能在汉语方言及壮侗语中分布较广，如平阳话"你高伊"，它似乎是双宾语句式的类型用法。在罗田方言中，还残存着此类构式，即简单的不带比较量的纯语系型比较句，在表示并列选择句或分句的特定语境中存在，也就是说不能独立地作为单句。如：

（65）她大你还是你大她呀？

（66）我小他，小他半岁。

九　A＋VP 得＋赢/过＋B 或 A＋VP 得＋B＋赢　或 B＋A＋VP 得＋赢/过（2.9 式）

这三种是罗田方言中特殊的比较句式，这三种句式都可以用，且意

---

① 刘丹青：《差比句的调查框架与研究思路》，载戴庆厦主编《中国民族语言文学论集4·语言专集》，民族出版社 2004 年版，第 1—21 页。

义相同，都是表示 A 胜过 B。例如：

A 组	B 组	C 组
我打得赢/过他	我打得他赢/＊过	他我打得赢/过
我说得赢/过他	我说得他赢/＊过	他我说得赢/过
我拼得赢/过他	我拼得他赢/＊过	他我拼得赢/过
我吃得赢/过他	我吃得他赢/＊过	他我吃得赢/过
我搞得赢/过他	我搞得他赢/＊过	他我搞得赢/过
我敌得赢/过他	我敌得他赢/＊过	他我敌得赢/过
我犟得赢/过他	我犟得他赢/＊过	他我犟得赢/过
我狠得赢/过他	我狠得他赢/＊过	他我狠得赢/过

　　A 组是比较文的格式，B 组是相对较白的格式，C 组是话题优先的格式。在罗田方言此类格式中，"赢"是常见的本土化词，而"过"相对较文，如果在较白的 B 组格式中，用"过"就稍显别扭。

　　这种格式的 A/B/C 组的否定式是把"得"改成"不"，无论哪种位置的"不"，否定的都是比较词"赢/过"。除了 A/B/C 组的否定式外，还多出了 D 组：A + VP + B + 不 + 赢，"过"同样不适合用于此类格式。例如：

A 组	B 组	C 组	D 组
我打不赢/过他	我打不他赢/＊过	他我打不赢/过	我打他不赢/＊过
我说不赢/过他	我说不他赢/＊过	他我说不赢/过	我说他不赢/＊过
我拼不赢/过他	我拼不他赢/＊过	他我拼不赢/过	我拼他不赢/＊过
我吃不赢/过他	我吃不他赢/＊过	他我吃不赢/过	我吃他不赢/＊过
我喝不赢/过他	我喝不他赢/＊过	他我喝不赢/过	我喝他不赢/＊过
我搞不赢/过他	我搞不他赢/＊过	他我搞不赢/过	我搞他不赢/＊过
我敌不赢/过他	我敌不他赢/＊过	他我敌不赢/过	我敌他不赢/＊过
我犟不赢/过他	我犟不他赢/＊过	他我犟不赢/过	我犟他不赢/＊过
我狠不赢/过他	我狠不他赢/＊过	他我狠不赢/过	我狠他不赢/＊过

　　由此看来，用"赢"构成的差比句及其变式，所受的条件限制较少，在罗田方言中更占优势。罗田口语中以使用 B/D 式为常，尤其是"你说不他赢"这类"无理"的组合，更是罗田人脱口而出的句子（汪化云，2000：57）。这类格式亦要求比较对象 B 尽可能是单音节人称代

词，这同"似"字句一样，当亦与韵律的制约有关。C 式受事"他"是及物结构中一种语义角色，体现了该方言比普通话更强的话题优先特征。

此格式在罗田方言及周边黄孝方言片的俚语中经常使用，如：

（67）你喝又喝不赢他，吃又吃不赢他，打又打不过他，么用_{有什么用}？

（68）颈硬不过刀快。

（69）脚跑不过风和雨，嘴犟不过情和理。

（70）三个蛮子抬不过一个理字。

第三节　不及句

两个事物相比较，表示 A 在 D 方面劣于、差于、不如 B 的句子，是不及句。不及句的结构比较特殊，它的结构形式一般是否定句，表达不及的语义，因此没有否定式。肯定式都是胜过句或平级句。

一　A＋冇得/没/不比＋B＋W（3.1 式）

这种句式表示 A 在 D 方面不如 B，"冇得没有/没"是比较词。W 可以是名词，也可以是形容词或动词性的词语。W 前可用代词"箇"修饰，强调程度，凸显构式义。口语中否定词"冇得"常常合音为"没 $[m\epsilon^{213}]$"，这种用法在临县英山、浠水也多见。例如：

（1）我冇得/没你箇多窍门儿_{我没有你那么多窍门。}

（2）老王冇得/没你箇多钱_{老王没有你那么多钱。}

（3）我冇得/没三胜走路快_{我没有三胜走路快，他走路两脚带风。}

（4）我老娘冇得/没你老娘耐得细烦_{我老娘没有你老娘那么有耐心。}

（5）我冇得/没你箇想他_{我没有你这么想他。}

（6）甘蔗糖冇得/没/不比米糖甜_{甘蔗糖没有/不比米糖熬的糖甜。}

（7）老二冇得/没/不比老大乖_{老二没有/不比老大乖。}

比较词"冇得/没"的使用范围较广，只有当 W 是形容词时，"冇得"和"不比"才可以自由替换；当 W 为名词性成分或动词性成分时，用"不比"显得别扭；当此格式中有方言口语词"箇"等，同样也不能用"不比"。可见"不比"句式应是普通话中新窜入的格式，在该方言中还未得到广泛的应用。

此格式的反义句式是"A+有/比+B+W"，比较词"有"和"比"可以自由替换，但此格式已不再是"不及句"，而是胜过句。

二　A+不及于/不如似/赶不到/折不倒/顶不倒+B（3.2式）

（一）直接用"不及于/不如似"表示A不及B，这是比较本土化的不及句。例如：

（8）你是么读的书，今年成绩还不及于/不如似去年_{你是怎么上的学，今年的成绩还不如去年}。

（9）吃肉不及于/不如似喝汤，喝汤不及于/不如似闻香。

（10）看儿不及于/不如似看女儿_{养儿子不如养女儿}。

这种句式的肯定句是胜过句的2.4式，如例（3）：看儿不及于/不如似看女儿。→看儿强似看女儿。

A和B可以都是数量形式，构成"一量十不如似+一量"结构，表示几个比较项中，一项不及一项。这是表示不及的逐比句（见下文4.3式）。

此格式中的比较词也可以是"不如/不及"。比较而言，用"不如/不及"的机会似乎不太多，多少显得有些文气。在用法上，"不如"跟"不敌""不及"还有点不同："不及"一般只用于比较人物/事物，"不如"还可以用于比较动作/行为。例如：

（11）细伢上学我说迟上不如早上_{小孩上学方面我认为迟上不如早上}。

（12）逛街还不如在屋的睏醒_{逛街还不如在家里睡觉}。

（13）他一高中生，写个字还不如/不及个小学生_{他是一个高中生，写的字还不及一个小学生}。

（14）我的大儿莫看他大细的七八岁，还不如/不及细儿知事儿_{我家的大儿子别看他比细儿子大七八岁，还不如小儿子懂事}。

也可以采用强调的说法"A连B都不及于/不如似"，常含有贬义的说法。例如：他做事真不简效，连个女伢儿都不及于/不如似_{他做事真不行，连女孩子都不如}。

（二）用"赶不到/折不倒/顶不倒"表示A不及B。"折"表"折算"义，"折不倒"表"折算后不如"义，其中"赶不倒"用得最频繁。例如：

（15）板栗真有打头，费力死了，10 斤板栗米儿赶不倒/折不倒/顶不倒一坨肉_{板栗真没必要从树上采摘下来，太费精力，10 斤板栗仁的价钱折不倒一块肉。}

（16）我不看肉猪，两个肉猪赶不倒/折不倒/顶不倒一个猪婆_{我不养肉猪，两个肉猪折不倒一个猪婆。}

（17）碳胺赶不倒尿素_{碳胺化肥比不上尿素化肥。}

A 和 B 也可以都是"一量"形式，构成表示不及的逐比句（见下文 4.4 式）。

这种句式近似于平比句 1.1.4 式"A + 赶得到 + B"的否定式。1.1.4 式如果用反问语气来表达，也是不及句。例如：

（18）瓦屋哪赶倒楼房嘞_{瓦房哪里顶得上楼房呢？}

（19）你么折倒他，他一个月赚上万_{你怎么比得上他，他一个月赚万元以上。}

（20）儿么顶倒女儿，女儿几贴心_{儿子怎么赶得上上女儿，女儿是多贴心。}

三　A + 敌不倒/不敌 + B（3.3 式）

这种句式往往在上文或句中出现表示比较点（即比较的方面）的成分，主要用于人物各方面能力的对比，也就是说比较的对象是人物。例如：

（21）插秧割谷红明儿敌不倒/不敌应明儿_{栽秧割谷子红明儿不如应明儿。}

（22）做鞋我敌不倒她，打毛线她不敌我_{做鞋子我不及她，打毛衣她不如我。}

（23）大胜儿媳妇做生意真不效，敌不倒/不敌你三爷一个细指头_{大胜的媳妇做生意真不行，不如你三爷一个小手指。}

（24）小王儿几能干，我一生敌不倒他_{小王非常能干，我一辈子不如他。}

（25）她几会打花招儿，我敌不倒她_{她花样多，我不如她。}

比较词"敌不倒/不敌"一般可以互换，但比较词后如果是单音节的比较对象时，不用"不敌"，如例（4）—（5）。这可能是因为双音节"不敌"与单音节比较对象没有形成和谐的韵律节奏有关，所以在方言口语中不大使用。汪国胜（2000）指出："A + 不敌 + B"这种说话，在江淮官话以及南方方言里是很有代表性。① 真实情况也如此。

3.3 式有时采用一种强调的说法"A 连 B 都敌不倒",表达极端的嫌弃之义。例如：他连个三岁的伢儿都敌不倒他连一个三岁的小孩都不如。

跟 3.3 式近似的说法是 3.2 式。但 3.3 式使用范围上也有一些限制，主要用于人物能力的各方面的对比，而 3.2 式使用范围更广。例如：

（26）今年子兴芝麻恐怕赶不倒/＊敌不倒兴油菜今年种芝麻恐怕比不上种油菜。

（27）他嘚几个人个手艺下比不上/敌不倒三苕他们几个的手艺都比不上三苕。

这种比较式的肯定式是"A＋敌（得）倒＋B"表示等比，如 1.1.4 式。肯定式用"A＋赶（得）倒＋B"居多，但在使用频率上远不及否定式。

四　A＋不像＋B＋W（3.4 式）

这种形式实际上也经常使用，"像"在罗田方言中读为 $[\text{tɕiaŋ}^{33}]$，通常在 W 的前面加"箇"。例如：

（28）幼儿班不像屋的勒自由，哪个伢儿爱去呢上幼儿园不像呆在家里那么自由，哪个小孩愿意去上呢。

（29）骑自行车子不像骑摩托危险骑自行车不像骑摩托危险。

（30）我不像你二父辣横我不像你二叔那么蛮不讲理。

（31）他不像你箇成器，整天儿的只晓得玩儿他不像你这样有出息，他总是想着玩。

（32）他嗦包得狠，不像你箇阔气他非常小气，不像你这样大方。

（33）我的那个还是个胡麻黑，不像伪的箇懂事儿我那个（小孩）还很糊涂，不像你的小孩那么懂事了。

3.1 式和 3.4 式是同义格式。例如：

（34）幼儿班不像屋的勒自由→幼儿班有得屋的勒自由。

（35）我不像你二父箇横→我有得你二父箇横。

---

① 汪国胜：《湖北大冶方言的比较句》，《方言》2000 年第 3 期。

不过，在语法及语用上，它们还是有些区别的：3.1 式的 W 往往是性质形容词，或由"喜、怕、想、会、肯、能"等心理动词、能愿动词构成的动宾短语，或由动词"有"构成的动宾短语；3.4 式的 W 除了性质形容词外，还可以是状态形容词或其他较复杂的谓词性短语成分，但 W 很少是由"喜、怕、想、会、肯、能"等心理动词、能愿动词构成的动宾短语，也很少是由动词"有"构成的动宾短语。也就是说，3.1 式、3.4 式的 W 对语言成分选择都有各自的限制。例如：

（36）正昼早上冇得／不像晏昼箇热，晏昼太阳晒死人得今天早上没有／不像中午那么热，中午的太阳很晒。

（37）他屋里的冇得／不像你屋里搞得箇干净你屋里没有他屋里卫生做得这么干净。

（38）三叔冇得／不像二叔箇有本事三叔没有／不像二叔那么有本事。

（39）我冇得／＊不像你箇想他我没有／＊不像你这么想他。

（40）我冇得／＊不像他箇爱抹牌我没有／＊不像他那么喜欢打牌。

（41）细胜儿冇得／＊不像他箇怕人细胜儿没有／＊不像他这样怕见生人。

（42）三婶儿冇得／＊不像二婶儿能来事儿三婶儿没有／＊不像二婶儿能来事儿。

（43）我冇得／＊不像你箇有劲儿我没有／＊不像你这么有劲儿。

例（36）—（38）的"冇得"和"不像"可以互相替换。例（41）—（43）是由"喜、怕、想、会、肯、能"等心理动词、能愿动词或动词"有"构成的动宾短语，偏重于用"冇得"。

（44）在学校不像／＊冇得在屋的在学校不像／＊没有在家里。

（45）她不像／＊冇得你个二幸子她不像／＊冇得你这个傻里傻气的样子。

（46）他不像／＊冇得你胡麻黑样，做事慌里慌张的他不像／＊冇得你糊涂，做事慌里慌张的。

（47）这个伢儿拐得出奇，不像／＊冇得别个那样这个小孩很调皮，不像／＊冇得别的小孩那样乖。

（48）他不像／＊冇得你到处捞，整天儿找不到人他不像／＊冇得你到处跑，整天儿找不到人。

（49）我不像／＊冇得她样箇有钱，想买么事就买么事我不像／＊冇得她那么有钱，想买什么就买什么。

（50）秋莲儿细姑箇点好，不像/＊冇得你老娘样遍山上去嚼_{秋莲儿}细姑有这点好处，不像/＊冇得你的母亲那样到处瞎说。

例（44）—（47）中 W 是介宾结构、名词结构，例（48）—（50）中 W 都是比较复杂的谓词性短语成分，比较词"冇得"就比较受限，一般不用于此类构式中。

总之，W 如果是性质形容词，或由"喜、怕、想、会、肯、能"等心理动词、能愿动词或动词"有"构成的动宾短语，则更加倾向于用比较词"冇得"。如果 W 是状态形容词和其他较复杂的谓词性短语成分，则更倾向于用比较词"不像"。

据汪国胜（2000）、陈淑梅（2001：159）的研究，他们认为大冶方言和鄂东方言中 3.1 式的比较值 W 一般是褒义词，3.4 式大多是贬义词。罗田方言的实际情况并非如此，3.1 式和 3.4 式的比较值 W 不限褒贬。如：

（51）她冇得/不像你不要脸_{她没有/不像你不要脸。}

（52）你冇得/不像你箇嗦包_{他没有/不像你这么小气。}

（53）他冇得/不像你箇发脾_{他没有/不像这样大胆、不计后果。}

3.1 式有相应的肯定说法，3.4 式似乎很难听到相应的肯定说法，除非在假设句中，如：

（54）我像你这认真，早考上大学_{我要是像你这样认真学习，早就考上大}学了。

（55）我像你年年出去打工，楼房早做起来了_{我要是像你年年都出去打}工，楼房早做起来了。

在语用倾向上，"冇得"或"不像"句式表意的侧重点究竟在 A 项还是在 B 项，并没有固定的规律，这要取决于说话人本人的意图或者表达意向。这点和普通话"没有"比较句类同。（徐燕青，1997：47）如果接上后续成分，将如下：

（56）我冇得他有本事，我搞不倒_{我没有他有本事，我不会做。}

我不像他有本事，我搞不倒。

我冇得他有本事，他一年赚几十万。

我不像他有本事，他一年赚几十万。

（57）我冇得他细唆，我才不会让人客人吃［təu²¹³］饭_{我没有他小气，}

我不会让客人吃白饭，没有好菜。

我不像他细唆，我才不会让人客人吃［təu²¹³］饭我没有他小气，我不会让客人吃白饭，没有好菜。

我不像他细唆，他总让客人吃［təu²¹³］饭我不像他小气，他总是让客人吃白饭，没有好菜。

我冇得他细唆，他总让客人吃［təu²¹³］饭我不像他小气，他总是让客人吃白饭，没有好菜。

以上两组每组虽说基本意思相当，但语意重点不同。例（56）中，前两句重在表明"我"本事不如"他"，意思是说"我"没什么本事；后两句重在表明"他"本事比"我"强，意思是说"他"很有本事。例（57）中，前两句重在表明"我"不小气，意思是说"我"比"他"强；后两句重在表明"他"小气过头，意思是说"他"比"我"小气。可见，表意侧重点究竟在 A 项还是在 B 项，并没有固定的规律，完全取决于说话人的表达意图，与是否是"冇得"或"不像"句无关。

五　A + 也不 Adj + 似 + B（3.5 式）

这种句式先用"不"否定比较结果，再用比较介词"似"引出被比项，表示 A 不及 B。例如：

（58）绍光看起来长，其实他也不长似他爸绍光看起来高，其实他不比他爸高。

（59）他成天儿地兴他的儿女，他的儿女也不强似哪个他整天地炫耀他的儿女，他的儿女也不比谁强。

（60）你吵么事，人家分的地也不多似你你吵什么，人家分的土地也不比你多。

这种句式是 2.4 式的反义句式，但并不是平行对应的。2.4 式可以有否定式，但 3.5 式有时却没有肯定式。试比较：

（61）今年胜似往年。→今年也冇/不胜似往年。

（62）他的儿女也不强似哪个。→ ＊他的儿女也强似哪个。

3.5 式与 2.4 式的否定句基本相同，只是表达的意义不同，差别在于这种句式中如果用的是积极义形容词时，是 3.5 式不及句或是 2.4 式胜过句；如果用的是有消极义形容词时，则是 3.5 式胜过句或 2.4 式的积极句。试比较：

（63）种麦子也不强似种棉花_{种麦子也不比种棉花强}。（不及句）

（64）种麦子强似种棉花_{种麦子比种棉花强}。（胜过句）

（65）种麦子也不差似种棉花_{种麦子也不比种棉花差}。（胜过句）

（66）种麦子差似种棉花_{种麦子比种棉花差}。（不及句）

六 A + 比不上 + B （3.6 式）

格式中的"比"不是介词，而是动词，这是不及比较，也是否定比较，它的肯定式是"比得上"。而且，比较结论不是直接跟在参比项后面，可以是一个后续句表达比较结论，也可以是前文提及。而且这个表达比较结论的后续句或前言句是一个肯定的比较句，往往强调比较的差异。例如：

（67）四苕比不上五苕，五苕勤快些。

（68）去年年成收成好些，今年的粳稻米比不上去年的。

（69）他做的新屋比不上徐国年的，徐国年屋的用的都是白砖_{徐国年家的房子都是用的白砖砌墙}。

这种格式应是强势方言或者是共同语的接触影响，中青年人更倾向于使用与普通话相同的格式，可见它逐步在取代早期的其他格式。

3.6 式的否定式是"A + 比得上 + B"，表示平比。

七 A + Adj + 不倒 + B + J （3.7 式）

格式中形容词一般都是表示积极意义，如"高、强、好、多"等，句尾一般要带比较量，表示一些细微的差距。如：

（70）我高不倒你三厘米_{我比你高不了三厘米}。

（71）他强不倒你几分_{我不比你强几分}。

（72）细红儿好不倒你一点儿_{细红儿不比你强很多}。

（73）我每个月赚的钱多不倒你几分_{我每个月赚的比你多不了很多}。

此式的反义句式是 2.8 式"A + Adj + B + J"。

第四节 递比句

递比句是表示程度逐次递加或递减的比较句式，也称为渐进比较句或倚变句。结构特点是：A 和 B 都是"一 + 量"形式，代表几个比较项一个一个逐级比较，表示逐级胜过或不及的意思。（汪国胜，2000）罗田方言的递比句有以下几种形式。

一 一量 + W + 似 + 一量（4.1 式）

这种句式先指出比较结果，再用"似"引出被比项。"似"可以看作介词，引进比较对象。例如：

（1）这几年，他老头儿的身体一年强似一年_{他父亲的身体一年比一年好}。

（2）细伢儿长得好，一个长似一个_{这些孩子长得好，一个比一个高}。

（3）到这个时候来了，一天短似一天_{到这个时间点，一天比一天短}。

（4）他屋的几个人一个奸似一个_{他家的几个人一个比一个狡猾}。

（5）这阵头儿下得一阵大似一阵的_{这阵雨下得一阵比一阵大}。

（6）他的病一天狠似一天_{他的病一天比一天厉害}。

（7）他屋的几个人一个蠢似一个_{他家的人一个比一个蠢}。

这种格式都可以转换成普通话中"一量 + 比 + 一量 + W"，见例（1）—（7）中小字注释部分，但此种格式更加地道、本土化。何洪峰（2001）认为此式是一种带有俗语意味的结构，在普通话里很少见，《中国文法要略》谈到了这种句式：三个孩子一个强似一个，你叫他怎么不乐？

其实在宋元时期就存在这种固定的格式"一量 + W + 似 + 一量"，比如：须是自去看，看来看去，则自然一日深似一日，一日分晓似一日，一日简易似一日。（《朱子语类·训门人》）清代《红楼梦》中也有：这病也不得一日重似一日（第三十二回）｜一天大似一天。（第三十八回）

另在山东方言小说《醒世姻缘传》中共出现 5 例，《聊斋俚曲集》中出现 1 例，如：伤天害理的依旧伤天害理，奸盗诈伪的越发奸盗许伪；一年狠似一年，一日狠似一日（《醒世姻缘》第二十八回第 373

页）｜看看的狄员外病势一日重似一日。（《醒世姻缘》第七十六回第1020 页）｜陈先生的年纪喜得一年长似一年。（《醒世姻缘》第九十二回第 1242 页）｜他娘望着他懂窍了，谁想一年潮似一年（《聊斋俚曲集·慈》第四回第 89 页）。（见戚晓杰，2006：54）姚亦登（2013）研究的江苏高邮方言中也出现类似的用例：老王岁数一年大似一年，身体却一年差似一年了老王岁数一年比一年大，身体却一年比一年差了。

二　一量＋W＋一量（4. 2 式）

这种句式是把比较基准 W 放在两个"一量"之间，表示程度逐步加深。

（8）这对双孙儿一天知事儿一天这对双胞胎一天比一天懂事。

（9）二月份来了，一天暖和一天一天比一天暖和。

（10）细伢儿一年大一年的小孩子一年比一年大，要多赚点儿钱。

（11）细姑一年老一年，要好生招呼着小姑一年比一年老，要仔细招呼着。

刘丹青（2004）认为这个格式是同一主体在时间维度上的差比，可叫时间递比句，可能是由中古近代汉语沿用下来的基准在后的格式，如瑞安吴语"渠一日瘦似一日"。假如这种句式不用比较标记"似"，便成了纯语序型比较句，如老上海话"伊一日瘦一日"。这种纯语序型比较句在罗田方言中经常见使用。

4. 2 式虽然与 4. 1 式表示的意义相同，但两式不能完全互换，转换时有条件限制。如果"W"是单音节形容词，则两式可以互换。如果"W"是多音节的，则不能转换。例如："一天长一天"可以转换成"一个长似一个"；"一天知事儿一天"不能转换成"一天知事儿似一天"。因为"似"与单音节形容词连用作为比较的结果。同时 4. 2 式的格式有语义范围限制，主要用于时间维度上的对比，而 4. 1 式则无此限制，不限于时间维度上的对比。

三　一量＋不如似/赶不倒＋一量＋W（4. 3 式）

这一句式表示程度的逐渐减弱，属于递比句中的"不及式"。例如：

（12）我爸的身体一天不如似/赶不倒一天，看得伤心我爸的身体一天不如一天，看得我非常伤心。

（13）他屋的几个伢儿，一个不如似/赶不倒一个他家的几个孩子一个不如一个。

（14）你考试一回不如似/赶不倒一回你的考试成绩一次不如一次。

（15）现在农业生产一年不如似/赶不倒一年，还不如似出去打工现在在家务农一年不如一年，还不如出去打工。

（16）塔的原来是大地主，现在下衰了，一代不如似/赶不倒一代他家原来是大地主，现在都衰败了，一代不如一代。

其中"不如似"可以说成"不如"，二者之间是文白之别。

四　一量＋折不倒＋一量（4.4式）

这一句式一般用于表示价值的逐渐减弱，也属于递比句中的"不及式"。例如：

（17）山坡儿的些地，一块折不倒一块山坡儿那些土地，一块比不上一块。

（18）仿几年的收入，一年折不倒一年这几年的收入，一年比不上一年。

（19）你二父请的小工差伙得很，一个折不倒一个你的二叔请的农民工很差，一个比不上一个。

此格式中的"折不倒"可以换成"不如似/赶不倒"。相对而言，"不如似/赶不倒"的使用范围更广，而"折不倒"主要用于表示价值逐渐减弱的递比句中。

五　一量＋赶＋一量（4.5式）

这一句式表示程度的逐步加深，属于递比句中的"胜过式"，比较的基准可以出现在前也可出现在后。例如：

（20）他屋的伢儿长得齐整，一个赶一个的他家的孩子长得漂亮，一个比一个漂亮。

（21）这几天进的水果不错耶，一批赶一批的这几天进的水果很不错，一批比一批好。

（22）生意一年赶一年难做生意一年比一年难做。

这种句式用得较少，只在特定的语境中出现。

六 一量+比+一量+W (4.6 式)

这一句式应是受普通话的影响而出现的,较多地用在年轻人的日常口语中,也属于递比句中的"胜过"或"不及"。例如:

(23)他屋的几个媳妇一个比一个恶他家的几个媳妇一个比一个凶狠。

(24)岗上几棵板栗树一棵比一棵高,到时候打板栗么办怎么办?

(25)我园儿的韭菜一茬儿比一茬儿长吶好我家菜园的韭菜一茬儿比一茬儿长得好。

(26)二爷的猪婆下的细猪儿一窝儿比一窝儿吶多二爷家的种猪下的猪仔一窝儿比一窝儿多。

(27)这些时候一阵儿比一阵儿忙这段时候一阵儿比一阵儿忙。

(28)伪个办公室的人一个比一个夹生这个办公室的人一个比一个难打交道。

此式虽然是新派说法,但使用范围较广,4.1 式、4.2 式、4.3 式、4.4 式和 4.5 式都可以转换成 4.6 式。

七 越……越 (4.7 式)

两件事情都在变化,互相关联,共进共退。(吕叔湘,1980:367)

(29)越睡越有睡的时间越多瞌睡越多。

(30)越说越干说话越多嘴巴越干。

(31)越大越有相小孩长得越大越没有礼貌。

(32)越吃越胖,越胖越吃。

(33)越大越讨人嫌长得越大越让人讨嫌。

(34)越来越拐坏。

(35)越急越乱,越乱越急。

(36)越来越越格越来越出格。

表示一种倚变,也就是表达两种属性或两个事件之间程度上成正比关系。比如说例(1),睡的时间和瞌睡量之间成正比关系。英语中也是如此:The more he eats the fatter he gets.(越吃越胖)此类关联标记只适用于差比,不适用于等比。

递比句一般没有相应的否定式,只有反义句,如 4.1 式"一量+

W＋似＋一量"/4.2 式"一量＋W＋一量"/4.5 式"一量＋赶＋一量"/4.6 式"一量＋比＋一量＋W"句式，可以将比较结果"W"改成反义的形容词，形成反义句。而表示"不及"的4.3 式、4.4 式递比句因本身句式义的限制就无所谓否定式了。

第五节　极比句

极比句表示的是在某一范围内，一种事物在某种性状上胜过或不及同类的其他事物，实质上可以归入胜过句或不及句中。所比较对象 X 的范围比较宽泛，往往是遍指或者是任指的。因为结构特点特殊，所以另立为一类。

极比句的主要结构特点或表达方式有：（1）用表极量的程度副词"最/顶/到头"；（2）用含有任指性的词语。肯定式是胜过句，否定式是不及句。

一　肯定式

（一）（B）＋A＋顶/最＋W（5.1.1 式）

这种句式中，B 表示的是某一比较范围，而不是特指的比较对象，比较范围可以隐现。"顶/最"是程度义最深的副词，和普通话相同。例如：

（1）弟兄伙里几个中，他顶/最拐的 几个弟兄中，他最坏。

（2）他顶/最好吃的 他嘴巴最馋。

（3）他顶/最爱戳白儿 他最爱撒谎。

（4）他顶/最爱听闲话儿的。

（5）他顶/最夹生的 他最不好打交道。

（6）张永青顶/最爱点水的 张永青最爱打小报告。

（7）三毛儿顶/最不中用的，到这门儿还是寡汉条子一个 三毛儿最不中用的，到现在还是光棍儿一个。

（8）我顶/最不爱喝酒儿的，一喝酒身上痒。

（9）王爷家的媳妇儿生得顶/最细巧的 王阿姨家的儿媳妇生得漂亮小巧。

B 有时可以是表处所或时间的词语。例如：

（10）这汉阳房儿顶/最凉津里面的房间最凉快。

（11）这个弄儿里顶/最闷人这个巷子最不透气，很闷。

（12）这几年，数今年顶/最倒霉就是今年最倒霉。

（13）这门儿顶/最时兴喇叭裤儿现在最流行喇叭裤。

在这类句式中，"顶"作为比较词在罗田方言里显得更加地道、常用。李劼人《死水微澜》中也70余次用"顶"作为极量副词构成的极比句，该文比较范围B总是出现在句首。如：

（14）云集饭馆蒸炒齐备，就中顶出色的是猪肉片生焖豆腐。

（15）刘三金一没有事，就要到兴顺号来，她顶爱抱金娃子了。

（16）乡场上的场合，不比城内厅子上，是无明无夜的，顶晏最晚在三更时分，就收了场。

（17）他的幺伯，叫顾辉堂，是他亲属中顶亲的一房，也是他亲属中顶有钱的一房。

（18）玻璃彩画的也有，而顶多顶好看的总是绢底彩画的。

（19）他在半官半绅类中，算是顶富裕，顶有福气的了。

李劼人生于四川成都，祖籍湖北黄陂，其八世先祖李述明于清初逃荒入川，是"湖广填四川"移民潮裹挟的一分子。在他的代表作《死水微澜》中通篇没有出现程度副词"最"，更不用说"最"作为极量副词构成极比句。可见，"顶"字比较句是黄孝方言留下的抹不去的记忆。

（二）A + W + 到顶（5.1.2 式）

"到顶"指"达到顶点"，表示"A 在的 W 性质上程度最高、无以复加"，因此这种句式是极比句。在该句式中，"到顶"通常后置，比较结果值 W 多为"差、拐坏、穷、倒霉"等表示消极意义的形容词。例如：

（20）细时儿，我屋的穷到顶了，硬是连裤子都有得穿的小时候我家里穷极了，连裤子都没得穿的。

（21）他的数学成绩差到顶了，小考只考 8 分，结果初中就有得意思读了他的数学成绩差透了，小升初考试只考了8分，最终不好意思读初中了！

（22）筒个人拐到顶了，一天到黑想挖别个一坨这个人坏透了，一天到晚就想占别人的便宜。

（23）中儿真年倒霉到顶了，做么事败么事中儿今年倒霉透了，做什么都不成功。

此句式的比较范围隐含在语境中，不能出现，而且是人们约定俗成认定的一个比较大的范围。这点和 5.1.1 句式不同。例如：

（24）301 班，他顶拐他是 301 班中最坏的。 → *301 班，他拐到顶。

（25）兄弟几个中，运生混得顶差兄弟几人中，运生生活过得最差。 → *兄弟几个中，运生混得差到顶。

例（24）、（25）是把比较范围限制在较小的范围内，就不能用 5.1.2 句式，这与"到顶"的语义不符。山西灵丘方言中"最"字极比句也是如此，比较范围不能出现。与此相反，罗田方言"最"字极比句比较范围是能出现的，如例（24）、（25）将"顶"换成"最"，则是成立的，这也是方言之间各自演变的差异。

（三）B + 数 + A + W（5.1.3 式）

这一句式中 B 表示范围。这种格式所表示的胜过程度比 5.1.1 式稍弱一些。如果要强调比较结果的唯一性与代表性的作用，则可在 W 前面用"最"，句法格式为"B + 数 + 最 + A + W"，与普通话相同。例如：

（26）这几个人中，数你（最）过分。

（27）几个伢儿当中，数红儿成绩（最）好这个孩子当中，就红儿的成绩（最）好。

（28）连着好几年数今年雪（最）大连着好几年就今年雪（最）大。

（29）全班同学中，数他（最）不要脸。

（30）弟兄几个，数三胜高一点儿。

（31）门口几筐橘子，数这筐儿看相好点儿。

例（26）—（29）都可以在句式中插入"最"，表达顺畅，凸显极比句式义。但是例（30）—（31）句尾有比较量词"一点"，就不适宜再插入最高级的程度副词"最"。

罗田方言中"数"字句还有一个变体，即在"数"字前直接加一个范围副词"就"，在表达上有突出比较对象的唯一性与代表性的作用。其句法格式为"A + 就 + 数 + B + VP"，与普通话一致。也就是说凡"数"字句，都能加上"就"字形成"就数"句，山西灵丘方言也是如此。（温锁林、王跟国，2015）

（四）A（任指）比 +B（任指）+（还）+W（5.1.4 式）

这种句式表示 A 比任何 B 更 W，或任何 A 比 B 都 W。句式的特点是：A 或 B 可以分别是任指性的词语或含有任指义；用"比"引出被比项；"还"是程度副词，加强比较结果的程度；句末不用"些"是比较强的语气，用"些"是比较的补充量，同时有缓和语气的作用。例如：

（32）嘴痛比么事还狠_{牙痛比什么都厉害}。

（33）他的屋比哪个屋还大些_{他家的房子比不管谁家的房子都大一些}。

（34）哪个比他都强，折白吊谎的_{哪个比他都强，他喜欢撒谎}。

（35）做么事都比打栗子强，有招倒就从树上落下来了_{做什么都比打板栗强，一不小心就从树上掉下来了}。

刘丹青（2008：205）认为，普通话"比"字不在形容词和修饰它的基准之间，不符合联系项居中的原则，但使用这类差比句的方言也常有些补救手段，在中介位置上加一些辅助性的成分。具体而言，罗田方言中"比 NP"短语和形容词之间常常出现辅助性词语，其中有些带实义，如"还、都"这些辅助手段，见例（1）—（4）。

范围副词"都"的位置比较自由，既可以放置 A 之后，也可以放置于 B 之后，例如：

（36）嘴痛都比么事狠_{牙痛比什么都厉害}。

嘴痛比么事都还狠_{牙痛比什么都厉害}。

（37）他的屋都比哪个屋大些_{他家的房子比不管谁家的房子都大一些}。

他的屋比哪个屋都大些_{他家的房子比不管谁家的房子都大一些}。

（38）哪个都比他强，折白吊谎的_{哪个比他都强，他喜欢撒谎}。

哪个比他都强，折白吊谎的_{哪个比他都强，他喜欢撒谎}。

（39）做么事都比打栗子强，有招倒就从树上落下来了_{做什么都比打板栗强，一不小心就从树上掉下来了}。

做么事比打栗子都强，有招倒就从树上落下来了_{做什么都比打板栗强，一不小心就从树上掉下来了}。

据吕叔湘（1980：153）、朱德熙（1982：195）研究，普通话中"都"作为范围副词，表示总括全部，所总括的对象必须放在"都"前，如：大伙儿都同意。又据穆亚伟、汪国胜（2017）研究，河南辉县方言在此类格式中"都"也是可以任意放置于"A"和"B"之后，但是条件是只放置于任指义比较对象之后，语义指向于任指义。罗田方言与之相比较，则无此限制，位置灵活，既可以放在总括对象/任指对象前，也可以放在总括对象/任指对象后。

"比"的前面还经常使用范围副词"管"，"管"是"无论、不管"的意思，有周遍义，以强调 B 的任指性。例如：

（40）他的屋比管哪个屋大些他家的房子比不管谁家的房子都大一些。

（41）种田比管做么事累人种田比做什么都累。

（42）生产管哪个比他效干农活无论谁都比他强。

A 前常常带周遍义的范围副词"管、听、随、随便儿"，"听"是"任凭"义，"随/随便儿"表示"随便哪一个"；还可以在"比"前加相当于"都"的范围副词"下"，运用这些副词可以加强比较的任指性。相对而言，"听"的使用范围受限，而"管、随、随便儿"可以随意互换。例如：

（43）管/随/随便儿么事比种田强不管干什么都比种田强。

（44）管/随/随便儿哪个比他知事一些不管谁都比他懂事些。

（45）通湾的听/管/随/随便儿哪个比你下成器些全湾的人任凭哪个人都比你成器。

（46）这块山坡儿听/管/随/随便儿种么事比种小麦肯长些这块山坡地不管种什么都比种小麦容易生长一些。

（五）管/随＋A（任指）＋赶得倒＋B（5.1.5 式）

这种句式表示任何一个 A 都胜过 B。"赶得倒"可以说成"赶得上/比得上"；句首"管/随"是必备成分，强调比较项，加强任指的意义；比较词前可以加范围副词"下"；W 是隐含的。例如：

（47）管/随么事人赶得倒他不管什么人比他强。

（48）管/随哪个场儿下赶得倒河浦无论哪个地方都比得上河浦。

（49）管/随么事农家屋的饭赶得上餐馆儿的饭干净无论什么农家菜都比饭馆干净。

（50）管/随去哪儿玩下子赶得倒坐屋里不动不管去哪儿玩一下比得上坐在家里不动。

二 否定式

否定式有两种：一是用否定义的比较词（5.2.1 式/5.2.3 式），二是否定任指 X 项 5.2.2 式/5.2.4 式）。在下列句式中，罗田方言的"冇得"经常快读为"没"。

（一）A（任指）+冇得/不如+B+W（5.2.1 式）

这种句式表示任何 A 都不及 B。其结构特点是：A 表示任指或遍指，比较词是"冇得/不如"，后面带有比较的结果 W。比较词是"冇得"时，一定带有比较的结果。例如：

（51）是人冇得/不如他拐_{所有人都没/不如他坏}。

（51）是人冇得/不如他拐所有人都没/不如他坏。

（52）论辈分哪个冇得/不如他大论辈分哪个没有/不如他大。

（53）打么事冇得/不如打栗子累人，那个颈儿要一直昂着，酸死了得打什么都没得/不如打板栗累人，要一直仰着，脖子非常酸。

（54）喝酒任哪个冇得/不如酒壳子狠喝酒任何人没有/不如酒壳子厉害。

（55）哪挑儿谷冇得/不如这挑儿谷重哪担谷没有/不如这担谷重。

相比较而言，此格式中比较词"冇得"使用频度更高些。

（二）冇得+A（任指）+有/比+B+W（5.2.2 式）

5.2.1 式可以转换成：冇得+A（任指）+有/比+B+W，表示的意义相同，也是极比句。这种句式表示没有哪一个 A 胜过 B。例如：

（56）冇得人有/比他拐没有人比他坏。

（57）论辈分冇得哪个有/比他大论辈分没有谁比他大。

（58）冇得么事有/比打栗子累人，那个颈儿要一直昂着，酸死了得没有什么比打板栗累人，要一直仰着，脖子非常酸。

（59）喝酒冇得哪个有/比酒壳子狠喝酒没有谁比酒壳子厉害。

（60）冇得哪挑儿谷有/比这挑儿谷重没有哪担谷比这担谷重。

为了强调比较值 W，可以在"W"前加程度副词"还"来加强比较结果的程度，形成"冇得+A（任指）+有/比+B+还+W"，如：冇得人有/比他还拐没有谁比他还坏。

5.2.1 式与 5.2.2 式是同义句式，两式的"冇得"在语义上都是指向 A，但两式结构上也有差异："冇得"在 5.2.2 式中是否定 A；在 5.2.1 式中起比较词的作用。

（三）A（任指）＋不及于/不如似/赶不倒/敌不倒/不敌＋B＋（W）（5.2.3 式）

比较词是"不及于/不如似/赶不倒/敌不倒/不敌"否定义比较词时，比较结果可隐可现。句式中的"不及于/不如似/赶不倒/敌不倒/不敌"与"不如"同义，也可换成"不如"。例如：

（61）大热天的，么事汤不及于/不如似/赶不倒/敌不倒/不敌绿豆汤大热天，什么汤都不如绿豆汤。

（62）看么事也不及于/不如似/赶不倒/敌不倒/不敌看猪赚钱养什么也不如养猪赚钱。

（63）哪件衣服不及于/不如似/赶不倒/敌不倒/不敌这件衣服好看，你看几合贴什么衣服都不如这件好看，你看多么合身。

（64）文兵力真大，一湾的劳力不及于/不如似/赶不倒/敌不倒/不敌他满村子的男子汉都不如他。

（65）湖北随哪个大学都不及于/不如似/赶不倒/敌不倒/不敌武汉大学湖北不管哪个大学都不如武汉大学。

可以在 A 前加范围副词"管、听"，在"冇得"前加范围副词"下"，加强任指的意味。例如：

（66）管/听么事下不及于/不如似/赶不倒/敌不倒/不敌打牌重要不管什么事都没打牌来得重要。

（67）通湾里听/管那个下不及于/不如似/赶不倒/敌不倒得她爱嚼经整个湾里的人都没有谁比她更还爱扯皮。

5.2.3 式与 5.2.1 式的区别是：5.2.3 式后的 W 可隐可现，但 5.2.1 式的 W 一定要出现，否则句式不完整。试比较：

（68）大热天的，么事汤冇得绿豆汤好喝。→＊大热天的，么事汤冇得绿豆汤。

（69）看么事冇得看猪赚钱。→＊看么事冇得看猪

（四）冇得＋A（任指）＋赶（得）倒/敌得（倒）＋B＋W（5.2.4 式）

这种句式表示没有哪一个 A 比得上 B。"赶得倒"还可以说成"赶得上"。X 前可以用范围副词"下"，W 可以出现。口语交流需快速经济，"得"经常可以省略，不影响句意表达。例如：

（70）冇得么事人赶（得）倒/赶（得）上/敌（得）倒他没有什么人比得上他。

（71）冇得么事赶得倒/赶（得）上/敌（得）倒/折（得）倒兴桑树苗儿赚钱没有什么比得上种桑树苗赚钱。

（72）湾里几个道场，冇得哪个赶（得）倒这个道场大湾里的几个打谷场，没有哪个比得上这个道场大。

（73）冇得哪个赶（得）到你强没有人比你强。

以上诸例中，比较词"赶得倒"最常见，相比而言，"赶得上"比较文气；"折得倒"一般用于"价值"比较；"敌得倒"一般用于"人物活动"，使用范围受限。

第六节　问题讨论

一　罗田方言的比较句形式多样，大部分比较句式有对应的否定形式

跟普通话相比有同有异，且异大于同。其中表示胜过和不及的差比句的句式最为丰富，在罗田方言中使用频率较高。这与罗田人勤勤恳恳、争强好胜，一生都喜与他人对比有关。这样与他人比较高低不仅表现于日常生活行为中，而且渗透于日常的言语行为中，以期激励他人不断奋进，达到人生目标。

需要说明的是，本章介绍的比较句式，在使用时并不是绝对和单一的，具体在什么情况下使用哪一种或几种句式，不仅取决于本方言区的社会习惯，也取决于使用者个人的语言习惯。同一种意义可以用多种句式来表达，比如递比句、等比句、极比句中的各种形式，但是具体使用时又会有细微的差异。如，人们在表示事物比较的高下、优劣时，还常常采用委婉、含蓄的说法。如"我多多他点儿"，比较值 W 连用，中间稍作停顿，则"胜过"程度就降低了，说话者似乎更多地是为对方考虑。当然，人们在说理、争辩、生气时中有时也常采用强式说法，甚至几种差比句式交错运用，加强力度，增强语势。如我哪一点儿赶不倒他？挣钱我不少他一分，生产我把他强百倍比干农活比他强百倍，长相我不

差似他，个子我高过他，儿女也强似他，屋也做得比他好。

罗田方言在发展演变的过程中，不断融合了其他方言的特有说法，才最终形成了今天这种生动灵活而繁复芜杂的形式。

二 罗田方言的比较句式表现出南北兼收、古今并存的格局

赵金铭（2002）考察了汉语方言中不同形式的差比句，发现越往北越接近普通话句式，越往南古汉语的遗存成分越多。差比句式的这种从南向北的变化，与汉语历史语法的发展正相吻合。古代汉语的差比句与现代汉语南方方言相接近，近代汉语的差比句则接近现代汉语北方方言。而罗田方言处于华中地带，南北之交的长江流域，各种比较句式在此交融。如：

1.1.5 A＋W＋似＋B 他的手冰丝铁他的手冷得像铁。

1.2.3.1 A＋不＋同于＋B＋W 我不同于他，简霸强我不像他那样霸强。

2.4 A＋（不）＋W＋似＋B 今年要胜似往年今年要比往年强。

2.5 A＋W＋过＋B 他高过你他比你高。

2.8 A＋W＋B＋J 姐要大弟儿十几岁姐姐要比弟弟大十几岁。

3.2 A＋不及于＋B 看儿不及于看女儿养儿子不及于养女儿。

4.1. 一量＋W＋似＋一量 他老头儿的身体一年强似一年他父亲的身体一年比一年好。

古代汉语主要用"于"、间或用"过"，近代汉语主要用"似"或"过"。罗田方言还保留这些句式，同南部方言如阳江、汕头、广州、海南、贵州、海南、台湾、广西廉州等地方言一样。"这说明一个道理：语言共时的变异现象是历时演变过程的反映"。"语言的历时演变能对共时的语言结构作出进一步的解释"。①

2.1 A＋比＋B＋W＋（J） 他读书比你效他读书比你行。

3.1 A＋不比＋B＋W 甘蔗糖不比米糖甜。

3.4 A＋不像＋B＋W 骑自行车子不像骑摩托危险骑自行车不像骑摩托危险。

---

① 沈家煊：《不对称和标记论》，江西教育出版社 2005 年版，第 17 页。

3.6 A＋比不上＋B　四苕比不上五苕，五苕勤快些。

4.6 一量＋比＋一量＋W　他屋的几个媳妇一个比一个恶他家的几个
媳妇一个比一个凶狠。

5.1.1 （B）＋A＋最＋W　弟兄伙里几个中，他最拐的你个弟兄中，
他最坏。

5.1.3 B＋数＋A＋W　这几个人中，数你最过分。

5.1.4 A（任指）比＋B（任指）＋（还）＋W　嘴痛比么事还狠
牙痛比什么都厉害。

这些是广大北方地区典型的比较句，可以说遍及全国，罗田方言也
不例外。随着普通话推广、经济交融、交通便利、务工者大量的流动、
"互联网＋"在社会生活中的影响力越来越强，使用方言的范围越来越
小，这些因素会进一步加快上述格式的覆盖面，不排除成为汉语方言主
要比较句式的可能。

在南北方言、古今汉语语序不同的这几类结构方面，罗田方言尚未
完成从古到今、从南到北的演变，从而表现出南北兼收，古今并存的格
局，构成了汉语语法结构在空间上由南向北、在时间上由古到今推移演
变的居多中间环节。

有学者认为等比句式"A＋有＋B＋W"、极比句式"A（任指）＋
都＋得／不得＋B＋W"、递比句式"一量＋W＋似＋一量"、一般差比
句式"A＋W＋似＋B"这些说法，在江淮官话里是很有代表性的（姚
亦登 2013）。罗田方言属于江淮官话黄孝片，除了没有极比句"A（任
指）＋都＋得／不得＋B＋W"这一类说法外，其他三种都具备，说明
江淮官话黄孝片方言在比较句上与其他片方言既有共性，也有自己独
特性。

总的看来，方言的情况要比历史文献反映的情况复杂。这是因为方
言调查是集合了汉语共时平面上若干不同子系统比较句的情况，而历史
文献大体是反映了一种系统——共同语系统中比较句的历时演变，因而
方言的情况要复杂些，特别是处于南北交融地带的罗田方言更是如此。

三　"不如似"句与"不如"句

"不如似"的"似"在罗田方言读成［tsʅ·］。由于"似"似乎没

有实际意义，所以从语义上看，罗田方言的"不如似"比较句与现代汉语普通话中的"不如"句是相同的，"不如似"可以用"不如"来替换。但从其他方面来看，也还存在着一些差异：

第一，在形式上，普通话"A＋不如＋B＋（W）"中的"W"是可出现的，例如："老大的身体不如老二好"，"好"就是比较值，即使这里的"好"省略了，句子也说得通。但罗田方言"A＋不如似＋B"句中的 W 一般不出现而隐含于语境中。若 W 出现在句中，可能会导致句子很别扭甚至不通。

第二，在罗田方言中，"不如似"已经虚化成一个词，不再是短语，在比较句中，"不如似"连读，表示"不比某某差"的意思，所以这样"W"不能再出现，因为"不如似"已经暗含比较值"差"之义。我们推测这也是罗田方言"不如似"比较句中不允许"W"出现的原因。

第三，唐厚广（1997）《"不如"句研究》认为，现代汉语普通话中的某些"不如"句，虽利用语境附加的临时意义，使得 W 的语义具有积极义，但是就 W 本身的填充词语来看，有时候 W 可以是中性词语。例如：从我屋的到街上不如他屋的到街上路少。这个例句中的"少"本身并无积极或消极意义，在文中所表达的具体意思多是通过上下文语境获得的。对于这样的句子，普通话中是完全讲得通的，罗田话中却不一定能讲，会觉得复杂绕口。一般会改成：我屋的到街上方便些，近似他屋我家到县城方便些，比他家近。或者说，他屋的到街上好远，不如似我屋的他家到县城非常远，不如我家方便。

第七章 结语

　　本书以罗田方言句法为研究对象，在具体考察过程中，我们主要采取传统的描写法，借鉴吸收历史语法、构式语法、语言类型学、方言地理学、词汇语义语法等多种理论，参照一般现代汉语语法体系的基本框架，在田野调查的基础上，对罗田方言的特殊句法现象进行了描写，探求了其内部的句法规律，并作出一些力所能及的解释。本书整体论述了罗田方言的是非选择疑问句、被动句、处置句、双宾句、比较句等 5 种句式，这 5 种句式不管是在现代标准语共时语法研究领域，还是在古代汉语历时语法研究领域，都是热点、焦点，因而为方言句法研究提供了充足的理论基础和语料对比源。同时对罗田方言句法进行充分的描写与解释也可为汉语研究提供类型学参考。我们以罗田方言句法研究为出发点，注重比较，以点带面，从罗田方言延伸到江淮官话，从江淮官话延伸到赣语，从赣语延伸到具有亲缘关系的客家方言、湘语、吴语等，乃至将其放置于整个南部方言中，来考察罗田方言句式语法特点在其他方言中的分布，并试图探究这种分布的规律性以及成因。

一　本书的主要结论

（一）是非选择疑问句

　　罗田方言是非问句有：语调是非问，"哈"字问句，"唦"字问句和"啊"字问句。其中语调型是非问语境依赖性很强，是一种不自由的问句，"啊"字是非问只能算是罗田方言语调型是非问的一个变体，"哈"字问句、"唦"字问句是地道的罗田方言语气词是非问，但从功能意义上却并不等同于普通话的"吗"字是非问和"吧"字问，且使用频率也不高。因此从形式类别来看，没有所谓典型意义的"吗"字是非问和"吧"字问，这是罗田方言问句系统的典型特点；从功能上看，罗田方言的语调是非问与普通话中此类问句的功能基本相同，而"哈"字是非问，"哟"字是非问在功能上和普通话中的"吧"字问基本相同。就是非选择系统来看，罗田方言的是非问形式很少，并且只能表达低疑问程度的问句，真正高疑问度的问句，罗田方言无法用是非问来表达，必须借助正反问。

罗田方言的正反问，首先从使用形式上看，主要有三种类型："VP – Neg"式、"VP – Neg – VP"式和"VV（O）"式。

1. "VP – Neg"式。主要有两种："VP – 不""VP – 冇"，普通话中对应的是"VP – 不""VP – 没有"。"VP – 不"用在未然体中，"VP – 冇""VP – 没有"用在曾然体中。在这点上，普通话与罗田话基本相同，只是使用的否定词语不同。罗田方言中的"VP – Neg（prt）？"式正反问从汉语正反问句历史发展的层次来看，应属于古汉语"VP – Neg？"式正反问发展的存续，同古汉语和近代汉语具有一脉相承的关系。

2. "VP – Neg – VP"式。罗田方言主要有"V – Neg – V（O）"式这一种，而普通话中却有"VO – Neg – VO""VO – Neg – V""V – Neg – VO"这三种变体。它们之间的不同具体表现为以下五个方面：一是当句中谓语部分是动宾结构或双音节合成词时，罗田方言的正反问形式是"V – Neg – VO"或"A – Neg – AB"式，普通话则是"VO – Neg – VO"或"AB – Neg – AB"式，北京话在这种形式上还有一个变体："VO – Neg – V"或"AB – Neg – A"式。二是当句中谓语部分是动补短语时，罗田方言与普通话正反问形式上差异更加明显。罗田方言中有四种谓语部分正反问"V – 不 – V 得"表达式和一种补语位置的正反问"V 得 – A – 不 – A"式，而普通话只有一种谓语部分正反问"V 得 – A – V – 不 – A"表达式与一种补语位置的正反问"V 得 – A – 不 – A"式。从功能上看，罗田方言"V – 不 – V 得"的疑问焦点在动词谓语上，询问可能性，"V 得 – A – 不 – A"的疑问焦点在补语上，询问结果或目的；普通话前者对应的是"V 得 – A – V – 不 – A"，后者对应的是"V 得 – A – 不 – A"。三是罗田方言谓语中表示能性的动补结构"V – 不 – V 得"正反问句，因为与"能愿动词 + 动词性结构"同义，还能用能愿动词肯定否定重叠构成"M－不－MVP"格式来提问，只是用能愿动词格式不如"V－不－V得"格式地道、口语化，而在北京话只能用能愿动词构成的"M－不－MVP"格式或者是比较烦琐的"V得－A－V－不－A"格式。四是罗田方言正反问句还有在状语位置上的肯否定重叠，是北京话所未有的。但即使在罗田方言里，能构成这种正反问句的副词并不多，只是一种语言类推的作用，不是一种成熟的正反问句。五是罗田方言中使用"有冇有－NP?"式，没有"有冇有－VP?"式，普通话中有"有没有－NP?"式，也使用"有没有－VP?"式，武汉话中使用"有冇得－NP?"式，也使用"有冇－VP?"式。在这点上武汉话与普通话相同，说明普通话与武汉话都受到了近代汉语北方话中同类格式的遗留以及现代闽粤方言冇式的影响，而罗田处于偏远地区，未受到较浅层次的近代汉语遗留格式与闽粤方言的影响，所以还没有使用"有冇有－VP?"式。

3. "VV（O）"式。罗田方言重叠正反问既有单音节"AA"式，也有双音节"AAB"式，二者分别来自罗田方言中"A－不－A"式与"A－不－AB"式中否定词的脱落。罗田方言另一特殊的重叠式正反问则是省略掉正问小句的补语，保留否定词所形成的"VV不＋补语"重叠式正反问句。这是罗田方言比较独特的表达方式，相比而言，普通话与武汉话没有这类表达方式。

从使用的频率来看，罗田方言中使用频率最高的是"VP－Neg"式，其次是"VP－Neg－VP"式，再次是"VV（O）"式；普通话中使用频率最高的是"VP－Neg－VP"式，其次是"VP－Neg"式。

罗田话是以"VP－Neg"式为优势的反复问句系统，句尾否定的虚化受了一定的限制，由此影响了句尾疑问语气词的产生，这在一定程度上制约了"吗"字、"吧"字是非问在罗田方言中的生存空间，但罗田方言反复问句的丰富多样又弥补了罗田方言是非问不发达的缺失。可见，在方言是非选择问句系统中，正反问句与是非问句是互相竞争、互相制约的。

（二）被动句

罗田方言标记被动句中，"把"字被动标记是由给予义语法化为使役义，再由使役义语法化为被动义；"等"字由等待义语法化为使役义，再由使役义语法化为被动义；"尽"是由"任凭"义语法化为使役义，再由使役义语法化为被动义；"驮"字是由背负义语法化为遭受义，然后由遭受义语法为被动义。罗田方言"把""等""尽""驮"虚化程度相对于普通话"被"来说，虚化程度不及"被"字句高，它们除了被动用法以外，还有作为动词的主动用法。就罗田方言"把""等""尽""驮"被动标记内部虚化程度而言，"把" > "尽" > "等" > "驮"，同时这也是基于它们使用范围而言，所以它们的使用范围也是"把"字句 > "尽"字句 > "等"字句 > "驮"字句。其中"把"字句使用范围最大，是罗田方言中最常用的被动标记词；"驮"字句使用范围最小，并且还保留了强烈的遭受义动词特征，"驮"字的被动表示法在罗田方言里还处在扩展和扩散的过程中，还没有最终实现语法创新，但此现象也应引起我们足够的重视；"等"字被动句相对"驮"字句次之，经常用于疑问句和祈使句之中，与"把"字句、"尽"字句形成互补分布。

在罗田方言里，标记被动句 NP_2 的隐现还与标记词语法化途径有关，而标记词的语法化途径与标记词本身的语义特征是密切相关的。具体而言，"把""等""尽"以及普通话中的"叫（教）""让"被动句都是从使役句演变而来，源结构中的 NP_2 强制性共现与这一句法属性仍然"滞留"在后来的被动式里。汉语"被"字句及罗田方言里的"驮"字被动句源于话题句"$S + V_{动词} + V_{宾语}$"，经过重新分析和扩展，"被"字式和"驮"字式具有"$N_{受事} + M_{标记词} + V_{宾语}$"与"$N_{受事} + M_{标记词} + N_{施事} + V_{谓语动词}$"这两种交替的形式，因此"遭遇义"特征词不要求 NP_2 必现。

"把"字句、"等字句"、"尽"字句、"驮"字式之间在罗田方言里四合共存，并不是同一方言的历时更新，而是不同方言语法成分之间的竞争与叠置。就现在罗田方言被动句的使用状况而言，"把"字被动句式是最常用的句式，"尽"字句次之，而"等"字句主要用在祈使句、疑问句中，"驮"字句使用最少。由于受标准语、书面语及湖北境内其他"把"字句显著的句法范畴的多重影响，"等"字句、"驮"字句将会退出历史舞台，而"尽"字句也会缩小使用范围，"把［ma］"字句会坚守一段时间，但在坚守时有可能发生音变，与武汉方言一样，音变为〔pa〕。

（三）处置句

罗田方言有 16 种处置式，从不同形式标记入手，可以分为这样 5
类：（1）无标记型；（2）单"把"字句；（3）多"把"字句；（4）句
末复指式；（5）混合式。当谓语为连动式、兼语式，动词后带其他成
分，以及动词后无其他连带成分但动词前有"当""朝"等介词结构
时，所受的句法限制较少，基本都能用在各式处置式中。为单"把"
字句或多"把"字句时，罗田方言处置句与普通话和其他方言一样，
谓语不能为光杆动词；当含有句末复指"他"的处置式（即 F 式和 H
式），罗田方言处置句与普通话和其他方言不一样，谓语可以为光杆动
词，这可能与句末复指的"他"在此有完句的功效有关。只要句式中
未出现"把₃"，罗田方言处置句式中的否定副词"不"可以用在"把"
字后面。罗田方言有多种表示处置句的说法，但都有一定的规律，就是
用多种表处置的语法手段相互复合的结果，其中有 3 种形式是使用
"把"字，1 种是"句末复指式"，这 4 种形式相当活跃，都可以并用，
也可以分开使用。其结构有 5 种用单一形式（W 类、D 类三种和 F
类），6 种用两种形式（S 类前三种和 H 类前三种），4 种用三种形式
（S₄ 与 H₄、H₅、H₆）和 1 种用四种形式（H₇）的处置句。汉语方言中
用单一形式或双重形式表示的处置式比较常见，像罗田方言这样用 3 种
甚至是 4 种形式的目前来看还是比较少见的。罗田方言的无宾把字句中
的"把₃"处置副词来自介词复指把字句中复指代词的脱落，复指代词
脱落后，因为"把₃"经常和范围副词"下"连用，沾染上"全部、
都"的意思，当"下"省略情况下，也可以表示"全部、都"的意思，
当"下"存在的情况下，就只表示处置副词的意义。

（四）双宾语句

罗田方言的双宾句有两种语序，构成了两种句法格式，一种是句式
"S + V + O_间 + O_直"（Ⅰ式）这类格式是普通话所固有的；另一种是
"S + V + O_直 + O_间"（Ⅱ式），这类格式是普通话所未有的，是罗田方言
的特有的双宾语序。另外一种和双宾句有密切关系的，就是在间接宾语
前加入介引成分的"S + V + O_直 + X + O_间"（Ⅲ式），因为加入了介引成
分"得"，句法结构得以改变，但是表达的句式意义与双宾句相同。能

够进入罗田方言双宾句的动词主要有："把送"类、"抢扯"类、"租借"类、"其他"类（包括"叙称"类、"差欠"类、"泼洒"类、"花用"类、"制作"类、"放置"类、"急吓"类）。表示"给予"句式义的，一般可以选用Ⅱ式或Ⅰ式，其中以Ⅱ式为常，表示"取得"义双宾句只能使用句式Ⅰ。只有间接宾语居后的句式Ⅱ才可以用介词"得"，这些间接宾语居后的句式Ⅱ通常被赋予了"给予"义，因而罗田方言中特殊的句式Ⅱ有可能来自句式Ⅲ中的介词"得"的省略。罗田方言介宾补语式的介入成分"得/倒"来自给予动词的词义引申虚化、句法环境影响、句法结构演变合力作用的结果。

（五）比较句

罗田方言的比较句一共有三种类型：平比句、差比句、极比句。因差比句比较复杂，我们将差比句进一步分解为几个次类（胜过句、不及句、递比句）来细化和深化对差比句的观察和分析。其中平比句分为肯否定两大类一共10小类，胜过句9小类，不及句7小类，递比句7小类，极比句两大类共9小类。比较词在方言中所用的形式不尽相同，就罗田方言而言，所常用的比较词主要有"把/比、不敌/不及、跟……一样/差不多、强似/胜似、有/没/有得、如似/及于、不如似/不让似/不及于/不同于、最/顶/到头"等。而罗田方言处于华中地带，南北之交的长江流域，各种比较句式在此交融。在南北方言、古今汉语语序不同的这几类结构方面，罗田方言尚未完成从古到今、从南到北的演变，从而表现出南北兼收，古今并存的格局，构成了汉语语法结构在空间上由南向北、在时间上由古到今推移演变的居多中间环节（如"于"字句、"似"字句、"过"字句）。

二　本书的局限和今后努力的方向

本书只选择了罗田方言中一部分特殊的句法现象作为研究对象，没有对整个罗田方言句法进行宏观系统的描写，如"否定句""紧缩句"等都值得继续深入研究。"把"字句、"等"字句、"尽"字句、"驮"字句在罗田方言里四合共存，并不是同一方言的历时更新，多种被动标记在同一方言中共存的原因，也因个人能力的限制没有解释得非常透彻；目前方言句法研究成果相对较少，资料来源有限，期望与赣语全方

位的比较研究难以实现。这些都是以后努力的方向，需要在后续工作中
继续完成、完善。

　　针对以上局限，在今后的研究中，将加大调查力度，扩大语料的收
集范围，尽可能获得更多有价值的语料；同时加强理论修养，对罗田方
言否定句、紧缩句等其他句式进行详细描写、探究。我们相信，在掌握
大量的汉语方言语法事实的前提下，在对罗田方言的整个句法进行比较
系统、全面的描写研究后，一定能对整个鄂东方言乃至江淮官话作一些
有价值的比较研究。

参考文献

一　期刊论文

陈初生：《早期处置式略论》，《中国语文》1983 年第 3 期。

陈刚：《北京人口头不规范字音分析》，《文字改革》1985 年第 6 期。

陈立中：《试论湖南汝城话的归属》，《方言》2002 年第 3 期。

陈淑梅：《鄂东方言"VP 是不 VP 的"格式》，《方言》2001 年第 3 期。

陈淑梅：《鄂东方言"把得"被动句》，《湖北师范学院学报》（哲学社会科学版）2005 年第 4 期。

陈淑梅：《鄂东方言的副词"把"》，《汉语学报》2006 年第 1 期。

曹逢甫：《从主题——评论的观点看"把"字句》，《中国语言学报》1987 年第 1 期。

曹志耘：《金华汤溪方言的"得"》，《语言研究》2001 年第 2 期。

崔希亮：《"把"字句的若干句法语义问题》，《世界汉语教学》1995 年第 3 期。

丁加勇：《汉语方言句末"着"的类型学考察》，《常德师范学院学报》（社会科学版）2003 年第 1 期。

邓思颖：《从南雄珠玑方言看被动句》，《方言》2004 年第 2 期。

傅惠钧：《明清汉语正反问句的分布及其发展》，《古汉语研究》2004 年第 2 期。

傅惠钧：《略论近代汉语"VnegVP"正反问》，《语言教学与研究》2010 年第 5 期。

傅惠钧：《否定词后置处置式类型探讨》，《浙江师范大学学报》（哲学社会科学版）2014 年第 4 期。

范继淹：《是非问句的句法形式》，《中国语文》1982 年第 6 期。

范晓：《动词的配价与汉语的把字句》，《中国语文》2001 年第 4 期。

郭攀：《湖北浠水方言中的叠合式正反问》，《中国语文》2003 年第 3 期。

郭熙：《"放到桌子上""放在桌子上""放桌子上"》，《中国语文》1986 年第 1 期。

龚千炎：《现代汉语里的受事主语句》，《中国语文》1980 年第 5 期。

顾黔：《从丹阳方言看江淮官话与吴语的分界》，《山西大学学报》（哲学社会科学版）2006 年第 5 期。

干敏：《九江方言中的处置式"佢"字句》，《现代语文》（文学研究）2011 年第 7 期。

黄伯荣：《广州话补语宾语的词序》，《中国语文》1959 年第 6 期。

黄婧：《巴东方言中的被动标记研究》，《绵阳师范学院学报》2017 年第 9 期。

黄健秦：《"有"类平比标记的来源、发展及其机制》，《对外汉语研究》2010 年第 1 期。

黄磊：《邵东方言的"把"字句》，《邵阳学院学报》（社会科学版）2004 年第 6 期。

黄晓雪：《方言中"把"表处置和表被动的历史层次》，《孝感学院学报》2006 年第 4 期。

黄晓雪：《汉语方言与事介词的三个来源》，《汉语学报》2007 年第 1 期。

黄正德：《汉语动词的题元结构与其句法表现》，《语言科学》2007 年第 4 期。

胡乘玲：《湖南东安官话方言的副词重叠式反复问句》，《方言》2018 年第 1 期。

胡德明：《安徽芜湖清水话中的"无宾把字句"》，《中国语文》

2006 年第 4 期。

何洪峰、程明安：《黄冈方言的"把"字句》，《语言研究》1996 年第 2 期。

何洪峰：《黄冈方言的比较句》，《语言研究》2001 年第 4 期。

何亮：《方言中"等"字表被动的成因探析》，《语言科学》2005 年第 1 期。

何忠东、李崇兴：《汉语"使役""被动"规律性演变的方言佐证——汉寿方言的"等"字被动句》，《武汉理工大学学报》2004 年第 2 期。

华娇：《通山方言中"得"的几种用法》，《文教资料》2011 年第 8 期。

江蓝生：《被动关系词"吃"的来源初探》，《中国语文》1989 年第 5 期。

金立鑫：《"把"字句的句法、语义、语境特征》，《中国语文》1997 年第 6 期。

蒋绍愚：《把字句略论——兼论功能扩展》，《中国语文》1997 年第 4 期。

刘承峰：《能进入"被/把"字句的光杆动词》，《中国语文》2003 年第 5 期。

刘丹青：《苏州方言的发问词与"可 VP"句式》，《中国语文》1991 年第 1 期。

刘丹青：《汉语给予类双及物结构的类型学考察》，《中国语文》2001 年第 5 期。

刘坚、曹广顺、吴福祥：《论诱发汉语词汇语法化的若干因素》，《中国语文》1995 年第 3 期。

刘祥柏：《江淮官话的分区》（稿），《方言》2007 年第 4 期。

刘兴策：《试论"楚语"的归属》，《华中师范大学学报》（哲学社会科学版）1988 年第 4 期。

刘月华：《语调是非问句》，《语言教学与研究》1988 年第 2 期。

刘子瑜：《敦煌变文中的选择疑问句式》，《古汉语研究》1994 年第 4 期。

刘子瑜:《〈朱子语类〉反复问句研究——兼论反复问句历史发展中的相关问题》,《长江学术》2011 年第 3 期。

刘世儒:《被动式的起源》,《语文学习》1956 年第 8 期。

林华勇、李敏盈:《从廉江方言看粤语"佢"字处置句》,《中国语文》2019 年第 1 期。

林焘:《现代汉语轻音和句法结构的关系》,《中国语文》1962 年第 7 期。

陆丙甫:《指人名词组合语序的功能解释——从形式描写到功能解释的一个个案》,《中国语文》2005 年第 4 期。

陆俭明:《再谈"吃了他三个苹果"一类结构的性质》,《中国语文》2002 年第 4 期。

陆俭明:《关于汉语方言语法调查研究之管见》,《语言科学》2004 年第 2 期。

李临定:《"被"字句》,《中国语文》1980 年第 6 期。

李讷、石毓智:《汉语比较句嬗变的动因》,《世界汉语教学》1998 年第 3 期。

李军:《明代湖北罗田方言语音的若干特征》,《语言科学》2012 年第 2 期。

李文浩:《江苏淮阴方言的重叠式反复问句》,《中国语文》2009 年第 2 期。

李宇明:《领属关系与双宾句研究》,《语言教学与研究》1996 年第 3 期。

李宇明:《动词重叠的若干句法问题》,《中国语文》1998 年第 2 期。

李荣:《官话方言的分区》,《方言》1985 年第 1 期。

李小华:《客家方言的处置标记及其句式》,《殷都学刊》2013 年第 1 期。

李晓钰:《湖南岳阳市区方言的"落"字被动句》,《城市学刊》2019 年第 1 期。

李焱:《〈醒世姻缘传〉正反疑问句研究》,《古汉语研究》2003 年第 3 期。

兰小云、刘利新：《耒阳方言的"得"字及其相关句式》，《毕节学院学报》2014 年第 5 期。

林素娥：《汉语南方方言倒置双宾结构初探》，《语言科学》2008 年第 3 期。

罗福腾：《山东方言比较句的类型及其分布》，《中国语文》1992 年第 3 期。

罗昕如、彭红亮：《广西湘语的重叠式反复问句》，《汉语学报》2012 年第 4 期。

吕珊珊、彭大兴旺：《湖南平江赣语中的"落"字被动句》，《语言科学》2020 年第 2 期。

吕文蓓：《"AB 不 AB"格式疑问句再探》，《现代语文》（语言研究版）2009 年第 2 期。

梅祖麟：《现代汉语选择问句法的来源》，《中央研究院历史语言研究所集刊》1978 年第 49 辑。

梅祖麟：《唐宋处置式的来源》，《中国语文》1990 年第 3 期。

梅光泽：《宿松话中的一种特殊双宾句》，《淮北煤炭师范学院学报》（哲学社会科学版）2004 年第 6 期。

穆亚伟、汪国胜：《河南辉县方言的比较句》，《汉语学报》2017 年第 3 期。

聂小站：《益阳方言"把得"一词的用法》，《和田师范专科学校学报》（汉文综合版）2005 年第 3 期。

彭冠男、李燕：《小论黄州方言中的被动句》，《安徽文学》（下半月）2006 年第 9 期。

桥本万太郎：《汉语被动式的历史·区域发展》，《中国语文》1987 年第 1 期。

戚晓杰：《明清山东方言"X + VP + 比较标记 + Y"式差比句研究》，《语言科学》2006 年第 5 期。

屈承熹：《汉语功能语法刍议》，《世界汉语教学》1998 年第 4 期。

饶春、王煜景：《处置式起源与演变研究述评》，《现代语文》（语文研究版）2012 年第 12 期。

宋金兰：《汉藏语是非问句语法形式的历史演变》，《民族语文》

1995 年第 1 期。

宋艳欣：《语料库视角观照下汉语 VP – neg – VP 式反复问句的形成与发展》，《渤海大学学报》（哲学社会科学版）2018 年第 1 期。

邵敬敏、周芍：《汉语方言语法研究的现状与思考》，《暨南大学学报》（人文科学与社会科学版）2005 年第 1 期。

邵敬敏：《是非问内部类型的比较以及"疑惑"的细化》，《世界汉语教学》2012 年第 3 期。

邵宜：《赣语宜丰话"得"的研究》，《语文研究》2007 年第 1 期。

沈家煊：《如何处置"处置式"——论把字句的主观性》，《中国语文》2002 年第 5 期。

施其生：《汕头方言的反复问句》，《中国语文》1990 年第 3 期。

石毓智、李讷：《十五世纪前后的句法变化与现代汉语否定标记系统的形成——否定标记"没（有）"产生的句法背景及其语法化过程》，《语言研究》2000 年第 2 期。

石毓智：《汉英双宾结构差别的概念化原因》，《外语教学与研究》2004 年第 2 期。

石毓智、刘春卉：《汉语方言处置式的代词回指现象及其历史来源》，《语文研究》2008 年第 3 期。

石毓智、王统尚：《方言中处置式和被动式拥有共同标记的原因》，《汉语学报》2009 年第 2 期。

盛银花：《湖北安陆方言的双宾句》，《湖北第二师范学院学报》2012 年第 9 期。

孙叶林：《邵阳方言"把"字研究》，《衡阳师范学院学报》2005 年第 4 期。

孙叶林：《邵阳方言特殊双宾句 S + V + O$_直$ + O$_间$》，《湖南文理学院学报》（社会科学版）2006 年第 1 期。

孙立新：《户县方言的把字句》，《语言科学》2003 年第 6 期。

汤青妹、黎超：《江淮官话与吴语交界地带方言研究——以江苏高淳为个案考察》，《文学教育》2013 年第 4 期。

唐厚广：《"不如"句研究》，《锦州师范学院学报》（哲学社会科学版）1997 年第 2 期。

唐钰明：《论先秦汉语被动式的发展》，《中国语文》1985 年第 4 期。

唐钰明：《论上古汉语被动式的起源》，《学术研究》1985 年第 5 期。

唐钰明：《汉魏六朝被动式略论》，《中国语文》1987 年第 3 期。

唐钰明：《唐至清的"被"字句》，《中国语文》1988 年第 6 期。

吴福祥：《从"VP－neg"式反复问句的分化谈语气词"麼"的产生》，《中国语文》1997 年第 1 期。

吴福祥：《再论处置式的来源》，《语言研究》2003 年第 3 期。

汪化云、郭水泉：《鄂东方言的把字句》，《黄冈师专学报》1988 年第 1 期。

汪化云：《双宾句的再认识》，《黄冈师专学报》1993 年第 3 期。

汪化云：《中学应当加强规范的语音、语法、词汇教学——高考阅卷后的思考》，《中学语文》2000 年第 1 期。

汪化云：《黄冈方言的指示代词》，《语言研究》2000 年第 4 期。

汪化云：《团风方言变调构词现象初探》，《中南民族学院学报》（人文社会科学版）2001 年第 4 期。

汪化云：《黄冈方言中的类双宾句》，《黄冈师范学院学报》2003 年第 1 期。

汪化云：《关于江淮官话黄孝片的两点意见》，《方言》2005 年第 4 期。

王东、罗明月：《河南罗山方言"把＋O＋V＋它"式处置式》，《信阳师范学院学报》（哲学社会科学版）2007 年第 6 期。

王健：《从苏皖方言体助词"著"的表现看方言接触的后果和机制》，《中国语文》2008 年第 1 期。

王求是：《孝感方言的"得"字句》，《湖北工程学院学报》2018 年第 4 期。

王兴才：《重庆方言"得（dei）"来源考察》，《重庆三峡学院学报》2008 年第 5 期。

王森、王毅、姜丽：《"有没有/有/没有＋VP"句》，《中国语文》2006 年第 1 期。

王世华：《扬州话里两种反复问句共存》，《中国语文》1985 年第 6 期。

王树瑛：《恩施方言的被动标记"着"》，《汉语学报》2017 年第 2 期。

王统尚、石毓智：《汉魏被动构式演变的动因》，《语言研究》2019 年第 3 期。

魏培泉：《论古代汉语中几种处置式在发展中的分与合》，《中国境内语言暨语言学》1997 年第 4 辑。

温锁林、王跟国：《灵丘方言几种特殊的极量比较句》，《语言研究》2015 年第 2 期。

伍铁平：《词义感染》，《语文研究》1984 年第 3 期。

薛凤生：《试论"把"字句的语义特性》，《语言教学与研究》1987 年第 1 期。

邢福义：《"有没有 VP"疑问句式》，《华中师范大学学报》（哲学社会科学版）1990 年第 1 期。

邢福义：《小句中枢说的方言续证》，《语言研究》2001 年第 1 期。

邢向东：《论现代汉语方言祈使语气词"着"的形成》，《方言》2004 年第 4 期。

辛永芬：《豫北浚县方言的代词复指型处置式》，《中国语文》2011 年第 2 期。

向柠、贝先明：《湖南武冈方言被动句研究》，《宁夏大学学报》（人文社会科学版）2010 年第 2 期。

项开喜：《安徽枞阳方言的"把"字句》，《方言》2016 年第 3 期。

项梦冰、曹晖：《大陆的汉语方言语法研究》，《云南师范大学学报》（哲学社会科学版）1992 年第 6 期。

习晨：《赣语樟树方言中的"得"》，《铜仁学院学报》2019 年第 3 期。

萧红、徐英：《试论湖北境内江汉流域方言格局的历史演变与历代移民潮的关系》，《长江学术》2013 年第 1 期。

萧红：《也说中古双宾语结构的形式与发展》，《古汉语研究》1999 年第 1 期。

萧国政：《武汉方言"着"字与"着"字句》，《方言》2000 年第 1 期。

徐丹：《关于汉语里"动词＋X＋地点词"的句型》，《中国语文》1994 年第 3 期。

徐燕青：《"没有"型比较句的初步考察——兼及"不像"型比较句》，《世界汉语教学》1997 年第 1 期。

徐阳春：《南昌话"得"字研究》，《南昌大学学报》（社会科学版）1998 年第 4 期。

徐英、萧红：《罗田方言乡村绰号语言学研究》，《湖北社会科学》2014 年第 9 期。

徐英：《南北朝时期被动句的南北异同》，《湖北社会科学》2017 年第 6 期。

徐英：《汉语方言"把"字被动标记词的地理分布特点研究》，《西藏大学学报》（社会科学版）2016 年第 4 期。

徐英：《罗田方言的"尽"字被动句》，《华中学术》2017 年第 4 期。

谢文芳：《嘉鱼方言双宾句的配价研究及认知分析》，《咸宁学院学报》2010 年第 3 期。

解正明：《把字句跨方言分析及其生成机制探讨》，《伊犁教育学院学报》2006 年第 2 期。

许卫东：《山东招远话中的 AA 式和 AAB 式正反问句》，《中国语文》2005 年第 5 期。

姚亦登：《江苏高邮方言的比较句》，《渭南师范学院学报》2013 年第 3 期。

杨永龙：《汉语方言先时助词"着"的来源》，《语言研究》2002 年第 2 期。

余义兵：《再论双宾语句的构式语义——兼谈双宾语句的范围和分类》，《汉语学习》2019 年第 3 期。

俞理明：《〈太平经〉中非状语地位的否定词"不"和反复问句》，《中国语文》2001 年第 5 期。

杨国文：《汉语"被"字式在不同种类的过程中的使用情况考察》，

《当代语言学》2002 年第 1 期。

叶友文:《隋唐处置式内在渊源分析》,《Journal of Chinese Linguis-tics》1988 年第 1 期。

詹伯慧、李元授:《鄂南蒲圻话的词汇语法特点》,《武汉大学学报》(社会科学版)1987 年第 5 期。

占升平:《常宁方言中"得"的语法化》,《遵义师范学院学报》2010 年第 1 期。

占升平:《常宁方言中的处置式》,《铜仁学院学报》2013 年第 5 期。

左林霞:《孝感方言的标记被动句》,《语言研究》2004 年第 2 期。

左福光:《四川宜宾方言的被动句和处置句》,《方言》2005 年第 4 期。

祝敏彻:《汉语选择问、正反问的历史发展》,《语言研究》1995 年第 2 期。

朱冠明:《比喻词的历时更替》,《修辞学习》2000 年第 5、6 期合刊。

朱建颂:《武汉方言的重叠式》,《方言》1987 年第 1 期。

朱德熙:《与动词"给"相关的句法问题》,《方言》1979 年第 2 期。

朱佳蕾、花东帆:《被动主动句——认识把字句句法语义的新视角》,《语言教学与研究》2018 年第 1 期。

朱晓农:《内爆音》,《方言》2006 年第 1 期。

朱晓农、刘泽民、徐馥琼:《自发新生的内爆音——来自赣语、闽语、哈尼语、吴语的第一手材料》,《方言》2009 年第 1 期。

张安生:《甘青河湟方言的差比句——类型学和接触语言学视角》,《中国语文》2016 年第 1 期。

张大旗:《长沙话"得"字研究》,《方言》1985 年第 1 期。

张伯江:《现代汉语的双及物结构式》,《中国语文》1999 年第 3 期。

张伯江:《被字句和把字句的对称与不对称》,《中国语文》2001 年第 6 期。

张博:《组合同化:词义衍生的一种途径》,《中国语文》1999 年第 2 期。

张林林:《九江方言中的"等"字句》,《九江师专学报》(哲学社会科学版)1989 年第 2、3 期合刊。

张俊阁:《汉语否定处置句研究》,《浙江大学学报》(人文社会科学版)2015 年第 5 期。

张旺熹:《"把字结构"的语义及其语用分析》,《语言教学与研究》1991 年第 3 期。

张旺熹:《"把"字句的位移图式》,《语言教学与研究》2001 年第 3 期。

张伟然:《楚语的演替与湖北历史时期的方言区域》,《复旦学报》(社会科学版)1999 年第 2 期。

张小克:《长沙方言的介词》,《方言》2002 年第 4 期。

张艳玲:《广水话的处置句》,《华中学术》2016 年第 2 期。

张志华:《湖北罗田方言中"差"的重叠形式》,《汉语学报》2005 年第 3 期。

张振兴:《现代汉语方言语序问题的考察》,《方言》2003 年第 2 期。

赵新:《论"V–Neg"式反复问句的分化演变》,《湖北教育学院学报》1994 年第 1 期。

赵金铭:《汉语差比句的南北差异及其历史嬗变》,《语言研究》2002 年第 3 期。

赵金冠:《"大 + 时间名词 + 的"的后续句的匹配规律》,《现代语文》2006 年第 9 期。

周偈琼、林源:《衡阳话的"得"》,《衡阳职业技术学院学报》2009 年第 1 期。

周乃刚:《现代汉语方言被动关系词语义类型与类型化层次》,《广西民族大学学报》(哲学社会科学版)2007 年第 6 期。

周士宏:《汉语被动标志的类型学考察》,《汉语学报》2005 年第 3 期。

周芸:《句容方言的"把"字被动句》,《唐山师范学院学报》2007

年第 3 期。

Peyraube. Alain. *History of the Comparative Construction in Chinese from the 5th Century B. C. to the 14th Century A. D.* Proceedings on the Second International Conference on Sinology Academia Sinica. Taipei，Taiwan，1989.

Xu，L. & A. Peyraube. *On the Double − Object Construction and the Oblique Construction in Cantonese.* Studies in Language 21 − 1：105 − 127. 1997.

二 专著

曹广顺、遇笑容：《中古汉语语法史研究》，巴蜀书社 2006 年版。

崔振华：《益阳方言研究》，湖南教育出版社 1998 年版。

陈满华：《安仁方言》，北京语言学院出版社 1995 年版。

陈建民：《现代汉语句型论》，语文出版社 1986 年版。

储泽祥：《邵阳方言研究》，湖南教育出版社 1998 年版。

唐爱华：《宿松方言研究》，文化艺术出版社 2005 年版。

邓思颖：《汉语方言语法的参数理论》，北京大学出版社 2003 年版。

范晓：《汉语的句子类型》，书海出版社 1998 年版。

冯春田：《近代汉语语法研究》，山东教育出版社 2000 年版。

冯胜利：《汉语的韵律、词法与句法》，北京大学出版社 1997 年版。

何乐士：《〈史记〉语法特点研究》，商务印书馆 2005 年版。

黄伯荣：《汉语方言语法类编》，青岛出版社 1996 年版。

何亚南：《〈三国志〉和裴注句法专题研究》，南京师范大学出版社 2001 年版。

蒋绍愚、曹广顺：《近代汉语语法史研究综述》，商务印书馆 2005 年版。

刘丹青：《语法调查研究手册》（第一版），上海教育出版社 2008 年版。

刘纶鑫：《客赣方言比较研究》，中国社会科学出版社 1999 年版。

刘坚、蒋绍愚：《近代汉语语法资料汇编》，商务印书馆 1992 年版。

林连通、陈章太：《永春方言志》，语文出版社 1989 年版。

林立芳、庄初生：《南雄珠玑方言志》，暨南大学出版社 1995 年版。

林寒生：《闽东方言词汇语法研究》，云南大学出版社 2002 年版。

李如龙、张双庆：《客赣方言调查报告》，厦门大学出版社 1992 年版。

李如龙、张双庆主编：《动词谓语句》，暨南大学出版社 1997 年版。

李荣：《现代汉语方言大词典》（综合本），江苏教育出版社 2002 年版。

吕叔湘：《中国文法要略》，商务印书馆 1947 年版。

吕叔湘：《现代汉语八百词》，商务印书馆 1980 年版。

吕叔湘：《吕叔湘全集》，辽宁教育出版社 2002 年版。

罗田县地方志编撰委员会：《罗田县志》，中华书局 1998 年版。

罗田县地方志编撰委员会：《罗田县志》，武汉出版社 2012 年版。

罗田县人民政府主办，罗田县地方志办公室重刊：《罗田县志》，嘉靖二十一年刻本、康熙四年印本、光绪元年印本 2013 年版。

罗昕如：《新化方言研究》，湖南教育出版社 1998 年版。

罗自群：《现代汉语方言持续标记的比较研究》，中央民族大学出版社 2006 年版。

黎锦熙：《新著国语文法》，商务印书馆 1924 年版。

黎锦熙、刘世儒：《汉语语法教材》，商务印书馆 1959 年版。

莫超：《白龙江流域汉语方言语法研究》，中国社会科学出版社 2004 年版。

马建忠：《马氏文通》，商务印书馆 1898 年版。

钱曾怡：《山东方言研究》，齐鲁书社 2001 年版。

屈哨兵：《现代汉语被动标记研究》，华中师范大学出版社 2008 年版。

沈家煊：《不对称和标记论》，江西教育出版社 1999 年版。

邵敬敏：《现代汉语疑问句研究》，华东师范大学出版社 1996 年版。

邵敬敏：《汉语语法的立体研究》，商务印书馆 2000 年版。

邵敬敏：《现代汉语通论》（第二版），上海教育出版社 2007 年版。

盛银花：《安陆方言语法研究》，华中师范大学出版社 2010 年版。

唐爱华：《宿松方言研究》，文化艺术出版社 2005 年版。

王文虎、张一舟、周家筠：《四川方言词典》，四川人民出版社 1987 年版。

王力:《中国语法理论》,商务印书馆 1944 年版

王力:《中国现代语法》,中华书局 1944 年版。

汪国胜:《大冶方言语法研究》,湖北教育出版社 1994 年版。

汪化云:《黄孝方言语法研究》,语文出版社 2016 年版。

汪平:《贵阳方言词典》,江苏教育出版社 1994 年版。

徐慧:《益阳方言语法研究》,湖南教育出版社 2001 年版。

徐枢:《宾语和补语》,黑龙江人民出版社 1985 年版。

项梦冰:《连城客家话语法研究》,语文出版社 1997 年版。

熊正辉:《南昌方言词典》,江苏教育出版社 1995 年版。

袁家骅:《汉语方言概要》,文字改革出版社 1989 年版。

颜清徽、刘丽华:《娄底方言词典》,江苏教育出版社 1994 年版。

杨凯:《鄂东方言词汇研究》,湖北人民出版社 2009 年版。

朱建颂:《武汉方言研究》,武汉出版社 1992 年版。

朱建颂:《武汉方言概要》,华中师范大学出版社 2009 年版。

朱庆之:《佛典与中古汉语词汇研究》,文津出版社 1992 年版。

张斌:《现代汉语》,中央广播电视大学出版社 1988 年版。

张洪年:《香港粤语语法的研究》,香港中文大学出版社 1972 年版。

张美兰:《〈祖堂集〉语法研究》,商务印书馆 2003 年版。

张延俊:《汉语被动式历时研究》,中国社会科学出版社 2010 年版。

赵葵欣:《武汉方言语法研究》,武汉大学出版社 2012 年版。

赵元任、丁声树等:湖北方言调查报告,商务印书馆 1948 年版。

赵元任:《汉语口语语法》,商务印书馆 1979 年版。

中国社会科学院和澳大利亚人文科学院合编:《中国语言地图集》,
香港朗文出版(远东)有限公司 1987 年版。

周振鹤、游汝杰:《方言与中国文化》,上海人民出版社 2006 年版。

余蔼芹. Anne Yue – Hashimoto. *Comparative Chinese Dialectal Grammar*:*Handbook for Investigators Écoledes hautes tude en sciences sociales*,Paris:Centre de Recherches Linguistiques sur l'Asie Orientale. 1993.

Bybee,J,*The role of frequency in grammaticalization*,In R. Janda&B. Joseph(eds.). *Handbook of Historcal Linguistics*,Oxford:Blackwell, 2001.

Heine,Bernd&Reh,Meehthild,*Grammaticalization and reanalysis in*

African Languages，Hamburg：Helmut Buske Verlag，1984.

Heine，Bernd & Kuteva，Tania，*World Lexicon of Grammaticalization*，Cambridge：Cambridge University Press，2002.

Kuno. Susumo. *Subject*，*theme and the speaker's empathy – a reexamination of relativization phenomena. In Subject and Topic. ed. by Charles N. Li.* New York：Academic Press. 1976.

Peyraube，Alain. *Les Formes en ba en Chinois Vernaculaire Médiéval et Moderne.* Cahiers delinguistique – Asie Orientale 14（2）. 1985.

Peyraube，Alain. *Recent Issues in Chinese Historical Syntax.* In New Horizon in Chinese Linguistics，C – T James Huang，and Y. – H. Audrey Li（eds.）. Dordrecht：Kluwer Academic Publishers. 1996.

三　专著中析出的文献

曹茜蕾：《汉语方言的处置标记的类型》，载北京大学汉语言学研究中心《语言学论丛》编委会主编《语言学论丛》第 36 辑，商务印书馆 2007 年版。

曹志耘编纂：《金华方言词典》，载李荣主编《现代汉语方言大词典》，江苏教育出版社 1996 年版。

陈泽平：《福州话的动词谓语句》，载李如龙、张双庆主编《动词谓语句》，暨南大学出版社 1997 年版。

戴耀晶：《赣语泰和方言的动词谓语句》，载李如龙、张双庆主编《动词谓语句》，暨南大学出版社 1997 年版。

范新干：《湖北通山方言"把得"被动句》，载邢福义主编《汉语被动表述问题研究新拓展》，华中师范大学出版社 2006 年版。

冯胜利：《"管约"理论与汉语的被动句》，载黄正德主编《中国语言学论丛》第一辑，北京语言文化大学出版社 1997 年版。

龚波：《汉语方言中表被动的"等"及其来源》，载四川大学汉语史研究所主编《汉语史研究集刊》第十三辑，巴蜀书社 2010 年版。

顾阳：《双宾语结构》，载徐烈炯、顾阳等主编《共性与个性：汉语语言学中的争议》，北京语言文化大学出版社 1999 年版。

甘于恩、黄碧云：《吴语的拨字句和湘语的把字句》，载上海市语文学会主编《吴语研究》，上海教育出版社 2005 年版。

胡松柏、葛新：《赣东北、吴、徽语接缘地带方言的处置介词与被动介词》，载戴昭铭主编《汉语方言语法研究和探索》，黑龙江人民出版社 2003 年版。

洪波、赵茗：《汉语给予动词的使役化及使役动词的被动介词化》，载沈家煊、吴福祥、马贝加主编《语法化与语法研究》（二），商务印书馆 2005 年版。

吕叔湘：《把字用法的研究》，载吕叔湘主编《汉语语法论文集》，商务印书馆 1948 年版。

李如龙：《泉州方言的动词谓语句》，载李如龙、张双庆主编《动词谓语句》，暨南大学出版社 1997 年版。

刘丹青：《谓词重叠疑问句的语言共性及其解释》，载北京大学汉语语言学研究中心《语言学论丛》编委会主编《语言学论丛》第 38 辑，商务印书馆 2008 年版。

刘丹青：《苏州方言的动词谓语句》，载李如龙、张双庆主编《动词谓语句》，暨南大学出版社 1997 年版。

刘倩：《北京话反复问格式的历时变化》，载北京大学汉语语言学研究中心《语言学论丛》编委会主编《语言学论丛》第 58 辑，商务印书馆 2018 年版。

刘子瑜：《汉语反复问句的历史发展》，载郭锡良主编《古汉语语法论文集》，语文出版社 1998 年版。

刘子瑜：《再谈唐宋处置式的来源》，载宋绍年主编《汉语史论文集》，武汉出版社 2002 年版。

林立芳：《梅县方言的动词谓语句》，载李如龙、张双庆主编《动词谓语句》，暨南大学出版社 1997 年版。

潘悟云：《温州方言的动词谓语句》，载李如龙、张双庆主编《动词谓语句》，暨南大学出版社 1997 年版。

饶长溶：《长汀方言表"得到"和表"给予"的"得"》，载饶长溶主编《汉语层次分析录》，北京语言文化大学出版 1997 年版。

施其生：《汕头方言的动词谓语句》，载李如龙、张双庆主编《动词谓语句》，暨南大学出版社 1997 年版。

施其生:《台中方言的处置句》,载赵杰主编《北方语言论丛》第3辑,黄河出版传媒集团阳光出版社2013年版。

王静、王洪君:《动词的配价与被字句》,载沈阳、郑定欧主编《现代汉语配价语法研究》,北京大学出版社1995年版。

万波:《安义方言的动词谓语句》,载李如龙、张双庆主编《动词谓语句》,暨南大学出版社1997年版。

项梦冰:《连城方言的动词谓语句》,载李如龙、张双庆主编《动词谓语句》,暨南大学出版社1997年版。

赵日新:《绩溪方言的介词》,载李如龙、张双庆主编《介词》,暨南大学出版社2000年版。

张振兴:《从汉语方言的被动式谈起》,载张振兴著《著名中年语言学家自选集·张振兴卷》,安徽教育出版社2002年版。

曾毅平:《石城(龙岗)方言的被动句、双宾句、"来、去"句、"有"字句和"添"字句》,载戴昭铭主编《汉语方言语法研究和探索——首届国际汉语方言法学术研讨会论文集》,黑龙江人民出版社2003年版。

[日]清水茂:《粤方言双宾句の词序》,载鸟居久靖《鸟居久靖先生花甲纪念论集——中国の言语と文字》,奈良:天理大学出版1972年版。

四 学位论文

郭羚:《赣语泰和方言与虚词"得"有关的句式研究》,硕士学位论文,南昌大学,2018年。

李书超:《汉语反复问句的历时研究》,博士学位论文,武汉大学,2013年。

刘铮:《明〈万密斋医学全书〉中诗词用韵研究与现代罗田方言》,硕士学位论文,中南民族大学,2011年。

邱磊:《鄂东北江淮官话研究》,博士学位论文,南开大学,2010年。

汪国胜:《大冶方言句法研究》,博士学位论文,华中师范大学,2000年。

王丽:《〈西游记〉比较句式研究》，硕士学位论文，华南师范大学，2003 年。

王清:《罗田方言的进行体和持续体》，硕士学位论文，华中科技大学，2007 年。

徐慧:《益阳方言语法研究》，博士学位论文，暨南大学，1999 年。

徐艳蓉:《长沙方言双宾结构的句法研究》，硕士学位论文，中南大学，2010 年。

苑晓坤:《山东方言的比较句》，硕士学位论文，北京语言文化大学，2003 年。

宗丽:《长阳方言语法研究》，博士学位论文，华中科技大学，2012 年。

张敏:《汉语方言反复问句的类型学研究：共时分布及其历时蕴含》，博士学位论文，北京大学，1990 年。

后　记

　　本书是在我的博士学位论文基础上修订扩充而成的。本书没有对罗田方言语法的全貌进行全面、系统的研究，只是选取了其中几个句式进行讨论。

　　2015 年博士毕业来到三峡大学工作，一直忙于教学工作和国家语言资源保护工程，博士学位论文的修订工作就搁置一旁。2018 年底，恰逢中国语言资源保护工程·湖北项目验收会议之际，华中师范大学语言所所长、湖北语言资源保护工程首席专家汪国胜老师找到我，说他们要组织编写一套湖北方言语法研究的丛书，我便非常的欣喜和期待。2020 年初，湖北疫情严重，我被困于湖北罗田老家，一边忧国忧民，心怀忐忑，一边抓紧时间补充调查身边的方言资料。疫情缓解，我便返回宜昌，2020 年 4 月到 8 月是完成书稿的黄金时期，增加了"比较句"这一章节，因为之前掌握了大量的材料，修订补充起来也顺风顺水。后又几经修订，终于在 2020 年底将此书交由出版社。

　　我很荣幸自己能够在武汉大学文学院完成我的硕士和博士学业，有幸师从萧红教授。在硕士博士六年里，导师为人谦和爽朗，温润超然，治学严谨，远见卓识。记得读博期间，我请教导师博士论文选题时，萧老师很笃定地说：你就写自己方言的语法。当时，我还十分疑惑，自己一直学习汉语语法史的，为何要从事方言语法研究？后来在我从事博士论文创作之际，在我进行方言调查之时，每每让人心旷神怡，一方面惊叹于罗田方言语法的错综复杂，以及方言语法现象与历史语法层级之间的纠葛与纠缠，另一方面感念于导师在学术上独到的眼光和敏锐的洞察力。现在但凡我学业上有一点所得的话，都要归功于恩师对我当初的倾心相助。

在武汉大学，有幸能得到卢烈红教授、赵世举教授、萧国政教授、张延成教授、万献初教授、熊桂芬教授、阮桂君副教授的指导，帮我解惑。他们在我开题和答辩时提出许多建设性的意见，记忆犹新的是阮桂君老师在开题时说，方言语法研究很复杂，短短一年的时间，你不能穷其所有，要么选择词法，要么选择句法，我听其意见，只选择了句法作为研究对象，书稿才得以顺利完成。

感谢汪国胜老师对后学的提携和抬爱，不仅给我们提供好的学术研究展示平台，还对本书的目录和纲领提出了高屋建瓴的看法，甚至对其中某些章节作出了细致入微的修订。汪老师的每一条建议，都让我受益匪浅。作为后辈，在学术探索的道路上，能得到汪老师的提点和支持，荣幸之至！感谢我的发音人童金舟和徐跃平先生，没有他们的耐心和细致，我无法完成语法调查的工作。童金舟先生不仅是我的发音人，他本身对本地方言、民风民俗、地理概貌颇为关注，知识渊博，有很多问题我还没有提出来，他就能帮我完全的说出来，得此发音人也是可遇不可求。

感谢我所工作的三峡大学文学与传媒学院、社科处的领导和同事，他们的关心和支持是我在教学研究岗位上不断成长。

在拙稿出版过程中，王文琴编辑和张林主任给予了热情的帮助，方言学著作因为图表和音标的问题，在排版过程中会有遇到很多的麻烦和问题，感谢她们的细心和耐心。

本书的创作过程漫长，途经父亲突然离世，时至今日，他依然出现在我梦中，梦中感觉从未离开，醒来怅然若失，难以再眠。小儿也由幼儿成长为半大小伙子，小时经常搬个小板凳坐在我身旁，要么静静地看书，要么默默地玩玩具，知道母亲在干大事，从不打扰，现在尾大不掉，追逐自己的学业和梦想。感谢我的母亲，虽然文化水平不高，但是心地善良，一心为儿女，书中很多资料都是母亲帮我搜集和录制的。最后要感谢我的丈夫，陈雅文先生长期以来坚定地支持我，从求学到工作，始终一路相伴。对于拙稿的出版，家人和我同样的欣喜。

本书也是：

湖北省哲学社会科学规划办公室一般项目"罗田方言句法研究"（2017055）成果，得益于其资助。

国家社会科学基金一般项目"黄孝方言与周边方言语法比较研究"（18BYY041）阶段性成果。

国家社科基金重大项目"600 年来赣语与官话互动的历史追踪、现状调查与数据库建设"（18ZDA297）阶段性成果。

就拙稿而言，虽然经过多次修改，但由于作者学力有限，其中一定还存在不少的谬误，希望时贤不吝指教。

徐　英

2021 年 11 月 29 日于宜昌

《汉语方言语法研究丛书》书目

安陆方言语法研究

安阳方言语法研究

长阳方言语法研究

崇阳方言语法研究

大冶方言语法研究

丹江方言语法研究

高安方言语法研究

河洛方言语法研究

衡阳方言语法研究

辉县方言语法研究

吉安方言语法研究

浚县方言语法研究

罗田方言语法研究

宁波方言语法研究

武汉方言语法研究

宿松方言语法研究

汉语方言持续体比较研究

汉语方言完成体比较研究

汉语方言差比句比较研究

汉语方言物量词比较研究

汉语方言被动范畴比较研究

汉语方言处置范畴比较研究

汉语方言否定范畴比较研究

汉语方言可能范畴比较研究

汉语方言小称范畴比较研究

汉语方言疑问范畴比较研究